BAEDEKER SMART

Madrid

Verlag Karl Baedeker – www.baedeker.com

Wie funktioniert der Reiseführer?

Wir präsentieren Ihnen Madrids Sehenswürdigkeiten in vier Kapiteln. Jedem Kapitel ist eine spezielle Farbe zugeordnet.
Um Ihnen die Reiseplanung zu erleichtern, haben wir alle wichtigen Sehenswürdigkeiten jedes Kapitels in drei Rubriken gegliedert: Einzigartige Sehenswürdigkeiten sind in der Liste der *TOP 10* zusammengefasst und zusätzlich mit zwei Baedeker-Sternen gekennzeichnet. Ebenfalls bedeutend, wenngleich nicht einzigartig, sind die Sehenswürdigkeiten der Rubrik *Nicht verpassen!* Eine Auswahl weiterer interessanter Ziele birgt die Rubrik *Nach Lust und Laune!*

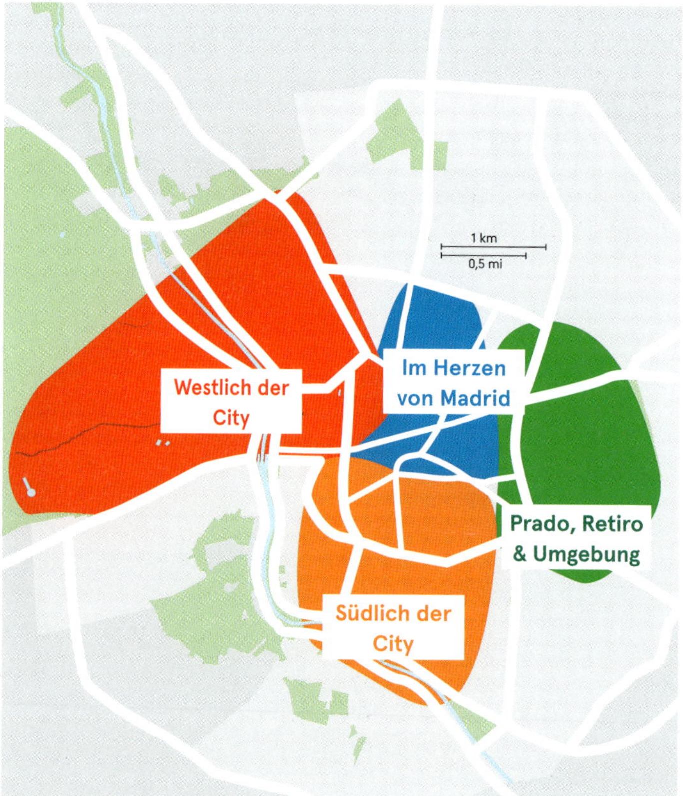

Magische Momente

Kommen Sie zur rechten Zeit an den richtigen Ort und erleben Sie Unvergessliches.

Skulptur (»Brushstroke«) von Roy Lichtenstein im Innenhof des Anbaus von Jean Nouvel im Centro de Arte Reina Sofia.

Jede Menge kulinarische Genüsse erwarten den Gast im Mercado de San Miguel.

Ingres
1

2

3

4

5

6

7

8

9

10

★★ Baedeker Topziele

Was muss ich gesehen haben? Unsere TOP 10 helfen Ihnen, von der absoluten Nummer eins bis zur Nummer zehn, die wichtigsten Sehenswürdigkeiten einzuplanen.

❶ ★★ Museo Nacional del Prado
Meisterwerke von Velázquez, Rubens, Dürer, El Greco, Goya & Co. zählen zu den Highlights in diesem bedeutenden Tempel der Kunst. Seite 68

❷ ★★ Plaza Mayor
Formvollendete Symmetrie der Architektur und lebendiges Flair auf einem der schönsten Plätze Spaniens. Seite 42

❸ ★★ Museo Nacional Centro de Arte Reina Sofía
»Guernica« von Pablo Picasso ist das Aushängeschild dieses Kunstmuseums voller Meisterwerke. Seite 73

❹ ★★ Museo Thyssen-Bornemisza
Ein Rundgang durch alle Epochen der Kunstgeschichte, verteilt auf mehrere Dutzend Säle. Einfach grandios! Seite 77

❺ ★★Parque de el Retiro
Atmen Sie durch, in Madrids beliebtestem Stadtpark. Wetten, dass Sie hier fast vergessen werden, mitten in einer europäischen Hauptstadt zu sein? Seite 80

❻ ★★ Palacio Real
Tauchen Sie ein in die Sphären des Königspalasts und bewundern Sie verschwenderischen Prunk in Form von Sälen, Fresken, Spiegeln, Kronleuchtern und Mobiliar.
Seite 102

❼ ★★ Ermita de San Antonio de la Florida
Francisco de Goya schuf die Gewölbe- und Kuppelmalereien in der »Sixtinischen Kapelle von Madrid«. Hier liegt er auch begraben. Seite 106

❽ ★★ Museo Real Academia de Bellas Artes de San Fernando
Ein Geheimtipp! Die Atmosphäre ist deutlich intimer als im Prado. Die Kunstwerke, darunter herrliche Gemälde von Goya, sind auf drei Etagen zu sehen. Seite 45

❾ ★★ El Rastro
Der Rastro, einer der legendärsten Trödelmärkte Spaniens, bringt sonntags halb Madrid auf die Beine. Hier herrscht eine ganz besondere Stimmung. Seite 134

❿ ★★ Catedral de la Almudena
Madrids Kathedrale ist der Marienskulptur Almudena geweiht, um die sich eine Legende rankt. Zugaben zum Besuch sind die Krypta und das Museum mit Ausblick.
Seite 109

Ein Straßenkünstler an der Plaza Mayor.

Ein Gefühl für Madrid bekommen ...

Erleben, was die Stadt ausmacht, ihr einzigartiges Flair spüren. So, wie die Madrider selbst.

Sonntagstreff Rastro

Der Trödel- und Antiquitätenmarkt Rastro (S. 134), der sonntags in den Straßen um die Calle de la Ribera de los Curtidores und die Plaza de Cascorro Schau- und Kauflustige in Scharen anzieht, bietet alles von Raritäten bis Ramsch, und vor allem viel Flair! Manche Artikel sind echte Schnäppchen. Zwischen den Ständen bleiben die Leute stehen und tauschen Neuigkeiten aus oder hören den Straßenmusikern zu.

Fit für die Woche

An den Wochenenden bringen sich viele Madrider in Schwung: mit konzentrierter Sauerstoffzufuhr durch Sport. Ideal geeignet dafür sind dafür etwa der große Stadtpark Parque de El Retiro (S. 80), die Casa de Campo (S. 115) und der Flusspark Madrid Río (S. 138). Schnüren auch Sie Ihre Joggingschuhe oder radeln Sie mit einem Leihfahrrad am Manzanares entlang. Unternehmen Sie auf den Seen von Retiro und Casa de Campo eine gemütliche Bootspartie mit ein paar Knabbereien auf dem Wasser.

Musicaltheater

Viele Madrider gehen gern in eines der erfolgreichen Musicaltheater. Wäre das nicht auch etwas für Sie? Schauen Sie am besten schon vor Ihrer Abreise nach, was während Ihres Aufenthalts läuft, etwa im Teatro Lope de Vega oder im Teatro Rialto an der Gran Vía (S. 59). Bedenken Sie dabei jedoch, dass Sie sich in einem anderen Land befinden: Gesungen wird meist auf Spanisch.

Nachtschwärmer

Wer sich ins Madrider Nightlife stürzt, sollte vorab wissen: Vor Mitternacht ist in den Diskotheken meist noch nichts los. Stellen Sie also Ihren Rhythmus um und sparen Sie Ihre Energie für fortgeschrittene Stunden auf. *Zonas de marcha* – Straßenzüge, wo echt was los ist, und die Leute von Bar zu Bar ziehen, gibt es viele in Madrid. So sind zum Beispiel im polyglotten

Viertel Lavapiés (S. 142) die Nächte lang – auch im Gayviertel Chueca (S. 56) mit seinen vielen Pubs und Musikbars, nur auf andere Art. Im Viertel Malasaña (S. 56), das bis heute mit der Kulturrevolution der 1980er-Jahre assoziiert wird, sind Rhythmen und Leute alternativer. Bunter gemischt und bodenständiger geht es im Barrio de las Letras (S. 53, 164) zu.

Kulinarische Kostproben

Spanier schwören auf chocolate con churros, dickflüssige Schokoladensauce, in die man eine Art längliche Krapfen taucht. Der kulinarische Klassiker gehört einfach dazu, für Einheimische ganz besonders als von innen wärmender Wachmacher nach durchfeierten Nächten. Madrider Traditionsadresse für diese Kalorienbombe ist die Chocolatería San Ginés (Pasadizo de San Ginés 5; Metro: Sol, S. 57). Das Café hat 365 Tage im Jahr geöffnet und befindet sich mitten im Zentrum bei der Kirche San Ginés.

Süßes zum Eintauchen ist das eine, die Auswahl typisch Madrider Kulinaria eine ganz andere Sache. Aus der Sicht des Reisenden gesehen, kann es zuweilen recht seltsam erscheinen, was echte Madrider liebend gern essen. Probieren und urteilen Sie selbst: Cocido madrileño (Kirchererbseneintopf), callos a la madrileña (ein Kuttelgericht) und ein bocadillo de calamares (ein Stück belegtes Baguette mit panierten Tintenfischringen) gehören zum authentischen kulinarischen Alltag.

Im Häppchenparadies

Was wären Madrider Kneipen ohne ihre Tapas? Diese Häppchen gibt es in verführerischer Vielfalt. Wobei jeder weiß, dass jede Bar nur so gut ist wie diese Art von Fingerfood und Speisekleinkunst. Das stachelt die Gastwirte an, sich bei der Zubereitung und Präsentation mächtig ins Zeug zu legen.

Für Filmfreaks

Viele Madrider sind passionierte Kinogänger und nehmen gern das an, was in Spanien sonst eher überrascht und die Ausnahme ist: Filme in der Originalversion. Die gibt es (mit spanischen Untertiteln) in ausgewählten Kinos, aber auch in Kulturzentren wie dem Círculo de Bellas Artes zu sehen.

Neue Klangwelten

Kennen Sie Zarzuela? Das ist ein typisch spanisches Singspiel, in etwa vergleichbar mit der Operette oder der französischen Opéra comique. Und das gelangt in der Innenstadt in einem eigenen Musiktheater zur Aufführung, dem Teatro de la Zarzuela (S. 54). Da das Leichte ja oft das Schwierigste ist, agieren die Sängerinnen und Sänger hier oft auf dem höchsten Niveau. Freuen Sie sich auf neue Klangwelten und Inszenierungen mit Pfiff.

Süße Sünden: in der Chocolatería San Ginés.

Die Nacht zum Tag machen: im Stadtviertel La Chueca.

Grandiose Blickachse: die im 19. Jh. nach Pariser Vorbild angelegte Gran Vía.

Das Magazin

Das gibt's sonst nirgendwo in Spanien: diesen Mix aus Königssitz, Trendsetting, Grün und einer pulsierenden Ausgehkultur.

Seite 12–33

Das Königshaus: Image ist alles

Spaniens König ist der mächtigste Mensch im Land, als Staatschef und Oberbefehlshaber der Streitkräfte. Felipe VI. hat sich während seiner bisherigen Amtszeit in Zurückhaltung geübt. Das brachte das Königshaus nach der Entfremdung durch seinen Vater und Vorgänger Juan Carlos I. dem Volk wieder näher.

Es waren historische Tage: Im Juni des Jahres 2014 verkündete Juan Carlos I., der ehemals beliebte und schließlich durch Eigenverschulden in Misskredit geratene Monarch, sein Adiós von der politischen Bühne. Der Abschied muss ihm schwergefallen sein, doch es gab kein Entrinnen mehr, um das Ansehen der Krone zu retten. Juan Carlos musste den Weg für seinen Sohn freimachen, der als Felipe VI. zum neuen König vereidigt wurde. Dessen Mission war von Beginn an klar: Die Glaubwürdigkeit der Royals wiederherzustellen.

Was war passiert?

Per Nachfolgegesetz hatte der Diktator Francisco Franco (1892 bis 1975), der sich bis zu seinem Tod dreieinhalb Jahrzentelang an der Macht halten konnte, die Rückkehr zur Monarchie festgelegt, verknüpft mit der Hoffnung, der kommende König fahre weiterhin einen rigorosen politischen Kurs. Doch Juan Carlos I. (geb. 1938), der zwei Tage nach Francos Tod im November

1975 vereidigt wurde, wählte – gut beraten von seinem Umfeld – einen anderen Weg und unterstützte die Redemokratisierung Spaniens. Seine größte Stunde schlug im Februar 1981, als er einem Militärputsch entgegentrat und die Nation zum Zusammenhalt aufrief. Der Putschversuch war nur halbherzig vorbereitet gewesen und bald beendet. Fortan genoss der König ein hohes Ansehen bei seinen Landsleuten und gab sich volksnah.

Juan Carlos, seine aus Griechenland stammende Gemahlin Sofía und die drei Kinder Elena, Cristina und Felipe avancierten zu Spaniens Vorzeigefamilie. Die ganze Nation freute sich mit, als Kronprinz Felipe 2004 eine Bürgerliche, die Fernsehjournalistin Letizia Ortiz Rocasolano, in der Kathedrale von Madrid vor den Traualtar führte. Dies ließ sich nur per Ausnahmegenehmigung der katholischen Kirche regeln, denn Letizia war bereits einmal verheiratet gewesen.

Bei Staatsempfängen ist der repräsentative Königspalast nur von außen zu besichtigen.

Stimmungswandel und Skandale

Doch dann bekam die Fassade der heilen Welt des Königshauses immer mehr Risse. Die älteste Infantin Elena und ihr Gemahl Jaime de Marichalar trennten sich. Des Königs ältester Enkel Froilán schoss sich »beim Spielen« mit einem Gewehr in den Fuß, was unliebsame Erinnerungen weckte, denn Juan Carlos hatte als 18-Jähriger »versehentlich« seinen jüngeren Bruder Alfonso erschossen. Dann sickerten Gerüchte über die dubiosen Geschäfte von Cristina, der zweiten Tochter des Königs, und ihrem Mann Iñaki Urdangarín durch. Beide wurden vom Hof verbannt und durften keine Termine im Namen des Königshauses mehr wahrnehmen. Über eine gemeinnützige Stiftung, verschlungene Kanäle und Scheinfirmen hatten Gelder der öffentlichen Hand die Taschen der Königstochter und ihres Manns gefüllt. Und zwar in Millionenhöhe, unterstützt durch korrupte Politiker.

Dann verlor auch noch Juan Carlos I. selbst sein Gesicht. Kurz nachdem er inmitten der gravierenden Wirtschafts- und Finanzkrise 2012 erklärt hatte, die Jugendarbeitslosigkeit von über 50 Prozent raube ihm den Schlaf, ging der Regent auf Großwildjagd nach Botsuana, um für eine Abschussprämie in fünfstelliger Höhe Elefanten zu erlegen. Stärker konnte die Entfremdung von der Wirklichkeit, größer der Affront gegenüber den Bürgern kaum sein.

Peinlich, peinlich ...

Bei seinem »Abenteuer« in Afrika hatte sich Juan Carlos die Hüfte gebrochen und dabei als Begleiterin eine Frau an seiner Seite, die nicht seine eigene war – so kam auch noch ans Licht der Öffentlichkeit, dass Juan Carlos und seine Gemahlin Königin Sofía seit langer Zeit de facto getrennt lebten. Die öffentliche Entschuldigung des jagdbegeisterten Königs auf Freiersfüßen war an Peinlichkeit kaum zu überbieten. Er zog sich zunehmend von offiziellen Terminen zurück. Die Abdankung im Juni 2014 war überfällig, den Titel durfte der Monarch indes behalten. Die Einzige, die beim Volk ihr Ansehen wahrte, war Sofía, die Königin im Ruhestand, die als betrogene Ehefrau Haltung bewies. Dass einige Vaterschaftsklagen gegen Juan Carlos erhoben wurden, die aber an »Verfahrensfehlern« und dem Verweis auf seine Immunität scheiterten, passte gut ins Bild.

Frisch gekrönt: Felipe VI. im offenen Rolls Royce.

Neuanfang mit Felipe

Felipe VI. ist Spaniens erster König mit einem Universitätsabschluss. Und er weiß, dass nur absolute Skandalfreiheit, Seriosität und Durchsichtigkeit helfen können, der Krone dauerhaft Beliebtheitswerte zu verschaffen. Bald nach der Amtsübernahme kürzte er seine eigenen Bezüge, rief einen Ehrenkodex aus und strebt seitdem nach Ausgewogenheit zwischen Zurückhaltung und Einmischung. Von seiner Schwester Cristina wandte Felipe sich öffentlichkeitswirksam ab und entzog ihr den Ehrentitel als Herzogin. Im Gerichtsverfahren

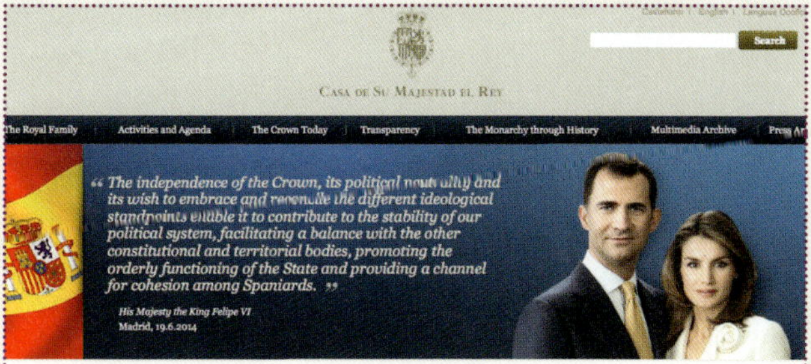

Mit einem Klick zu den Royals

Auf der Homepage des Königshauses (www.casareal.es) können Sie sich näher an die Royals heranklicken. Da sieht man viele Fotos, u.a. von den »Königskindern« von Felipe VI. (geb. 1968) und Letizia Ortiz Rocasolano (geb. 1972): Thronfolgerin Leonor (geb. 2005) und ihre Schwester Sofía (geb. 2007).

wurde Cristina 2017 freigesprochen, ihr Mann zu einer Freiheitsstrafe von sechs Jahren und drei Monaten verurteilt. Auf der Website des Königshauses taucht Felipes Schwester nicht mehr auf.

Die Homepage der Royals gibt sich modern und bürgernah, der Finanzhaushalt des Königshauses wird unter dem Stichwort »Transparenz« offengelegt, und Transparenz wird für König Felipe VI. und die Seinen auch in Zukunft das wichtigste Leitmotiv sein: als König und Respektsperson für alle Spanierinnen und Spanier.

Offen und transparent

Bei öffentlichen Auftritten versucht Felipe VI., ein Höchstmaß an Seriosität und Verantwortungsbewusstsein auszustrahlen – und das wirkt nicht einmal aufgesetzt. Als Prinz war er beim Volk beliebt, daran knüpft er als König an. Er will ein Regent für alle sein und achtet darauf, es sich weder mit Militärs noch mit Politikern, Wirtschaftsbossen und Arbeitern zu verscherzen. Gezielt greift Felipe Themen auf, die Sympathiepunkte bringen: Es geht ihm um die Jugend, um eine Chancengleichheit für alle und die Gleichberechtigung von Mann und Frau. Ein großer Redner ist Felipe VI. allerdings nicht, was ihn mit seinem Vater Juan Carlos verbindet. Felipe trägt gern Bart. Einen eisgrauen. Das hilft ihm zwar nicht, »Gesicht« zu zeigen, drückt aber Seriosität aus. Und vielleicht sogar ein Stück Altersweisheit.

Templo de Susu

Madrider Lebensart: Quirlig, lebensfroh, gesellig

Madrid hat über drei Millionen Einwohner, und die Madrider lieben ihre Metropole. Dafür gibt es auch viele gute Gründe. Einer davon ist der tiefblaue Himmel, der oft geradezu über der Stadt zu schweben scheint.

Wie sehr die Madrileños ihre Stadt, die Ausgeh- und Gastrokultur sowie den südländischen Hang zur *buena vida*, zum »guten Leben«, schätzen, zeigt sich überall: Da man nicht nur Fremde, sondern auch Freunde und Verwandte ungern zu sich nach Hause einlädt, fungieren Plätze, Kneipen, Cafés und Restaurants als Zentren der Zusammenkünfte. Das macht Madrid so lebendig und die öffentlichen Treffpunkte zu ausgelagerten Wohnzimmern, in denen ausgiebig palavert, gelacht, getrunken und gegessen wird, ohne besonders auf den Euro zu achten.

Viertel für Viertel

Lola, eine Wirtschaftsfachfrau Anfang 50, schwört auf die Vielfalt der Madrider Kunstgalerien. Silvia, eine Lehrerin, liebt Theater, Flamencolokale und die Stimmung in den Stadtvierteln. »Jedes Viertel in Madrid ist anders«, sagt sie, »jedes bringt dich dazu, dich anders zu fühlen.« Wichtig für Madrider ist stets die Identifikation mit dem Viertel, in dem sie wohnen. La Latina und Lavapiés gelten als offen, international, polyglott – genauso fühlt und gibt man sich hier auch. Stadtteilfeste wie die Fiestas de la Paloma Mitte August in La Latina geben zusätzlicke Kicks für das Gefühl der Identifikation.

Miguel, einen Feuerwehrmann aus dem Stadtteil Arganzuela, begeistert es, nur fünf Minuten vom Zentrum entfernt mitten in der Natur mit dem Rennrad oder dem Mountainbike fahren zu können. Ihn zieht es bevorzugt in die Casa de Campo, den riesigen Stadtpark im Westen, der früher als Jagdterrain der Royals

Kopfsteinpflaster, angesagte Läden und entspanntes Flair in Malasaña.

fungierte. »Unter der Woche fahre ich ganz früh am Morgen dorthin, wenn der See noch im Nebel daliegt und du die Stadt im Hintergrund siehst«, erzählt er.

Eva und Mehdi, die aus England bzw. Marokko stammen und in Madrid eine neue Heimat gefunden haben, freuen sich über die vielen Kinderspielplätze in den Parks. Auf dem Areal des Kulturzentrums Matadero beispielsweise kann man die Kleinen ganz nach ihrem eigenen Rhythmus laufen lassen, denn es ist abgeschirmt und autofrei.

Feste feiern, wie sie fallen

Bei Volksfesten geht es in Madrid zwar nicht ganz so südländisch-hitzig zu wie in Andalusien, doch die Betriebstemperatur ist auch hier noch immer beachtlich. Besonders bei den Patronatsfeierlichkeiten zu Ehren des heiligen Isidro Labrador Mitte Mai bebt die Erde bei Livekonzerten und Stierkämpfen. Das Fest ist eine gute Gelegenheit, die Madrider volkstümlich in typischen Trachten gekleidet als *chulapos* (Jacke oder Weste mit Nelke, weißes Halstuch, karierte Mütze) und *goyescos* (Haarnetz, Rock und Leibchen) zu erleben. Die Hauptwallfahrt des Fests führt zu der Grünfläche Pradera de San Isidro, wo traditionell Gebäck *(rosquillas)* gegessen, das »Wasser des Heiligen« *(agua del santo)* und eine *limonada* aus Wein, Zitrone, Zucker und Fruchtstücken (meist Apfel) getrunken werden. Der traditionelle Chotis-Tanz gehört auch dazu. Die Klangkulisse ist eher etwas für ältere Semester. Laut und ausgelassen geht es dann Anfang Juli bei der Madrider Loveparade zu, den Fiestas del Orgullo Gay. Und wer im Urlaubsmonat August noch in Madrid ist, geht auf diverse bunte Stadtteilfeste etwa in Lavapiés und La Latina.

Madrid in Feierlaune

Die Madrider feiern gern, und bei Stadtfesten entwickelt ihre Stadt einen ganz besonderen Charme. Beim Karneval und in der Karwoche gibt Madrid sich so feierlustig wie festlich. Empfehlenswerte Events sind die Festumzüge (Cabalgatas de Reyes) am 5. Januar, dem Vorabend des Dreikönigstags; die Fiestas de San Isidro (Abb. unten) zu Ehren des Stadtpatrons um den 11. bis 15. Mai; das große Gay- und Lesben-Event »World Pride Madrid« Ende Juni/Anfang Juli; der Volkslauf am 31. Dezember und dann zum Jahreswechsel die Freiluftparty an der Puerta del Sol.

Literarische Stimmen, illustre Besucher

Seit der Erhebung zur Hauptstadt im Jahr 1561 durch König Philipp II. lockte Madrid viele Reisende und prominente Besucher an. Hier begegneten sich Filmregisseure, Maler und Dramatiker, Literaten spiegelten in ihren Werken bewegte Zeiten wie den Spanischen Bürgerkrieg, und Pedro Almodóvar (Abb. unten) brachte das Madrid der 1980er-Jahre in die Kinos der Welt.

Als der Italiener Camillo Borghese (1552–1621), der kommende (ab 1605) Papst Paul V., gegen Ende des 16. Jh. in der Stadt eintraf, galt Madrids noch als schmutzigste Hauptstadt Europas. Doch bald fanden spätere Besucher lobende Worte, und schon Giacomo Casanova (1725 bis 1798), der legendärste Womanizer seiner Zeit, schätzte die Madrider Kulturangebote und Treffs der High Society. Hans Christian Andersen (1805–1875), der 1862 in Madrid Station machte ,meinte über das 1815 eröffnete Prado-Museum, man müsste hier »über Jahr und Tag bleiben, um sich in alle diese Herrlichkeiten hineinzuleben«. Die Plaza Mayor dagegen ernüchterte ihn: »Man fühlt sich hier gedrückt, als stände man in einem Gefängnishof.«

Der Himmel über Madrid

Salvador Dalí (1904–1989) besuchte in den 1920er-Jahren die Kunstakademie der Hauptstadt und schrieb: »Der Himmel über Madrid war von einem zerschmetternden Blau, und die Backsteinhäuser waren blassrosa wie ein Seufzer voll herrlicher Versprechen.« Der Maler wohnte in der Residencia de Estudiantes, die nicht nur ein »Studentenwohnheim« war, sondern zugleich ein wichtiger Intellektuellentreff und eine Eliteschmiede. Hier freundete er sich auch mit dem Film-

Im Treppenhaus des Círculo de Bellas Artes, der schon 1880 gegründeten »Gesellschaft der schönen Künste«.

regisseur Luis Buñuel (1900–1983) und dem Dichter Federico García Lorca (1898–1936) an.

Bewegte Zeite

Mit dem Spanischen Bürgerkrieg in den Jahren 1936 bis 1939 kamen weitere illustre Persönlichkeiten in die Stadt. Ernest Hemingway (1899–1961), der Szenen aus Madrid in seinen Erfolgsroman »Fiesta« (1926) einfließen ließ und im Jahr 1954 den Literaturnobelpreis erhielt, verfasste dort Berichte als Kriegskorrespondent. Der Reporter Egon Erwin Kisch (1885–1948) klagte: »Tausende deiner Häuser, Mutter Madrid, sind verwundet oder erschlagen worden und Zehntausende deiner Kinder, dieweil sie zu Hause waren.« Klaus Mann (1906–1949) berichtete 1938 aus Madrid: »Seit fast zwei Jahren haben die Frauen, Kinder und Männer der Hauptstadt die tägliche Beschießung ihrer Häuser und Straßen durch schwere Artillerie auszuhalten.«

Bienenkorb und Movida

Das Madrid der Nachkriegszeit umriss Camilo José Cela (1916 bis 2002), der 1989 den Literaturnobelpreis bekam, in seinem fragmentarischen Roman »Der Bienenkorb« (1951) mit düsterem Realismus. Mitte der 1950er-Jahre skizzierte Wolfgang Koeppen (1906–1996) die Gran Vía als »Avenue strahlender Cafés« und den Palacio de Cibeles als »ein Märchenschloss des schlechten Geschmacks« sowie als einen

»Zuckerbäckerpalast der Überschwänglichkeit«. Pedro Almodóvar, eine der maßgeblichen Persönlichkeiten der Kultur- und Sozialbewegung *Movida madrileña* in den 1980er-Jahren, gewann den verzehrenden Aspekten der Metropole Positives ab: »Stadtränder und Verschmutzung, Lärm und Elend, doch gerade in diesen Unvollkommenheiten wurzelt, manchmal, ihre Größe.« Javier Marías (»Mein Herz so weiß«), 1951 in Madrid geboren, hat seine Heimatstadt einmal so charakterisiert: »Möglicherweise ist das, was sie auf gar keinen Fall erträgt, die Vorstellung, auf irgendetwas festgelegt zu werden und still und ruhig auszuharren.« Da hat er recht, der Señor Marías: Madrid lässt sich nicht in Schubladen stecken, Stillstand gibt es nicht!

Auf den Spuren von Ernest Hemingway

Während manche Zeugnisse im Strom der Zeit untergegangen sind, können Sie einigen Spuren von Hemingway in Madrid bis heute folgen: In der Cervecería Alemana (Abb. unten) an der Plaza de Santa Ana kehrte er gern ein, das Restaurant Botín ist ein Schauplatz in Hemingways Roman »Fiesta« und wurde vom Meister auch selbst besucht, genauso wie die Bar im altehrwürdigen Palace Hotel an der Plaza de las Cortes. In der Gran Vía spielt die Schlussszene von »Fiesta«, in der Bar des damaligen Hotels Gran Vía (heute Tryp Hotel Gran Vía; Hausnummer 25) verfasste der Autor während des Spanischen Bürgerkriegs einige seiner Korrespondentenberichte, und im Círculo de Bellas Artes (Calle de Alcalá 42) fand sich Hemingway gern ein, um Bücher und Zeitungen zu lesen.

Die Stadt, der Sport und das Spiel: Fußball in Madrid

Madrid wurde »ausersehen«, um mit den Worten Hans Magnus Enzensbergers zu sprechen, »der Peripherie zu imponieren«. Dieses Imponiergehabe setzt sich beim Fußball fort: als Demonstration der Macht, etwa beim legendären Club Real Madrid.

Understatement liegt den Bossen von Real Madrid nicht. Sie propagieren ihren Verein gern als besten Club der Welt. Dieser höchstmögliche Anspruch geht einher mit einigen Superlativen und Besonderheiten: fast 100 000 Vereinsmitglieder, Fanclubs rund um den Erdball, ein eigener Fernsehkanal, eine eigene Hymne. Für Identifikation sorgt auch der »Real Madrid-Sympathieausweis« *(carné Madridista)*, den nach Angaben des Clubs bis heute über 900 000 Fans bestellt haben.

Das Leben, ein (Fußball-)Traum

Klar, dass bei dem im Jahr 1902 gegründeten Club, der mit bislang 13 Erfolgen im Europapokal der Landesmeister bzw. der UEFA Champions League und zwei UEFA-Pokal-Siegen der erfolgreichste Verein Europas ist, die besten Ballzauberer kicken sollen. Deren Verpflichtung gelingt allerdings nicht immer, denn im selben Land gibt es einen Rivalen, der die Vorherrschaft streitig macht und ebenfalls bereit ist, bei Ablösesummen und Gehältern Astronomisches aufzubieten: der FC Barcelona. Die Matches der Vereine gegeneinander – ob sie nun in der spanischen Meisterschaft, im Pokal oder gar in der Champions League aufeinandertreffen – werden regelmäßig zu »Jahrhundertspielen« hochstilisiert. Dabei geht es exemplarisch auch darum, wer die beste Stadt Spaniens ist. Die Landeshauptstadt Madrid war stets gleichbedeutend mit (politischer) Zentralmacht und Bevormundung, während Barcelona, die Hauptstadt der Region Katalonien, ihr eigenes Selbstbewusstsein

»¡Hala Madrid!«: Als Wikinger verkleidete Real-Madrid-Fans in der Nähe des Bernabéu-Stadions.

demonstriert. Die Anfeuerungs- und Schmährufe, die die Anhänger des FC Barcelona während der Zeiten unter Diktator Franco im Stadion ausstießen, waren zugleich Proteste gegen das System.

Bis heute schmerzt es die Real-Madrid-Fans weit mehr, ein Spiel gegen den FC Barcelona zu verlieren als gegen den Stadtkontrahenten Atlético de Madri: Der 1903 gegründete Verein hat einige Meister- und Pokaltitel sowie auf internationaler Ebene die Uefa Europa League gewonnen, doch die erste Geige spielt Real Madrid. Einmal dort live die Stars auf dem Rasen des 80 000 Zuschauer fassenden Estadio Santiago Bernabéu in Aktion sehen! Einmal die Pokale und Reliquien in den Vitrinen des Museums betrachten: für viele Fußballfans ein Traum!

Eine der berühmtesten Fußballadressen der Welt

Nördlich der Plaza de Colón führt der kilometerlange Paseo de la Castellana zum Stadion Santiago Bernabéu (Paseo de la Castellana 142, www.realmadrid.com; Metro Santiago Bernabéu). Der Besucherrundgang, bekannt als Tour Bernabéu (an Tagen ohne Spiel Mo–Sa 10–19, So 10.30–18.30 Uhr, sonst bis zu 5 Std. vor Anpfiff der Partie), ermöglicht den Einblick ins Stadion inklusive Umkleideräume, Spielertunnel und Trainerbank. Ein weitläufiges Museum erinnert an Fußballlegenden, die hier aktiv waren, im Shop gibt es originelle Souvenirs für Fans.

Hoch hinaus: Wegweiser in eine urbane Zukunft

Madrid ist keine wirkliche Wolkenkratzercity. Aus dem weit auseinander gerissenen Häusermeer ragen nur vereinzelt Zeugnisse moderner Hauptstadtarchitektur auf: schräge, in die Höhe strebende Türme, von Architekten und Stadtplanern als Wegweiser in eine urbane Zukunft konzipiert.

Richtig hoch hinaus ging es in Madrid erstmals zu Beginn der 1980er-Jahre mit dem 220 m hohen Fernsehturm Torrespaña in der Oststadt, gefolgt von einer Art Mini-Manhattan in der Nordstadt am Paseo de la Castellana, ganz in der Nähe des Fußballstadions Santiago Bernabéu, dem Complejo Azca: Dieses Banken-, Büro- und Geschäftszentrum setzt sich aus mehreren Hochhäusern zusammen, darunter die Torre Europa des spanischen Architekten Miguel de Oriol e Ibarra (121 m) und die Torre Picasso (157 m) nach Plänen des US-Amerikaners Minoru Yamasak. 2013 wurde im Complejo Azca die 104 m hohe Torre Titania fertiggestellt. Das Projekt der Architekten Pablo Muñoz und Pedro Vilata ersetzte die Jahre zuvor abgebrannte Torre Windsor. Architektonische Akzente der 1990er-Jahre

Gut im (Über-)Blick

Fahren Sie mit der Metro in die Nordstadt bis zur Station Begoña. Gleich nebenan beginnt die Cuatro Torres Business Area mit ihren vier bis zu 250 m hohen Riesen. Zudem bieten vier Aussichtspunkte tolle Blicke über die Dächer der Hauptstadt: der Faro de Moncloa (Metro: Moncloa), die Dachbereiche der Kathedrale (der Aufstieg gehört zu einem Besuch des Kathedralmuseums Museo de la Catedral; Metro: Ópera), die obere Etage des Kulturzentrums CentroCentro (Plaza de la Cibeles; Metro: Banco de España), die Dachterrasse des Círculo de Bellas Artes (Metro: Sevilla).

Torre de Cristal und Torre Espacio, zwei der »vier Türme« der Cuatro Torres Business Area.

setzten Philip Johnson und John Burgee mit ihren Zwillingstürmen an der Plaza de Castilla, ein Stück nördlich vom Complejo Azca. Die 114 m hohen Türme sind als »Torres KIO« bekannt. Man nennt sie auch »Ensemble Puerta de Europa« (»Europa-Portal«). Teile der beiden Türme haben einen Neigungswinkel von 15 Grad – eine buchstäblich schräge Architektur.

Spaniens höchstes Gebäude

Architektonische Wahrzeichen des frühen 21. Jh.s sind die Cuatro Torres (»vier Türme«), die nördlich der Plaza de Castilla die »Cuatro Torres Business Area« formen. Das famose Quartett der Wolkenkratzer entstand zwischen den Jahren 2007 und 2009: die Torre Espacio von Henry N. Cobb (230 m), die Torre PwC von Carlos Rubio Carvajal und Enrique Álvarez-Sala Walther (236 m), die Torre de Cristal von César Pelli (249 m) sowie das bis heute höchste Gebäude Spaniens, die Torre Foster (auch »Torre Caja Madrid« genannt; 250 m) des britischen Stararchitekten Sir Norman Foster.

Schlemmen: Tapas-Expeditionen und Eintopf in drei Gängen

Madrid ist eine Stadt der Zugewanderten, das macht sich auch in den Kochtöpfen bemerkbar. In der Hauptstadt finden Einflüsse aus ganz Spanien zusammen. Entdecken Sie die Welt der Tapas und den Madrider Kichererbseneintopf.

Andalusier, Basken, Galicier und viele andere Spanier strömten im Lauf der Zeit nach Madrid, suchten ihr Glück und eröffneten Bars und Restaurants. So können Sie heute hier Spaniens verschiedenste Küchen testen. Verbindendes Element in der Gastro-Landschaft ist die Tradition der Tapas – leckere Appetithäppchen in jedweder Form, kulinarische Kleinkunst, Fingerfood in Vollendung. Ein Stückchen Fleisch auf einer Baguettescheibe, ein Zahnstocherspieß aus Gürkchen und Sardellen, ein Häppchen Kartoffelomelette – was hätten Sie denn gerne? Tapas machen Kneipenstreifzüge zu kulinarischen Expeditionen, denn erst nach mehrfachen Wechsel der Bar kann man tatsächlich beurteilen, wo die Tapas am besten schmecken. Wie sehr die Ansprüche an diese gestiegen sind und wie fantasievoll sie sich anrichten und präsentieren lassen, beweisen zum Beispiel die winzigen Einkehrspots im Mercado de San Miguel. Natürlich haben die kleinen Gastro-Kunstwerke dort ihren Preis. Anderenorts geht es rustikaler und bodenständiger zu, da machen viele Tapas richtig satt. Wobei diese leckeren Häppchen für die Spanier eigentlich nur eine Zwischenmahlzeit oder das kulinarische Vorspiel für ein richtiges Mittag- oder Abendessen sind. Auf jeden Fall müssen sie frisch zubereitet sein.

Lokale Spezialitäten

Falls Sie zu den Ursprüngen der regionalen Küche wollen, kommen Sie am *cocido madrileño* nicht vorbei, einem Kichererbseneintopf, in den

Sandwiches und Tapas mit Fisch oder Calamares zum Vino gefällig? Oder lieber einen Wermut? Letzteren genießt man auch gern zu Austern in schick aufgemachten Gastrobars.

Gemüse, Kartoffeln, Fleisch- und Wursteinlagen gehören. Authentisch wird dieser Eintopf in drei Gängen serviert: die Suppe separat und daneben die schwereren Einlagen, die Kirchererbsen und das Gemüse. Dieser Eintopf ist ein garantierter Sattmacher, was ihn mit einer beliebten Madrider Zwischenmahlzeit verbindet: dem *bocadillo de calamares* (auch *bocata de calamares*), einem Stück Baguette, belegt mit panierten frittierten Tintenfischringen. Weitere Spezialitäten sind *callos* (Kutteln), *sopa de ajo* (Knoblauchsuppe) und *rabo de toro* (geschmorter Stierschwanz). Begeisterte Anhänger finden auch von kleinen Handwerksbrauern produzierte Biere (*cervezas artesanales*). Und unter den avantgardistischen Spitzenköchen ragt der im Jahr 1980 in Madrid geborene David Muñoz heraus, dessen Fusionküche (Restaurant DiverXO) ihm die höchste Sternewertung einbrachte.

Geschichte und Geschichten: Was macht ein Bär am Erdbeerbaum?

Ein legendenumwobenes Marienbildnis als Stadtheilige, ein gottergebener Stadtpatron, ein Bär an einem Erdbeerbaum als Wappentier – in Madrid verschmelzen Geschichte und Geschichten.

Am 9. November 1085 entriss Alfons VI., der König Kastiliens, Madrid und das damals viel bedeutendere Toledo den Feindeshänden der Mauren. Dafür setzte sich in den Straßen Madrids eine vom Monarchen angeführte Dankesprozession in Gang, bei der es natürlich auch um den Sieg des Christentums über den Islam ging. Als der Tross an einem Teil der Almudaina, der Stadtmauer der Muselmanen vorbeizog, riss die Mauer wie von Wunderhand auf und gab den Blick auf ein Marienbildnis frei. Wegen dieser Überlieferung oder Legende wird die Muttergottesfigur bis heute als Santa María la Real de la Almudena verehrt. Ihr Name leitet sich von der Almudaina ab. Dass die heutige Skulptur in Madrids Kathedrale aus dem 17. Jh. stammt, tut dem frommen Glauben keinen Abbruch. Sie ist die Schutzpatronin der Stadt und Almudena ein beliebter Vorname. Jedes Jahr am 9. November wird die Marienfigur bei einer Prozession durch die Straßen getragen. Viele Madrider legen festliche Tracht an. Das Marienbildnis der Almudena wird mit einer Freiluftmesse auf der Plaza Mayor und einer prächtigen Blumengabe *(ofrenda floral)* geehrt.

Der fromme Isidor

Das männliche Pendant zu Almudena heißt San Isidro Labrador. Er soll im 11./12. Jahrhundert gelebt haben und galt als frommer, unermüdlicher Bauer *(labrador)*, der schon in jungen Jahren als Knecht die Arbeit für seinen Herrn ergeben erledigte. Er zeichnete sich durch Nächstenliebe, Demut und Gottestreue aus, liebte seine Tiere, besuchte jeden Tag die Messe und veranstaltete einmal im Jahr ein Essen für die Ausgestoßenen und Armen. Ein

Das Denkmal des Bären und des Erdbeerbaums *(El oso y el madroño)* am Ostende des Platzes Puerta del Sol.

echtes Vorbild! Im Jahr 1622 sprach Papst Gregor XV. ihn heilig. Isidors Frau, Santa María de la Cabeza, wird ebenfalls vom Volk als Heilige verehrt. An die beiden erinnert ein Museum im Viertel La Latina (Museo de San Isidro/Museo de los Origines), auch das Madrider Stadtfest steht ganz im Zeichen des San Isidro Labrador. In der Kathedrale ist ihm im Altarumhang eine Kapelle geweiht, in der man auf den ursprünglichen Sarkophag des Heiligen blickt.

Wappentier und Symbol für die Macht der Stadt über die Kirche

»Was macht ein Bär m Erdbeerbaum?«, fragen sich heutige Besucher, wenn sie Madrids Wappentier an der Puerta del Sol sehen. Dass es hier einst reichlich Bären und Erdbeerbäume gegeben haben muss, reicht als Erklärung nicht aus. Tatsächlich erinnert die Darstellung an einen Rechtsstreit zwischen Stadt und Kirche im 13. Jh. Dabei ging es um die Aufteilung von Ländereien. Die Stadt bekam den Anspruch auf den Baumbewuchs und das Jagdrecht, der Klerus bekam die Weiden. Der Bär ergreift also symbolisch den Baum, wie es im Mittelalter die Madrider taten, die der Kirche die Rechte an den umliegenden Wäldern nahmen. Heute begegnen Sie dem Wappenmotiv Madrids nicht nur in Form des Denkmals auf der Puerto del Sol, sondern auch im Wortsinn auf Schritt und Tritt: auf Kanaldeckeln.

Es grünt so grün: In den Parks und Gärten von Madrid

Die entdeckungsreichen Parks und Gärten der Stadt laden zur Erholung von der urbanen Alltagshektik ein, zum Picknicken und Entspannen, Joggen und Flanieren.

Plötzlich ist der Großstadtdschungel weit weg. Jetzt öffnen sich andere Panoramen, es duftet nach Kiefern und Lavendel. Vögel zwitschern. Die Sonne siebt Schatten durch die Blätter und zeichnet Muster auf efeuumrankte Baumstämme. Ganz in der Nähe plätschert ein Brunnen. Madrid bietet vielfältige Parkanlagen, Oasen in Klein- und Großformat. Das beginnt in der Innenstadt auf der Plaza de Oriente mit Blick zum Königspalast. An der Nordseite des Palasts führen in Sichtweite Treppen zu den Jardines de Sabatini (Metro: Ópera, Plaza de Espanã) hinab. Die kleinen Gärten, ebenfalls mit dekorativ beschnittenen Hecken, umgeben einen Teich. Unterhalb des Königspalastes in Richtung Westen breiten sich die Ende des 19. Jh.s im englischen Stil angelegten Jardines del Campo del Moro (Metro: Príncipe Pío) aus; der öffentliche Zugang am Paseo de la Virgen del Puerto erfordert eine ausgedehntere Schleife abwärts. Das kleine, attraktive Wegenetz eröffnet eine Perspektive auf den Palast, die man sonst nicht hat.

Flanieren im Grünen: am Manzanares unterhalb des Königspalasts.

Auszeit am Fluss

Die Jardines del Campo de Moro liegen ganz in der Nähe des Flussparks Madrid Río (Metro: Marqués de Vadillo, Pirámides, Legazpi), einem stadtplanerischen Mammutprojekt des 21. Jh.s, das von Beginn an bestens angenommen wurde. Madrid Río erstreckt sich am Río Manzanares entlang. Die schönsten Abschnitte liegen im Südteil auf ca. 1,5 km zwischen zwei Brücken, der historischen Fahrzeugbrücke Puente de Toledo und der Fußgängerbrücke Puente del Matadero, modern gestaltet mit Großmosaiken aus recycelten Glasscherben. Madrid Río eignet sich für Jogger, Radler und Inlineskater. Auch Spaziergänger entdecken die Stadt hier aus einer ganz neuen Warte.

Streifzug ins Grüne

Der größte Stadtpark ist die Casa de Campo (Metro: Lago, Casa da Campo) mit über 1700 ha, ein historisches Jagdgebiet der Könige. Zentrumsnäher liegen der Real Jardín Botánico (Metro: Atocha) und der am häufigsten besuchte Parque de El Retiro (Metro: Retiro). Gut durchatmen können Sie auch in den Grünanlagen um den ägyptischen Templo de Debod. Ab hier erstreckt sich der Parque del Oeste (Metro: Moncloa, Plaza de España) weiter nordwestwärts mit prächtigem Rosengarten. Natur in die Stadt bringen außerdem der Parque de la Fuente del Berro nahe dem Fernsehturm (Metro: O'Donnell), die Quinta de los Molinos (Metro: Suanzes) und der Parque de Santander im Distrikt Chamberí mit vielen Sporteinrichtungen (Metro: Guzmán el Bueno). Zum Parque Enrique Tierno Galván (Metro: Arganzuela-Planetario, Méndez Álvaro) gehört das Planetarium, zum Parque de Berlín (Metro: Concha Espina) kurioserweise ein Stückwerk der Berliner Mauer.

Pasarela del Arganzuela: Die avantgardistische Brücke über den Manzanares schuf der französische Architekt Dominique Perrault.

Im Überblick: das Zentrum der spanischen Kapitale mit dem Hauptplatz, der rechteckig angelegten Plaza Mayor.

Im Herzen von Madrid

Pulsierende Plätze, stille Gassen, besondere Monumente und Schnittstellen in andere Viertel – all das macht den Reiz der City aus.

Seite 34–59

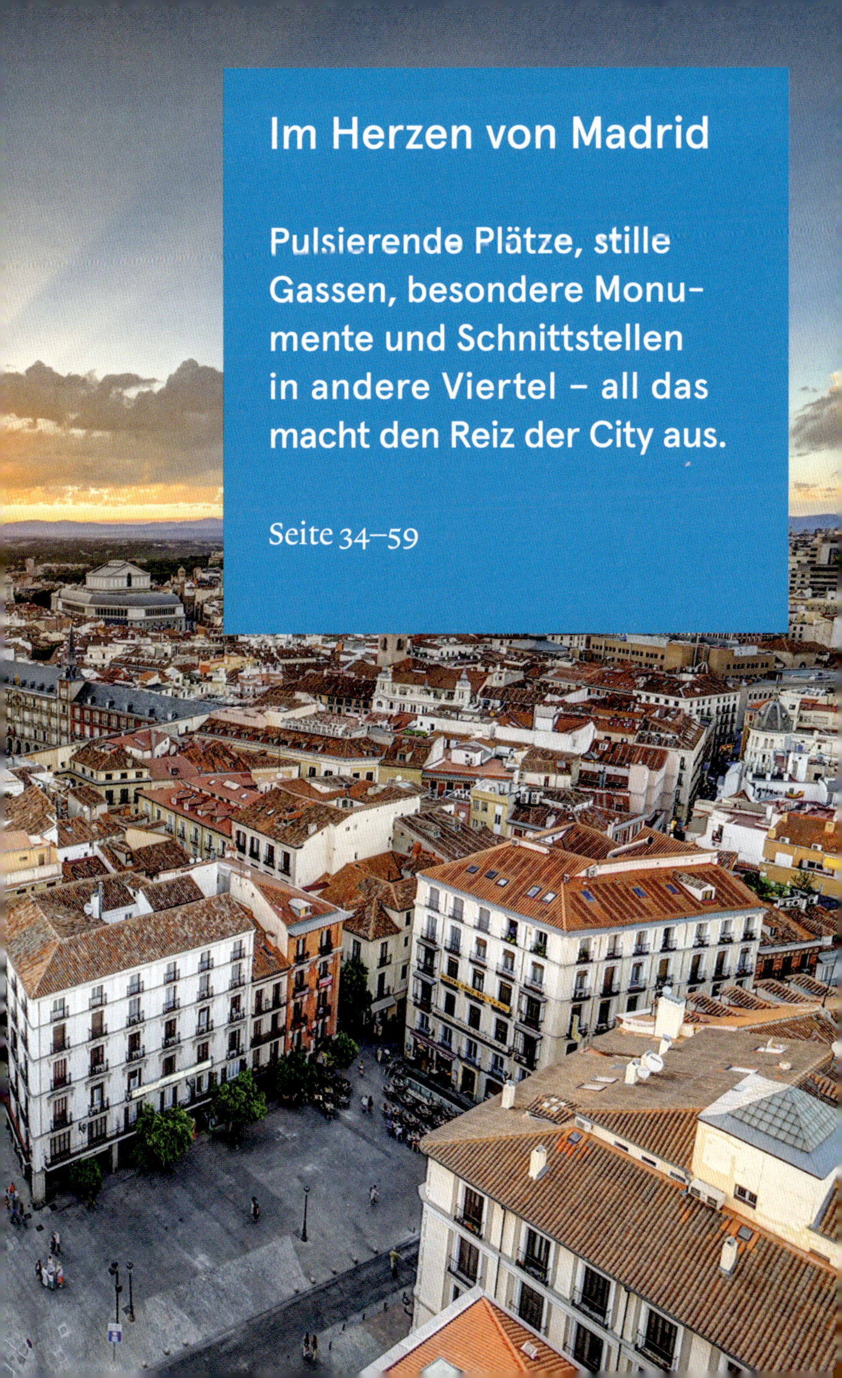

Erste Orientierung

Auf zwei Plätzen in Madrid laufen alle Fäden zusammen – auch für Stadtbesucher führt kein Weg an der Puerta del Sol und der Plaza Mayor vorbei. Hier sind Sie mittendrin und spüren die pulsierende Atmosphäre der spanischen Kapitale. Alles Sehenswerte in der Umgebung ist leicht zu Fuß zu erreichen.

Die Puerta del Sol ist eine wuselige Schnittstelle mehrerer Straßen, an der die Sightseeing-Busse vorbeidröhnen und wo Menschen aus der riesigen Metrostation »Sol« den Weg ins überirdische Madrid finden. Wesentlich ruhiger geht es auf der verkehrsberuhigten Plaza Mayor zu. Als Madrids Wahrzeichen und Aushängeschild hat sie ihre historische Platzkulisse vorbildlich bewahrt. Ab der Plaza Mayor geht es in das altstädtische »Viertel der Dichter und Denker«, Barrio de las Letras, wo Sie im Geflecht der Gassen den Spuren von Cervantes und Lope de Vega folgen oder die lebhafte Kneipen- und Restaurantszene der Plaza de Santa Ana genießen können. Ganz in der Nähe bieten die breite Calle de Alcalá und die alte Prachtstraße Gran Vía mit ihren Shops und Musicaltheatern wieder ganz andere Gesichter der spanischen Hauptstadt. Nördlich der Gran Vía schließen sich die trendigen Viertel Chueca und Malasaña an. Und zwischen Gran Vía und Plaza Mayor beherbergt das Nonnenkloster Monasterio de las Descalzas Reales wahre Schätze für Kunstliebhaber. Kontrastreiche Entdeckungen gehören in Madrid einfach dazu.

TOP 10

2 ★★ Plaza Mayor
8 ★★ Museo Real Academia de Bellas Artes de San Fernando

Nicht verpassen!

11 Monasterio de las Descalzas Reales

Nach Lust und Laune!

12 Puerta del Sol
13 Plaza de Santa Ana
14 Barrio de las Letras
15 Plaza de la Villa
16 Real Iglesia Parroquial de San Ginés
17 Gran Vía
18 Viertel Chueca und Malasaña

Calle de Carranza
San Bernardo
Bilbao
C. Manuela Malasaña
Malasaña
18
C. del Divino Pastor
C. Fuencarral
Pl. Dos de Mayo
(Pl. de Malasaña)
C. Apodaca
Calle de San Bernardo
C. de la Palma
UNIVERSIDAD
C. Barceló
C. de la Palma
C. Beneficencia
C. San Vincente Ferrer
Tribunal
Pl. Juan Pujol
C. Barco
Mateo
Noviciado
C. Tesoro
C. Fuencarral
C. San
C. Jesús del Valle
C. San Joaquín
C. del Pez
C. El Escorial
Pl. de San Ildefonso
C. Hortaleza
C. Álamo
García Molinos
Calle de San Bernardo
C. Pizarro
C. del Pez
C. Corredera Baja de San Pablo
Valverde
Chueca
C. de la Luna
C. de San Roque
C. Augusto Figueroa
Pl. de Chueca
18
Chueca
CENTRO
C. San Marcos
Gran Vía
17
C. Tudescos
C. Barco
C. Barbieri
C. Fuencarral
C. Hortaleza
C.
C. de las Infantas
C. Jacometrezo
Pl. del Callao
17
Gran Vía
Santo Domingo
Callao
Gran Vía
17
Gran Vía
C. M. de Valdeiglesias
Monasterio de las Descalzas Reales
C. Preciados
Plaza del Carmen
C. de la Montera
C. Virgen de los Peligros
Pl. de San Martín
11
Real Academia de Bellas Artes de San Fernando
8
C. Aduana
Círculo de Bellas Artes
C. San Martín
Calle de Alcalá
C. Sevilla
Sevilla
C. Cedaceros
C. de los Madrazo
C. del Arenal
Pl. Puerta del Sol
Real Iglesia Parroquial de San Ginés
16
SOL
12
Sol
Sol
C. Zorrilla
C. Mayor
Puerta del Sol
Carerra de San Jerónimo
Carrera de San Jerónimo
Plaza Canalejas
C. de Carretas
C. Espoz y Mina
C. Victoria
C. Cruz
C. Príncipe
C. Ventura de la Vega
CORTES
C. Duque de Medinaceli
Plaza Mayor
2
C. Mayor
C. Cava San Miguel
Mercado de San Miguel
Plaza de Santa Cruz
C. Bolsa
Plaza de Santa Ana
13
C. Prado
Plaza de la Villa
15
C. Atocha
Plaza de Jacinto Benavente
Pl. del Angel
C. Toledo
C. Cuchilleros
C. Concepción Jerónima
C. Huertas
C. León
C. Lope de Vega
C. San Agustín
14
200 m
200 yd
C. Atocha
Barrio de las Letras
Antón Martín
C. Amor de Dios
C. Moratín
Metro

Mein Tag inmitten der Altstadt

Die Plätze, Gassen und Highlights der Altstadt warten nur darauf, von Ihnen entdeckt zu werden: Dort, wo Madrid so typisch und ursprünglich zugleich ist, finden Sie ein zauberhaftes Gemisch aus Klassikern, stillen Winkeln und einigen echten Verstecken, denen Sie auf den Grund gehen können.

9.30 Uhr: Erstes Stimmungsbarometer

Es ist einer der schönsten Plätze Spaniens. Erleben Sie gleich zum Auftakt die ❷ ★★Plaza Mayor, wenn das Morgenlicht über die Fassaden kriecht. Schlendern Sie danach zur 12 Puerta del Sol, um dem legendären Denkmal des Bären und des Erdbeerbaums (»El Oso y el Madroño«) die Ehre zu erweisen. Ein typischer Selfie-Spot.

10 Uhr: Eine versteckte Kunstadresse

Madrids Altstadt ist ein echtes Überraschungspaket, das Sie nur zu öffnen brauchen. Hinter mancher Fassade verbirgt sich Erstaunliches. So wie das ❽ ★★Museo Real Academia de Bellas Artes de San Fernando, dem Sie von außen nicht ansehen, dass drinnen fantastische Gemälde die Säle füllen. Die Meisterwerke von Zurbarán, El Greco, Goya werden Sie begeistern.

12.45 Uhr: Hoch hinaus

Nun tun etwas frische Luft und Abwechslung gut. Der Círculo de Bellas Artes ist noch so ein Bauwerk mit historischer Substanz und einem Überraschungseffekt, der Sie diesmal ganz oben erwartet: die

20 Uhr: Tapas, Tapas, Tapas

12.45 Uhr: Hoch hinaus

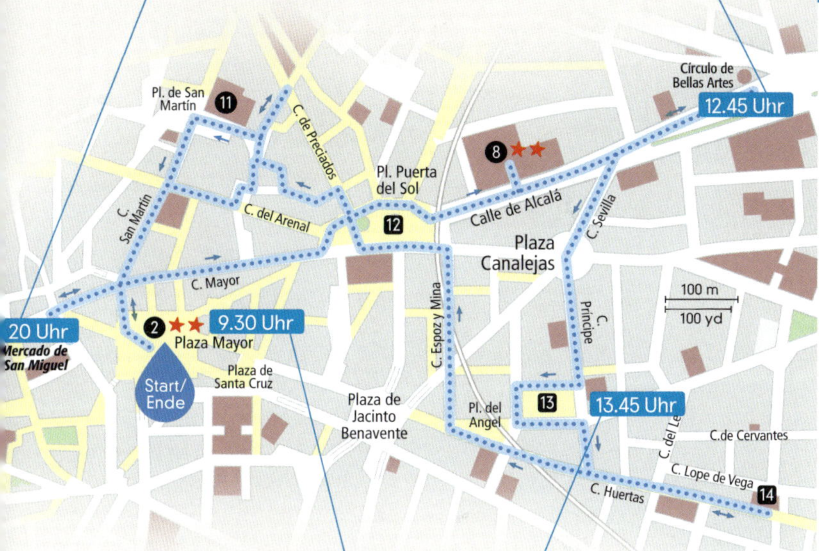

9.30 Uhr: Erstes Stimmungsbarometer

13.45 Uhr: Entspannen auf der Plaza

Oben: Blick von der Dachterrasse des Círculo de Bellas Artes. Rechts: einmal Tapas, immer Tapas?

Dachterrasse, Azotea. Thronen Sie über der Altstadt – genießen Sie fernab von Hektik und Verkehr den tollen Ausblick aus 56 m Höhe.

13.45 Uhr: Entspannen auf der Plaza

Einer der besten Spots, um klasse Madrid-Stimmung bei Wein, Bier und leckeren Köstlichkeiten zu tanken, ist die nahe 13 Plaza de Santa Ana. Sichern Sie sich Ihr Plätzchen auf einer der Terrassen. Entspannen Sie, lassen Sie sich inmitten dieser Open-air-Kulisse bedienen. Besser, als hier zu sitzen und einfach umherzuschauen, geht's nicht. Das wissen auch die Locals, und sie überlassen das Terrain nicht so einfach den Stadtgästen …

15.30 Uhr: Auf den Spuren von Cervantes

Ein Spaziergang bringt Sie durch stillere Gassen im »Viertel der Dichter und Denker«, 14 Barrio de las Letras. Lassen Sie sich auf den Spuren von Cervantes, dem Meisterdichter des gegen die Windmühlenflügel kämpfenden Don Quijote, einfach etwas umhertreiben, etwa durch die Calle de Lope de Vega. Werfen Sie einen Blick auf das Cervantes-Relief an der Fassade des Trinitariennenklosters (dort wurde er begraben) und in der Calle de Cervantes/Ecke Calle de León auf jene Tafeln, die besagen, dass er dort lebte und starb. Nebenbei wird deutlich, wie man heute im Zentrum Madrids lebt: eher bescheiden.

Ende gut, alles gut auf der nächtlichen Plaza Mayor, die sich hier im vorweihnachtlichen Festschmuck besonders stimmungsvoll zeigt.

16.30 Uhr: Klosterschätze

Zu dieser Zeit sollten Sie sich am ⓫ Monasterio de las Descalzas Reales einfinden, um an einer Nachmittagsführung durchs Kloster teilzunehmen. Unglaublich, was sich dort an Schätzen verbirgt!

18.30 Uhr: Schlendern durch die Fußgängerzonen

Wechseln Sie den Modus, die Besichtigungs-Highlights liegen für heute hinter Ihnen. Nun ist es an der Zeit für einen gemütlichen Schaufensterbummel durch die Zonen um die Calle del Arenal und die Calle de Preciados. Eine gute Gelegenheit, das besondere Flair der Stadt zu spüren. Um diese Zeit sind auch viele Madrider unterwegs.

20 Uhr: Tapas, Tapas, Tapas

Statt eines üppigen Abendessens geben Sie dem Fingerfood der Tapas-Köstlichkeiten im Mercado de San Miguel den Vorzug. Der Markt hat bis Mitternacht geöffnet, Fr und Sa sogar bis eins. Auswahl und Versuchung sind groß. Und Versuchungen, das wissen wir spätestens seit dem Schriftsteller Oscar Wilde, soll man nachgeben – wer weiß, wann sie wiederkommen ...

22 Uhr: Rückkehr zur Plaza Mayor

Kehren Sie zum Abschluss auf die ❷ ★★Plaza Mayor zurück, über der nun Dunkelheit und Laternenschein hängen. Ein schönes, leises, überaus stimmungsvolles Finale.

❷ ★★ Plaza Mayor

Warum?	Einer der schönsten und stimmungsvollsten Plätze Spaniens
Was?	Ein ausgewogenes, in sich geschlossenes Rechteck in XXL
Wie lange?	Mindestens 20 Minuten
Wann?	Am besten früh morgens oder spät abends

Die Plaza Mayor ist eine gut erhaltene architektonische Einheit: 120 m lang, 94 m breit, Arkaden und Balkonreihen säumen den Platz in harmonischer Symmetrie.

Im 15. Jh., als Madrid noch nicht zur Hauptstadt aufgestiegen war und es die Plaza Mayor noch nicht gab, bauten an diesem Ort regelmäßig Markthändler ihre Stände auf. Zu Zeiten von Philipp II. und Philipp III. nahm der Platz Gestalt an, weshalb er bis heute als Herz des Madrids der Habsburger *(Madrid de los Austrias)* gilt.

Was ab dem Jahr 1590 unter Philipp II. mit dem Bau des Hauses der Bäckerzunft *(Casa de la Panadería)* begann, setzte Philipp III. fort. 1617 beauftragte er Juan de la Mora, dem Platz eine architektonische Einheit zu verleihen. Und die hat bis in unsere Tage Bestand, auch wenn es zu diversen

Hier ist richtig was los: Reisegruppen, fliegende Händler und Karikaturisten – je nach Tageszeit ist die Stimmung eine andere.

Licht und Arkaden

Tagsüber ist die Plaza Mayor einer der lebendigsten Plätze der Hauptstadt. Es herrscht ein ständiges Hin und Her. Besucher sind gebannt von dem Ensemble, halten an, kehren ein oder sehen den vielen Straßenkünstlern bei ihren Vorführungen zu. Kommen Sie jedoch spätabends auf dem zentralen Platz vorbei, erleben Sie eine ganz andere Stimmung. Die Menschenströme nehmen ab. Die Beleuchtung setzt das urbane Rechteck in ein komplett anderes Licht, das wie magisch anzieht. Eine gute Gelegenheit, um in aller Ruhe rundherum durch die historischen Arkaden zu schlendern.

Ola! Ein kühles Bier gefällig? Oder was darf es sonst sein?

Umgestaltungen kam. Zu erkennen ist das Haus an seiner freskengeschmückten Fassade. Heute hat hier die zentrale Touristeninformation der Stadt ihren Sitz.

Im Lauf der Geschichte kam es hier zu mehreren Feuersbrünsten. Nach dem verheerendsten Brand im Jahr 1790 machte sich der Architekt Juan de Villanueva an den Neuaufbau. Er brachte die Höhe der Fassaden in Gleichklang und platzierte Zugangsbögen an Seiten und Ecken.

Ein ehemaliger Schauplatz für Stierkämpfe

Blickfang auf der Plaza Mayor ist das Reiterdenkmal für Philipp III. (1578–1621), der ab 1598 bis zu seinem Tod regierte. Von seinem Vater Philipp II. hatte er ein Land übernommen, das in der damaligen Welt global gesehen auf dem Höhepunkt der Macht stand. Philipp III. galt jedoch als Herrscher mit wenig Weitsicht und sorgte dafür, dass sein Günstling, der Herzog von Lerma, entscheidenden Einfluss auf die Staatsgeschäfte nehmen konnte. Bei der Ausübung seiner Herrschaft war es Philipp kaum möglich, den Überblick zu behalten, denn er war gleichzeitig auch noch König von Portugal, König von Sardinien sowie König von Sizilien und Neapel. Ursprünglich stand das 1616 von dem Bildhauer Pietro Tacca vollendete Reiterdenkmal für den Monarchen am Zugang zur Casa de Campo. Erst im 19. Jh. wurde es auf der Plaza Mayor aufgestellt. Zuvor, im 17./18. Jh., war die Plaza Mayor häufig Schauplatz für Stierkämpfe. Für Höflinge und auswärtige Besucher wurden zu diesen und anderen (festlichen) Anlässen Balkonplätze vermietet.

KLEINE PAUSE

Die Plaza Mayor eignet sich gut für eine kleine (oder auch längere) Pause. **Cafés** und **Restaurants** bieten eine Riesenauswahl – teilweise zu happigen Preisen. Alternativ lassen Sie sich einfach auf einem Sitz rund um eine Laterne nieder.

---

i

187 F3
Centro de Turismo,
Plaza Mayor 27
☎ 915 78 78 10

www.esmadrid.com
tgl. 9.30–21.30 Uhr
Sol

8 ★★ Museo Real Academia de Bellas Artes de San Fernando

Warum?	Eine der besten Kunstadressen Spaniens
Was?	Gemälde von Meistern wie Zurbarán, Ribera, Alonso Cano und Goya übersichtlich präsentiert
Wie lange?	Mindestens zwei Stunden
Wann?	Am besten gleich zu Beginn der Öffnungszeit ab 10 Uhr
Was noch?	Sofern sich dieser Tag nicht mit einem Feiertag deckt, ist mittwochs der Eintritt ins Museum frei
Was nehme ich mit?	Jede Menge Erinnerungsfotos – denn das Fotografieren ist hier (ohne Blitz und Stativ) erlaubt

Das Kunstmuseum der Königlichen Akademie der Schönen Künste San Fernando hat es in sich: eine versteckte Kleinausgabe des Prado! Diese Abfolge an Meisterwerken sollte man nicht verpassen.

Fassade und Eingang in das ehemalige Adelspalais des renommierten Geschäftsmanns, Verlegers und Politikers Juan de Goyeneche (1656–1737) lassen keinen Rückschluss auf das prächtige Innere zu, in dem sich die Akademie der Schönen Künste San Fernando 1773 einrichtete. Dazu ist der Empfang zu streng, zu nüchtern, zu düster: ein Bau im Barockstil von José Benito de Churriguera, später in neoklassischen Zügen von Diego de Villanueva dem seinerzeitigen Zeitgeschmack angepasst. Die Mitte des 18. Jh.s gegründete Kunstakademie verfolgte von Anfang an das Ziel, die Schönen Künste zu fördern und zu schützen und Künstler auszubilden. Im Lauf des 20. Jh.s übernahm diese Aufgabe dann die Madrider Universidad Complutense.

Trotz seiner zentralen Lage ist das Museum erstaunlicherweise nicht überlaufen.

Große Sammlung von internationalem Format

Der von der Akademie angesammelte Fundus an Kunstwerken (darunter 1400 Gemälde, 600 Skulpturen und 15 000 Zeichnungen) wurde erst 1986 der Öffentlichkeit als Museum zugänglich gemacht. Viele Werke stammten von Schülern der Akademie oder gelangten durch Schenkungen sowie als Folge der Kirchen- und Klosterenteignungen im 19. Jh. hierher. Auf drei Etagen ist heute in über 50 Sälen eine Auswahl zu sehen, die spanische, flämische und italienische Werke von der frühen Neuzeit bis heute umfasst. Alles in allem lernen Sie hier eine der wertvollsten Gemäldesammlungen Spaniens kennen, und das in einer intimeren, ruhigeren Atmosphäre als im Prado. Sehenswert ist zudem das Treppenhaus, durch das Sie bis zum dritten Stock hinaufgehen. In der ersten Etage sind in der Regel Top-Highlights aus dem 16.–19. Jh. (u. a. Zurbarán, Ribera, Cano, Murillo, Arcimboldo, Rubens, Goya) ausgestellt. Die zweite Etage ist vergleichsweise weniger interessant, in der dritten spannt sich der Bogen der Sammlung bis ins 20./21. Jh. Zu sehen sind dort u. a. Werke von Sorolla und Tàpies.

Spaniens religiöse Barockmalerei

Francisco de Zurbarán (1598–1664), einer der bedeutendsten Vertreter der religiösen Barockmalerei in Spanien, malte mithilfe einiger Schüler 1630–1633 für das Kloster Nuestra Señora de la Merced Calzada in Sevilla eine Reihe von Mönchsporträts. Davon sind einige erhalten, die die Ordensmänner in Helldunkelmanier in gelehrten Posen zeigen und theolo-

Den »Stierkampf in einem Dorf« malte Goya im Auftrag der Akademie.

gische Souveränität vermitteln. Herausragend sind auch ein heiliger Hieronymus von El Greco (1541–1614), ein Christus am Kreuz von Alonso Cano (1601–1667) und die eindringlich in Licht-Schatten-Kontrasten herausgearbeitete Gefangennahme Christi von Gerard Seghers (1591–1651). Drastisch zeigt José de Ribera (1591–1652), der valencianische Barockmeister, den abgetrennten Kopf von Johannes dem Täufer, während er seinen heiligen Hieronymus als Büßer *(San Jerónimo Penitente)* mit sehnigem, regelrecht ausgezehrtem Körper darstellt. Bartolomé Esteban Murillo (1618–1682) einem weiteren spanischen Vertreter des Barock, verdanken heutige Museumsbesucher einen Franz von Assisi in Ekstase, eine Maria Magdalena und eine Szene des heiligen Diego de Alcalá unter den Armen.

Goyas Selbstbildnis vor der Staffelei zeigt ein Porträt des Künstlers als junger Mann.

Van Dyck bis Goya

Der eindrucksvolle Gang durch die Bilderwelten setzt sich fort mit Anthonis van Dyck (1599–1641, »Jungfrau mit dem Kind und den reuigen Sündern«, »Johannes der Evangelist und Johannes der Täufer«) sowie Peter Paul Rubens (1577 bis 1640, »Der heilige Augustinus zwischen Christus und der Jungfrau Maria«, »Susanna und die beiden Alten«).
»La primavera« (»Der Frühling«) heißt ein allegorisches Frühlingsbild des Mailänders Giuseppe Arcimboldo (1527 bis 1593). Es zeigt in Profilansicht den Oberkörper eines Menschen, über und über mit bunten Blumen überzogen – ein Gemälde, dass den Betrachter fröhlich stimmt. Düstere Akzente setzt dagegen Francisco de Goya (1746–1828) mit kleinformatigen Bildern einer Inquisitionsszene, dem sogenannten »Irrenhaus« (»*Casa de locos*«) und einer Büßerprozession. Goya, der ab 1780 Mitglied der Kunstakademie San Fernando war, ist eine eigene Museumssektion gewidmet, zu der ein großes Reiterporträt von König Ferdinand VII. sowie zwei Selbstbildnisse gehören. Das eine zeigt den fülligen Meister in jungem Alter an der Staffelei, das andere Goya als knapp 70-jährigen, von diversen Schicksalsschlägen ge-

zeichneten Mann. Im Auftrag der Akademie entstanden u.a. Goyas Gemälde »Das Begräbnis der Sardine«, »Die Flagellanten«, »Irrenhaus«, »Inquisitionstribunal« und »Stierkampf im Dorf«. Insgesamt nennt die Akademie 13 Gemälde von Goya ihr Eigen. Die Gipsbüste dieses Malers fertigte der Bildhauer Mariano Benlliure (1862–1947).

Porträts und Moderne

Falls Ihre Aufnahmekraft zu erschöpfen droht, lassen Sie den zweiten Stock aus, wo eine Reihe von Porträts zu besichtigen ist, bei denen die Dargestellten wie die Maler selbst vielen Spaniern nicht geläufig sind.

Interessant an den Porträts im zweiten Stock ist oftmals weniger, wer darauf zu sehen ist, als vielmehr, wie er sich in Szene gesetzt wissen wollte: Betrachtet man ihre wichtigtuerischen, teils arrogant und überheblich wirkenden Posen, den ordengeschmückten Pomp und die teils gewagt aufgetakelten Frisuren, ergibt sich ein durchaus interessantes Bild der Zeit. Zu sehen sind zudem Büsten, Skulpturen und eine Gitarre des spanischen Virtuosen Andrés Segovia (1893–1987), der bis heute ein wichtiges Vorbild vieler klassischer Instrumentalisten ist. Die dritte Etage bringt Sie ins 20. Jh., u.a. mit einem Bergparkmotiv von Santiago Rusiñol (1861–1931) sowie Strand- und Meeresbildern von Joaquín Sorolla, dem valencianischen »Maler des Lichts«. Volkstümliche Szenen stammen von Julio Romero de Torres (1874–1930), Enrique Martínez Cubells (1874–1947) und Fernando Álvarez de Sotomayor (1875–1960), abstrakte Werke von Gerardo Rueda (1926–1996) und Antoni Tàpies (1923–2012). Pablo Picasso (1881–1973) ist in der Sammlung mit der kleinen Bronzeskulptur »Frauenkopf« und einer Radierung vertreten. In die Moderne des 21. Jh.s führen u.a. Albert Ràfols-Casamada (1923–2009) und Juan Navarro Baldeweg (geb. 1939).

KLEINE PAUSE

Im Museo Real Academia de Bellas Artes de San Fernando gibt es kein Museumscafé, doch nach nur wenigen Gehminuten sind Sie an der **Puerta del Sol.** In den dort beginnenden Fußgängerzonen wie der Calle del Arenal und der Calle del Carmen finden Sie reichlich Gelegenheit zur Einkehr.

---

i

188 B4
Calle de Alcalá 13 ☎ 915 24 08 64
www.realacademia bellasartes sanfernando.com
Di–So 10–15 Uhr, Aug. geschl.
8 €, Mi frei (außer feiertags)
Sol, Sevilla

⑪ Monasterio de las Descalzas Reales

Warum?	Der Prunk der versteckten Anlage wird Sie überraschen
Was?	Ein Besuch im Klarissenkloster
Wie lange?	Etwa eine Stunde – so lange dauert auch die Führung, der Sie sich anschließen müssen
Wann?	Am besten vormittags

Unglaublich, welch gewaltiger Klosterkomplex sich im Herzen der Stadt hinter hohen Mauern verbirgt! Entdecken Sie wertvolle Kunstschätze und eine Prachtentfaltung, die eng mit dem Haus der Habsburger verbunden war. Das Kloster aus dem 16. Jh. wird nach wie vor von einer Ordensgemeinschaft bewohnt.

Das Klarissenkloster Descalzas Reales geht zurück auf die Infantin Johanna von Spanien (1535–1573), die dort unter dem Namen Juana de Austria bekannt war. Sie war die Schwester von König Philipp II. und dank Heiratspolitik

Die große Treppe gehört zum ältesten, prächtigsten Teil des Klosters.

sogar vorübergehend die Kronprinzessin von Portugal. Im Jahr 1559, zwei Jahre vor dem Aufstieg Madrids zur Hauptstadt, gründete sie das Kloster des Ordens der »Königlichen Barfüßerinnen« *(Descalzas Reales)* in einem ehemaligen Adelspalast, der fortan und in deutlich übertriebenem Rahmen auf die neuen Bedürfnisse zugeschnitten wurde. Erst seit dem Jahr 1960 ist das Monasterio de las Descalzas Reales für die Öffentlichkeit zugänglich, allerdings mit begrenzten Öffnungszeiten, denn die Anlage wird von Ordensschwestern bewohnt und genutzt. Für sie gibt es sogar einen Garten. Allerdings ist die Zahl der Klarissinnen auf knapp 20 gesunken. Was die fernere Zukunft bringen wird, weiß niemand, denn Klosternachwuchs ist heutzutage schwer zu finden.

Der Besuch ist nur im Rahmen einer spanischsprachigen Führung möglich. Doch auch wer kein Spanisch versteht, bekommt hochinteressante Einblicke.

Descalzas Reales galt als regelrechtes Luxuskloster, dem einerseits Schenkungen und andererseits finanzielle Zuwendungen der Adelsfamilien zuflossen, denen die Bewohnerinnen entstammten. Dass damals jede Frau aus freien Stücken Nonne werden wollte, ist wohl zu bezweifeln. Für manche Damen und Mädchen, darunter Prinzessinnen, war das Kloster schlichtweg ein Ort des Zwangsrückzugs, eine Art Gefängnis fernab der übrigen Welt.

Skulpturen, Wandteppiche, Gemälde

Bei der Ausgestaltung des Klosters wurde an nichts gespart, auch wenn das in einem befremdlichen Kontrast zum Leben der Nonnen in Bescheidenheit und Kontemplation steht. Besonders prunkvoll sind die breite, von Deckenmalereien überzogene Renaissancetreppe und der obere Teil des Kreuzgangs. Dort grenzen Kapellen an, die entweder verschwenderisch ausgemalt oder mit Gemälden und Skulpturen geschmückt sind.

Im Chorraum sehen Sie das 33-sitzige Chorgestühl – die Zahl der Nonnen, die maximal im Kloster aufgenommen werden, entspricht den Lebensjahren Christi. Bemerkenswert sind auch der prächtige Christus aus Elfenbein und eine Schmerzensmutter von Pedro de Mena (1628–1688). Immer wieder tauchen bei den künstlerischen Darstellungen im Kloster Maria, Christus und die Erzengel auf.

Im Chorraum, in dem die 1603 im Kloster verstorbene Infantin Maria de Austria y Portugal (Maria von Österreich und Portugal) begraben liegt, finden sich die Nonnen unverändert sechsmal pro Tag zum Gebet und zur Andacht ein. Zu Gesicht bekommt man sie während der Rundgänge nicht.

Die Entwürfe für die wertvollen Wandteppiche, die das Kloster in Auftrag gab und bis heute besitzt, gestaltete Peter Paul Rubens.

Im Gegensatz zu den Besuchern dürften die Ordensschwestern kaum mehr ein Auge für die Wandteppiche haben, die in jenem restaurierten Bereich ausgestellt sind, in dem sich vormals die 33 Nonnenzellen befanden. Kein Geringerer als Peter Paul Rubens (1577–1640) gestaltete die Entwürfe für diese Wandteppiche, die bei den besten Manufakturen in Brüssel in Auftrag gegeben wurden.

Höhepunkte im Kapitelsaal sind ein Ecce Homo von Pedro de Mena und eine Maria Magdalena des ebenfalls renommierten Barockbildhauers Gregorio Fernández (um 1576 bis 1636), die mit ihren langen, lockigen Haaren die Brüste bedeckt; die Stirn ist leicht gekräuselt. Zahlreiche historische Porträts von Königen und Mitgliedern der königlichen Familie der Habsburger zeugen davon, dass die Klostergründerin Johanna von Spanien Gemälde von ihren Angehörigen sammelte. Ebenso stattete sie das Kloster reichlich mit sakraler Kunst aus: Zu sehen sind mehrere Triptychen (dreigeteilte Gemälde) und weitere Werke mit biblischen Motiven, darunter »Jesus mit den Phärisäern« von Tizian (um 1488/1490 bis 1576). Die Klosterkirche des Juan Bautista de Toledo wurde durch Feuersbrünste in den Jahren 1755 und 1862 in Mitleidenschaft gezogen, ist aber wieder hergerichtet.

KLEINE PAUSE

Nicht weit vom Kloster liegt eine Filiale des Kaufhauses **El Corte Inglés** (Plaza de Callao). Dort gibt es eine Kombination aus Restaurant und Cafeteria, die Preise sind zivil. Und nach der Pause können Sie gleich zum Shopping übergehen.

187 F4
Plaza de las Descalzas s/n
www.patrimonionacional.es
Führungen Di–Sa 10–14 und 16–18.30, So 10–15 Uhr, letzter Einlass immer 1 Std. vorher 6 €, EU-Bürger (Ausweis mitnehmen) Mi/Do 16–18.30 Uhr Eintritt frei Ópera, Sol, Callao

Nach Lust und Laune!

12 Puerta del Sol

An der Puerta del Sol herrscht immer Trubel, zumal große Fußgängerzonen wie die Calle del Arenal und die Calle de Preciados angrenzen. Brunnen spenden im Sommer etwas Kühle, gelegentlich wird Straßentheater geboten. Markantester Bau auf dem langgestreckten, halbkreisförmigen Platz ist die Casa de Correos (18 Jh.): Das Gebäude der früheren Hauptpost erkennen Sie an der breiten Fassade und dem Uhrturmaufsatz. Heute hat hier die Regionalregierung ihren Sitz. Auf dem Pflaster davor markiert eine Bodenplatte mit der Aufschrift »Origen de las Carreteras Radiales – Km. 0« den Kilometerpunkt Null als Ausgang der spanischen Nationalstraßen. Die Höhenangabe auf dem Platz verbürgt 650,70 m über dem Meeresspiegel. Das Reiterdenkmal in der Platzmitte zeigt König Karl III., ein kleineres ist Madrids Wappentier gewidmet, dem Bären am Erdbeerbaum. An Silvester feiern Tausende an der Puerta del Sol. Wenn Sie wie die Madrider etwas für Ihr Glück im neuen Jahr tun wollen, bringen Sie zwölf Weintrauben mit und gehen Sie rechtzeitig los, denn der Zugang zum Platz ist an Silvester begrenzt. Bei jedem Glockenschlag, der um Mitternacht vom Uhrturm der Casa de Correos ertönt, gilt es, schnell eine Weintraube zu essen. Die im Dutzend verzehrten »Glückstrauben« *(uvas de la suerte)* sollen das neue Jahr unter einen guten Stern stellen.

188 A3 ✉ Puerta del Sol Ⓜ Sol

13 Plaza de Santa Ana

Zu den schönsten Plätzen der Stadt gehört auch die rechteckige Plaza de Santa Ana. Die östliche Seite des harmonisch wirkendenen Ensembles schließt das Traditionstheater

Puerta del Sol: Das »Tor zur Sonne« ist bei Tag und bei Nacht ein viel frequentierter Treffpunkt.

Teatro Español ab. Historischer Vorläufer war ab Ende des 16. Jh.s der Corral del Príncipe – einer der typischen Madrider Freilufthöfe, die damals als Theaterbühnen dienten.

Auf den Terrassen und in den Kneipen der Plaza de Santa Ana herrscht Stimmung, z. B. in der Cervecería Alemana, die Hemingway einst gern frequentierte. Ein großes Denkmal erinnert an den Dramatiker Pedro Calderón de la Barca (1600–1681), ein kleineres an den Dichter und Dramatiker Federico García Lorca (1898–1936).

188 B3 Plaza de Santa Ana
Antón Martín, Sevilla, Sol

14 Barrio de las Letras

Im historischen »Viertel der Dichter und Denker« unweit der Plaza Mayor bewahrt Madrid sein Wesen und seine Geschichte. Vor Jahrhunderten schlenderten hier literarische Größen Spaniens umher, von Miguel de Cervantes (1547–1616) über Félix Lope de Vega y Carpio (1562–1635) bis zu Francisco de Quevedo (1580 bis 1645) oder Francisco de Rojas Zorrilla (1607–1648). Manches literarische Zitat dekoriert das Pflaster im Viertel, zu dem auch die Plaza de Santa Ana gehört. Im Osten grenzt es an den Paseo del Prado.

Im Barrio de las Letras gibt es viele kleine Läden, Kneipen und Restaurants. In der Regel ist jeden ersten Samstag im Monat der sogenannte Mercado de las Ranas terminiert – ein Tag, an dem die Händler ihre Schaufenster dekorieren und Waren nach draußen stellen, während Konzerte und Straßentheater für Ambiente sorgen. Wichtige Stationen im Gassengeflecht sind die Calle de Lope de Vega, wo im Trinitarierinnenkloster Cervantes begraben liegt (Tafel an der Fassade, Führungen an das angebliche Grab nur zu ausgewählten Zeiten, Infos im Touristenbüro an der Plaza Mayor) und die Calle de Cervantes. An der Ecke mit der Calle de León weisen Tafeln darauf hin, wo der Meisterdichter Cervantes lebte und starb. In der Calle de Cervantes 11 erinnert ein Museum in seinem ehemaligen Wohnhaus an den Dramatiker und Dichter Lope de Vega, der rund 1500 Theaterstücke verfasst haben soll. 1614 ließ er sich zum Priester weihen. Durch die Casa-Museo Lope de Vega gibt es Führungen in kleinen Gruppen (Di–So 10–18 Uhr, alle halbe Stunde, obligatorische Voranmeldung z. B. unter casamuseolopedevegamadrid.org). Seine letzte Ruhestätte fand Lope de Vega in der nahen Kirche San Sebastián.

Den Nordrand des Barrio de las Letras markiert die Plaza de las Cortes mit dem spanischen Abgeordnetenhaus, dem *Congreso de los Diputados*. Das Mitte des 19. Jh.s von Narciso Pascual y Colomer entworfene Gebäude erhebt sich mit einer gebieterisch wirkenden Säulenfront über einer Freitreppe, symbolisch bewacht von Löwenskulpturen. In der Mitte des Platzes ist Cervantes ein Denkmal gewidmet. Keine fünf Minuten ist es zu Fuß in nordwestlicher Richtung von der Plaza de las Cortes bis zum Teatro de la Zarzuela (Calle de Jovellanos 4, Tel. 915 24 54 00, teatrodelazarzuela.mcu.es; Metro: Banco de España). Hier hat man sich ganz der Zarzuela verschrieben, diesem typisch spanisches Singspiel, das in etwa vergleichbar mit der Operette oder der Opéra comique ist.

✈ 188 B2 ✉ Casa Museo Lope de Vega, Calle de Cervantes 11 ☎ 914 29 92 16
🌐 www.casamuseo lopedevega.org
● Di–So 10–18 Uhr ➧ frei Ⓜ Sevilla

15 Plaza de la Villa

Zu den teils stark restaurierten historischen Gebäuden, die diesen Altstadtplatz umgeben, zählen das Turmhaus Casa-Torre de los Lujanes (15. Jh.), in dem der Komponist Federico Chueca (1846–1908) geboren wurde, die Casa de Cisneros (16. Jh.) und das vormalige, auf den Barockarchitekten Juan Gómez de Mora zurückgehende Rathaus, die Casa de la Villa (17. Jh.). Das Denkmal in der Platzmitte ehrt den Flottenkommandanten Álvaro de Bazán (1526–1588)

✈ 187 E3 Ⓜ Ópera

16 Real Iglesia Parroquial de San Ginés

Inmitten der geschäftigen Fußgängerzone Calle del Arenal erhebt sich diese Pfarrkirche, deren Ursprünge ins 17. Jh. reichen. Die Backsteinfront entstand erst um 1870, im Lauf des 20. Jh.s kamen noch weitere Stilelemente hinzu. Im Inneren zieht zunächst der Hochaltar die Blicke an, den wahren Schatz der Kirche entdecken Sie aber im hinteren Teil schräg gegenüber einer von den Madrider Gläubigen stark verehrten Skulptur des heiligen Judas Thaddäus (*San Judas Tadeo*): Es handelt sich um das Gemälde »Die Vertreibung der Händler aus dem Tempel« (*»La expulsión de los Mercaderes del Templo«*) von El Greco (1541–1614). Das Bild wird weitestgehend unter Verschluss gehalten und ist nur wenige Stunden pro Woche zu besichtigen: Dann schiebt ein Kirchenwächter die Holzschutztafeln zur Seite.

✈ 187 F4 ✉ Calle del Arenal 13
● Besichtigungszeiten des El Greco-Bildes: Di 18–19, Fr 18–19, Sa 10–11 und 11.30–12 Uhr ➧ frei Ⓜ Sol, Ópera

17 Gran Vía

Baubeginn der Gran Vía war das Jahr 1910. Für den Madrider Prachtboulevard mussten bis zum Ende der 1920er-Jahre über 300 Häuser weichen. Entstanden ist eine 1,3 km lange Straße, gesäumt von Bauten und Dekors ihrer Zeit. Den Anfang macht an der Kreuzung mit der Calle de Alcalá das Edificio Metrópolis mit seiner schwarzgoldenen Kuppel und der geflügelten Siegesgöttin Victoria. Madrider und Besucher zieht es vor allem in den Abschnitt

Die Gran Vía beginnt an der Kreuzung mit der Calle Alcalá und führt weiter bis zur Plaza de España.

mit den meisten Geschäften und Theatern zwischen der lebhaften Calle del Fuencarral und der Plaza de España. Von der Zwischenstation Plaza de Callao mit ihren abendlichen Leuchtreklamen führen Fußgängerzonen bis zur Puerta del Sol. An der Plaza de Callao fallen zwei Gebäude aus den 1920er-Jahren auf: der Palacio de la Prensa, unter Pedro Muguruza Otaño nach nordamerikanischen Vorbildern in die Höhe gezogen und vormals Sitz der Pressevereinigung von Madrid, sowie das Gebäude mit dem Kino Cines Callao, das Luis Gutiérrez Soto mit Elementen aus Neobarock und Art déco versah. In diesem Kino lief 1929 die Uraufführung des ersten Tonfilms in Spanien. Architektonisch interessant ist in der Nähe: das 1931 bis 1933 errichtete Edificio Capitol, das sich mit einer Halbrundfront hervorwölbt. Unweit der Kreuzung Gran Vía/Calle de Alcalá erhebt sich das Gebäude des Círculo de Bellas Artes mit seiner öffentlich zugänglichen Dachterrasse (Calle de Alcalá 42, meist Mo–Fr 9–21, Sa/So 11–21 Uhr, 4 Euro) mit einer großen Bronzeskulptur der Göttin Minerva.

188 B4 Plaza de la Independencia
Retiro

18 Viertel Chueca und Malasaña

Diese beiden Szeneviertel abseits der Hauptstadthektik nördlich der Gran Vía prägen enge Gassen und gemütliche Plätze, nette Tavernen, Restaurants und kleine, individuelle Geschäfte. Hinzu kommen eine gute Küche und ein pulsierendes Nachtleben – auch im Zeichen des Regenbogens. Orientierungspunkte für einen Entdeckungsspaziergang sind die Plaza de Chueca und die Straßenzüge um die Calle del Barquillo und die Calle de Augusto Figueroa.

Das Herz von Malasaña schlägt um die Plaza del Dos de Mayo: Mitten auf diesem Platz erinnert ein Denkmal an die Ereignisse vom Mai des Jahres 1808, als sich die Madrider Bevölkerung gegen die einfallenden napoleonischen Truppen erhob. Gnadenlos töteten damals die Invasoren viele Aufständische, darunter die bis heute als Helden verehrten Militärs Luis Daoíz und Pedro Velarde.

Tief in die wechselvolle Stadtgeschichte können Sie in der geschäftigen Calle de Fuencarral eintauchen: im Museo de Historia de Madrid (Calle de Fuencarral 78, Di–So 10–20 Uhr, Eintritt frei; Metro: Tribunal). Untergebracht ist es in einem von Pedro de Ribera von 1721 bis 1726 im Barockstil erbauten Hospiz. Chronologisch und didaktisch gut zeichnet die Ausstellung die Stadtentwicklung nach. Prunkstück der Sammlung ist eine Allegorie Madrids von Francisco de Goya aus dem Jahr 1810.

188 B5, 185 F3
Chueca, Chueca

Wohin zum ...
Essen und Trinken?

Preise für ein Essen (z.B. ein Tages-/ Hausmenü, im Regelfall inkl. Getränk):

€	unter 15 €
€€	15–25 €
€€€	über 25 €

Botín €€€

Das Botín existiert seit 1725 und rühmt sich des Eintrags ins Guinness-Buch der Rekorde als »ältestes Restaurant der Welt«. Die Küche ist kastilisch-deftig, wichtigste Spezialität das Spanferkel *(cochinillo asado)*.
187 F3 Calle de Cuchilleros 17 913 66 42 17 www.botin.es tgl. 13–16 und 20–24 Uhr Sol, Tirso de Molina

Cervecería Alemana €–€€

In dieser seit 1904 existierenden Bierstube – eine Mischung aus Traditionstaverne und Restaurant – werden neben dem Bier auch Tapas und diverse andere spanische Gerichte serviert. Plätze finden Sie drinnen am Tresen oder an kleinen Tischen.
188 B3 Plaza de Santa Ana 6 914 29 70 33 www.cerveceriaalemana.com So/Mo/Mi/Do 11–0.30, Fr/Sa 11–2 Uhr, im Aug. geschl. Antón Martín, Sevilla, Sol

Chocolatería San Ginés €

Wer hierher kommt, will nur eines: *chocolate con churros* kosten – eine Portion länglicher Krapfen mit dickflüssiger Trinkschokolade. Dafür nimmt man auch Wartezeiten in Kauf. Die rund um die Uhr geöffnete Chocolatería liegt in einem verkehrsfreien Gassendurchgang hinter der Kirche San Ginés und ist seit 1894 eine Madrider Institution!
187 F4 Pasadizo de San Ginés 5 913 65 65 46 http://chocolateriasangines.com tgl. 24 Std. Sol

DStage €€€

Eine echte »In«-Adresse im Viertel Chueca mit den allerneuesten Innovationen, die Küchenchef Diego Guerrero kreiert. Gastronomie als Kunst, als zelebriertes Event – rechtzeitig reservieren!
188 C5 Calle Regueros 8 917 02 15 86 www.dstageconcept.com Mo–Fr 13.30–15 und 21–22.30 Uhr Chueca

El Caldero €€

Dieses Restaurant im Barrio de las Letras ist seit über vier Jahrzehnten auf Mittelmeerküche aus der Region Murcia spezialisiert. Zu seinen Klassikern zählen Paellas und andere Reisgerichte.
188 C2 Calle de las Huertas 15 914 29 50 44 http://elcaldero.com Mo 13–16.30, Di–Fr 13–16.30 und 20–24, Sa bis 0.30, So 13 bis 16.30 Uhr Antón Martín

La Cocina de San Antón €

Populärer Treff im Stadtteil Chueca, ganz oben im Marktgebäude San Antón. Mo–Fr mittags empfiehlt sich das Tagesmenü, zu späteren Stunden ist die loungige Terrasse jederzeit ein Entspannungstipp. Entsprechend groß ist die Auswahl an Cocktails.
188 B5 Calle Augusto Figueroa 24 913 30 02 94 www.lacocinadesananton.com tgl. 10–24 Uhr Chueca

Mercado de San Miguel €–€€

Dieses traditionsreiche Marktgebäude wurde erfolgreich in einen stilvollen, facettenreichen Foodcourt für Tapas und Delikatessen umfunktioniert. Zahlreiche kleine Stände versorgen Sie mit Köstlichkeiten, die zwar in der Regel teurer sind als andernorts, aber auch kreativer und aufwendiger zubereitet. Ziehen Sie ein wenig umher, um die Vielfalt der Tapas (ob kalt oder warm, aber immer frisch) zu kosten. Dazu passt ein guter Tropfen. Sitzplätze sind hier allerdings eher die Ausnahme.
187 E/F3 Plaza de San Miguel 915 42 49 36 www.mercadodesanmiguel.es Mo–Mi/So 10–24, Do–Sa 10–2 Uhr Sol, Ópera

Museo del Jamón €

Diese Großkneipe mit ihren langen Tresen weiß zu schätzen, wer mitten in der City auf die Schnelle eine Stärkung braucht: ein Brötchen, dazu einen Wein oder ein Bier. Die Preise sind günstig, deswegen ist es

oftmals voll. Im Restaurantbereich bekommt man auch ein Tagesmenü.
187 E3 ✉ Calle Mayor 7 ☎ 915 31 45 50 www.museodeljamon.com Mo-Do 7-0.30, Fr/Sa 7-1, So 10-0.30 Uhr Sol

Shopping im Stadtviertel Malasaña, vintage-style.

Wohin zum … Einkaufen?

Es macht großen Spaß, in Madrid zu shoppen und dabei neben einem typisch großstädtischen Angebot auch kleine traditionelle Geschäfte zu entdecken. Alternative Mode und trendige Designershops finden Sie vor allem in den Viertel Chueca und Malasaña, aber auch in der Nähe der Plaza Mayor gibt es alteingesessene Familienunternehmen.

FUSSGÄNGERZONEN/GRAN VÍA

In den besonders stark frequentierten Fußgängerzonen wie der Calle del Arenal oder der Calle del Carmen (von der Puerta del Sol zur Plaza de Callao) finden Sie die Filialen der großen Modeketten. Das Gleiche gilt für die Calle de Preciados, wo es aber in der Fnac (Calle Preciados 28, www.fnac.es) auch noch Elektronik und CDs sowie Tickets für Veranstaltungen und Konzerte gibt. Kundenfreundlich sind an der Gran Vía (z.B. H & M, Gran Vía 37) die Öffnungszeiten (in der Regel tgl. von 10 bis 22 Uhr), während die kleinen Geschäfte in anderen Straßen von 13.30 bis 16.30 Uhr Siesta haben.

KAUFHÄUSER

Filialen des Großkaufhauses El Corte Inglés (www.elcorteingles.es), finden Sie in der Calle de Preciados (Metro: Sol) und an der Plaza de Callao (Metro: Callao).

KULINARISCHES

Für den kleinen Hunger oder ein kulinarisches Mitbringsel lohnt sich ein Besuch in der Markthalle des Mercado de San Miguel (Plaza de San Miguel, www.mercadodesan miguel.es; Metro: Sol), ganz in der Nähe der Plaza Mayor. In der Calle de Augusto Figueroa können Sie im Marktgebäude des Mercado de San Antón die gut sortierten Stände bewundern – und sich außerdem eine Etage höher in trendigen GastroBars mit schickem Fingerfood versorgen.

TRADITIONSGESCHÄFTE

Die im Jahr 1886 gegründete Casa Yustas (Plaza Mayor 30, Tel. 913 665 084, www.casa yustas.com; Metro: Sol) verkauft Hüte in großer Auswahl. Eine bekannte Adresse für Espadrilles ist die Casa Hernanz (Calle de Toledo 18, Tel. 913 665 450, www.alpargateri aher nanz.com; Metro: Sol). Mantillas und Wollumhänge für Damen und Herren bietet Capas Seseña (Calle de la Cruz 23, Tel. 915 316 840, www.sesena.com; Metro: Sevilla). Alteingesessen ist auch das Traditionsgeschäft Palomeque Arte (Calle del Arenal 17, Tel. 915 48 17 20, www.palomequearte.com), das schon seit dem 19. Jh. Objekte religiöser Kunst verkauft.

AKTUELL & ORIGINELL

Alternative Mode, kleine Designer-, Traditions- und Avantgardeshops sowie Outlets finden Sie, wenn Sie in Chueca gemütlich durch Straßen wie die Calle de Augusto Figueroa, die Calle de Gravina und die Calle de Hortaleza bummeln. In der Boutique Lucía Ayuso (Calle del Almirante 14, Tel. 915 22 90 92, Facebook-Seite) gibt es brandneue Modetrends für Frauen. Biocottoniers (Calle de Gravina 1/Ecke Calle de Hortaleza, http://biocottoniers.com) hat sich ganz der ökologischen Mode verschrieben. Im Viertel Malasaña ist die Calle de Fuencarral eine geschäftige Shoppingader. Auf originelle Geschenkideen kommen Sie sicher bei Curiosite (Corredora Alta de San Pablo 28, Tel. 911 41 33 05, www.curiosite.es, Metro: Tribunal). Kleine Boutiquen gibt es in der Calle de Velarde, die auf die Plaza del Dos de Mayo mündet.

Wohin zum … Ausgehen?

Wer wissen will was los ist, findet aktuelle Tipps im spanischen Wochenprogramm Guía del Ocio (www.guiadelocio.com/madrid). Kino, Theater, Bars und Clubs – die Auswahl ist groß, und die Nächte sind lang.

KULTUR

Unter den traditionellen Theatern an der Gran Vía, die oft Musicals im Programm haben, sind das Teatro Rialto (Gran Vía 54, Tel. 910 83 95 00, www.teatrorialto.es) und das Teatro Lope de Vega (Gran Vía 57, wechselnde Webseite je nach Inszenierung) zu empfehlen. Der Círculo de Bellas Artes (Calle de Alcalá 42, Tel. 913 60 54 00, www.circulobellasartes.com; Metro: Sevilla, Banco de España), übersetzt Zirkel der Schönen Künste, ist eine gemeinnützige Institution, die 1880 gegründet wurde. Sie bietet Kinofilme in Originalversion und gelegentlich Theater, Konzerte, Ausstellungen und Lesungen. Das Ateneo de Madrid (Calle del Prado 21, Tel. 914 29 17 50, www.ateneodemadrid.com; Metro: Banco de España, Sevilla), das bereits 1835 als Institution für Kunst, Literatur und Wissenschaft gegründet wurde, bietet ein umfangreiches Programm (u. a. Kino, Lesungen, Vorträge, Konzerte). Das Teatro Español (Plaza de Santa Ana/Calle del Príncipe 25, Tel. 913 60 14 80, www.teatroespanol.es; Metro: Antón Martín, Sevilla, Sol) gibt anspruchsvolles Sprechtheater (auf Spanisch).

NACHTLEBEN

Um die Plaza de Santa Ana, entlang der Calle del Prado und der Calle del Príncipe finden Sie populäre Kneipen. Bekannt für Live-Acts ist die Rockbar Blackbird (Calle de las Huertas 22, http://blackbirdrockbar.wixsite.com). Tapas und Drinks gibt es zu fortgeschrittener Stunde auch im Mercado de San Miguel. Chuecas Gayszene schätzt Bars und Dance Clubs wie Delirio (Calle de la Libertad 28, http://deliriochueca.com; tgl. geöffnet bis 5.30/6 Uhr). Die Bar auf der Dachterrasse des Hotel Room Mate Óscar (Plaza Pedro Zerolo 12, https://room-matehotels.com/de/oscar; Metro: Gran Vía, Chueca) ist tgl. bis 2 Uhr geöffnet. Oder Sie gönnen sich einen Drink an der Plaza de Chueca. Mitten in der Fußgängerzone zwischen Puerta del Sol und Teatro Real liegt Madrids bekannte Discoteca Joy Eslava (Calle del Arenal 11, http://joy-eslava.com). Events und Themennächte starten hier frühestens um 23 Uhr. Eine Institution im Madrider Nachtleben ist seit 1931 die Cocktailbar Museo Chicote (Gran Vía 12, http://grupomercadodelareina.com, Mo–Do 19–3, Fr/Sa 19–3.30 Uhr).

KINO

Filme in Originalversion (span. Untertitel) laufen in den Yelmo Cines Ideal (Calle del Doctor Cortezo 6; Metro: Tirso de Molina). Etwas ausgedehntere Abstecher in den Norden der Kernstadt führen Cineasten, die gern originalsprachige Filme sehen, in die Cines Verdi (Calle de Bravo Murillo 28, www.cines-verdi.com; Metro: Canal) und in das kleine Studiokino Pequeño Cine Estudio (Calle de Magallanes 1, Tel. 914 47 29 20, www.pcineestudio.es; Metro: Quevedo).

An der Westseite des Paso del Prado bietet das nach Plänen der Schweizer Architekten Herzog & de Meuron errichtete CaixaForum innen wie außen ein futuristisches Antlitz.

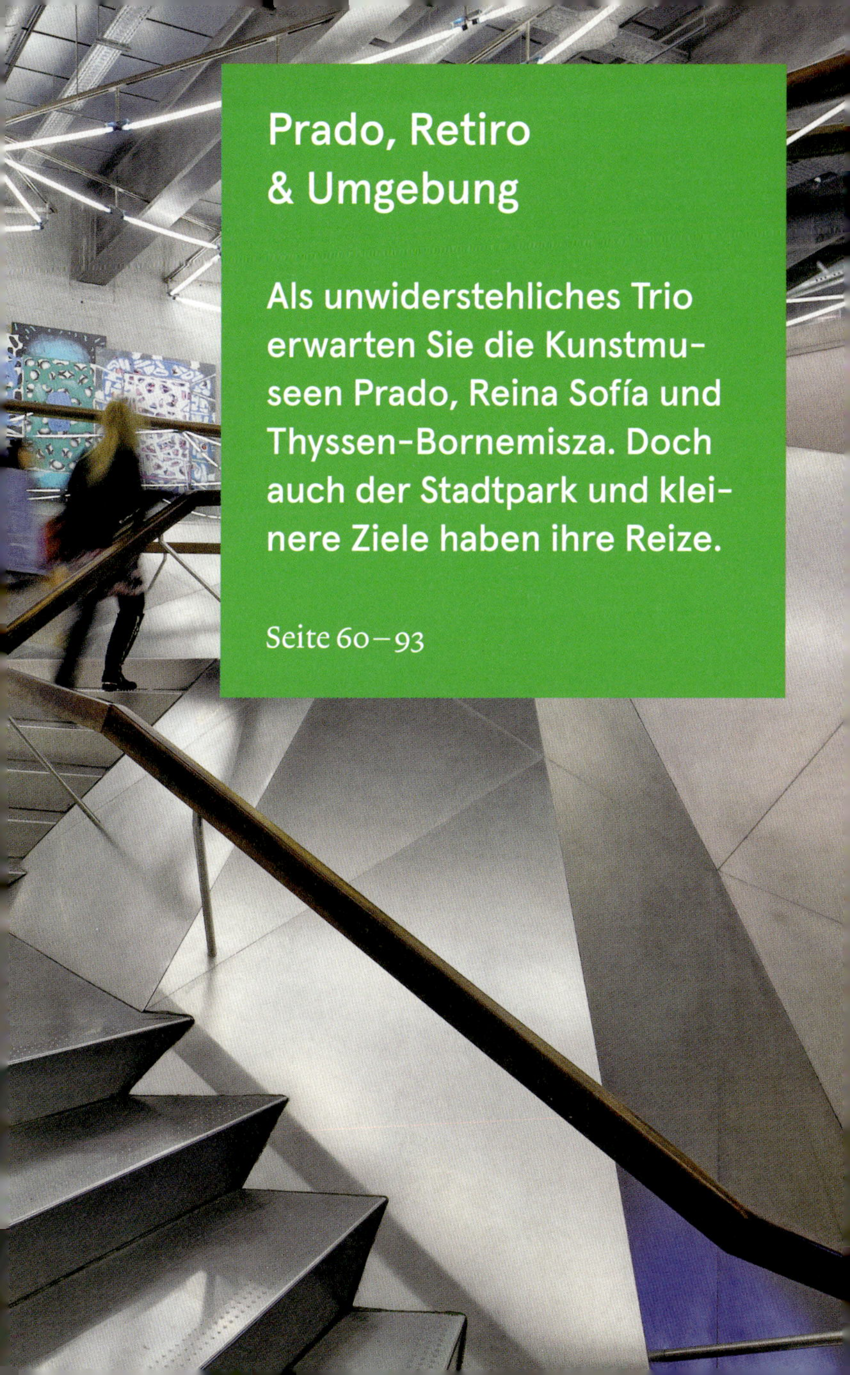

Prado, Retiro & Umgebung

Als unwiderstehliches Trio erwarten Sie die Kunstmuseen Prado, Reina Sofía und Thyssen-Bornemisza. Doch auch der Stadtpark und kleinere Ziele haben ihre Reize.

Seite 60–93

Erste Orientierung

Der Paseo del Prado und dessen nördliche Verlängerung Paseo de Recoletos grenzen diese attraktive Gegend klar vom Zentrum ab. Kunstliebhaber verfallen in den berühmtesten Kunstmuseen Madrids in einen regelrechten Rausch. Ebenso ist für Freizeit und Naherholung reichlich Grün vorhanden.

Triángulo del Arte heißt es auf Spanisch, das goldene »Kunstdreieck« Madrids. Die großen drei Museen liegen in bequemer Gehentfernung voneinander. Wer noch aufnahmefähig ist oder an einem anderen Tag wiederkommt, kann sich zudem das Museo Arqueológico Nacional ansehen, eines der besten archäologischen Museen Europas. Oasen für Freizeit und Entspannung sind der Real Jardín Botánico und der ausgedehnte Parque de El Retiro. Nördlich des Letzteren schließt sich ein altehrwürdiges Nobelviertel mit den entsprechenden Geschäften an, das Barrio de Salamanca. Darüber hinaus gibt es überraschende Annehmlichkeiten wie den Botanischen Indoor-Garten im Bahnhof Atocha und den Aussichtsspot im Kulturzentrum CentroCentro. Special-Interest-Ziele wie das Fußballstadion Santiago Bernabéu und das Wolkenkratzerquartett der Cuatro Torres Business Area etwas außerhalb in den nördlichen Stadtgegenden sind rasch per Metro erreicht.

TOP 10

- 1 ★★ Museo Nacional del Prado
- 3 ★★ Museo Nacional Centro de Arte Reina Sofía
- 4 ★★ Museo Thyssen-Bornemisza
- 5 ★★ Parque de El Retiro

Nach Lust und Laune!

- 19 Museo Arqueológico Nacional
- 20 Real Fábrica de Tapices
- 21 Panteón de Hombres Ilustres
- 22 Estación de Atocha
- 23 Museo Nacional de Antropología
- 24 Real Jardín Botánico
- 25 Iglesia de San Jerónimo el Real
- 26 Museo Nacional de Artes Decorativas
- 27 Museo Naval
- 28 Plaza de la Cibeles
- 29 Palacio de Cibeles/CentroCentro/Mirador Madrid
- 30 Museo de Cera
- 31 Plaza de Colón

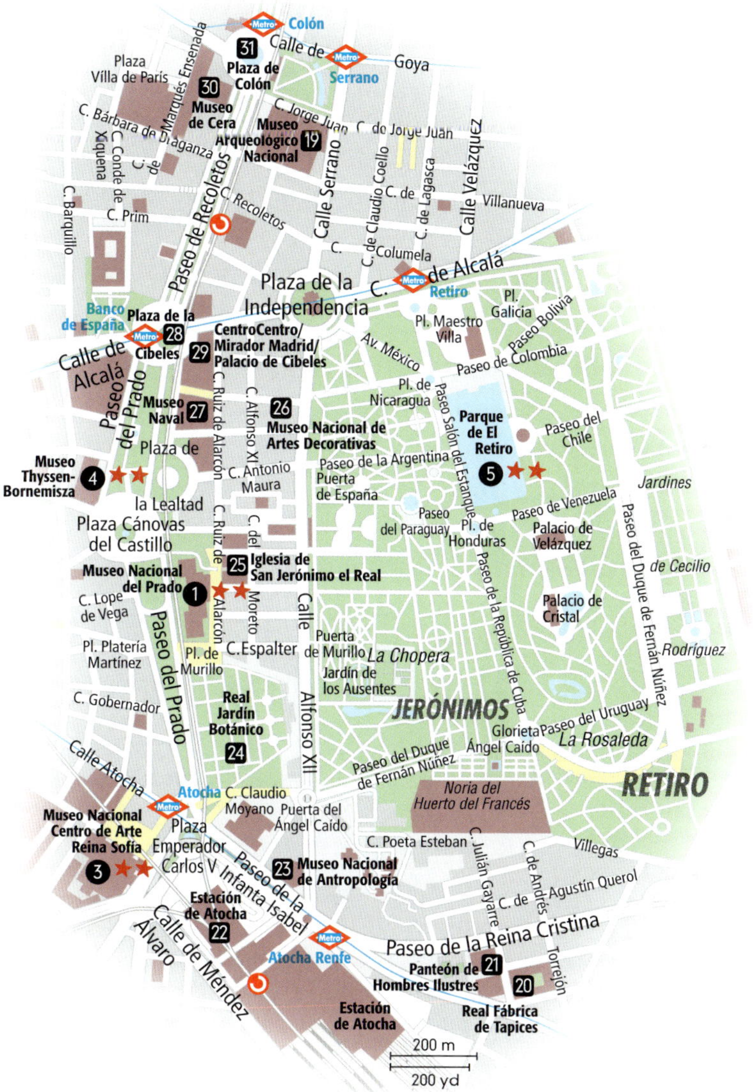
Colón
31
Plaza de Colón
Calle de Goya
Serrano
Plaza Villa de París
C. Marqués Ensenada
30
Museo de Cera
C. Bárbara de Braganza
Museo Arqueológico Nacional
19
C. Jorge Juan
C. de Jorge Juan
C. Xiquena
C. Conde de
C. de
Paseo de Recoletos
C. Recoletos
Calle Serrano
C. de Claudio Coello
C. de Lagasca
Calle Velázquez
C. de Villanueva
C. Barquillo
C. Prim
C. Columela
Plaza de la Independencia
C. de Alcalá
Retiro
Pl. Galicia
Banco de España
Plaza de la Cibeles
28
CentroCentro/ Mirador Madrid/ Palacio de Cibeles
29
Pl. Maestro Villa
Paseo Bolivia
Av. México
Paseo de Colombia
Calle de Alcalá
Paseo del Prado
C. Ruiz de Alarcón
C. Alfonso XI
Pl. de Nicaragua
Museo Naval
27
26
Museo Nacional de Artes Decorativas
Paseo Salón del Estanque
Parque de El Retiro
Paseo del Chile
Plaza de la Lealtad
Museo Thyssen-Bornemisza
4
C. Antonio Maura
Paseo de la Argentina
Puerta de España
5
Jardines de Cecilio Rodríguez
Plaza Cánovas del Castillo
C. del Moreto
Paseo del Paraguay
Pl. de Honduras
Paseo de Venezuela
Palacio de Velázquez
Paseo del Duque de Fernán Núñez
25
Iglesia de San Jerónimo el Real
Museo Nacional del Prado
1
C. Lope de Vega
Calle Alfonso XII
Paseo de la República de Cuba
Palacio de Cristal
Pl. Platería Martínez
Pl. de Murillo
C. Espalter
Puerta de Murillo
La Chopera
Jardín de los Ausentes
C. Gobernador
Real Jardín Botánico
24
JERÓNIMOS
Glorieta Ángel Caído
Paseo del Uruguay
La Rosaleda
Calle Atocha
Paseo del Duque de Fernán Núñez
RETIRO
Atocha
C. Claudio Moyano
Puerta del Ángel Caído
Noria del Huerto del Francés
Museo Nacional Centro de Arte Reina Sofía
3
Plaza Emperador Carlos V
C. Poeta Esteban Villegas
C. Julián Gayarre
C. de Andrés Torrejón
C. de Agustín Querol
Paseo de la Infanta Isabel
23
Museo Nacional de Antropología
Estación de Atocha
22
Calle de Méndez Álvaro
Atocha Renfe
Paseo de la Reina Cristina
21
Panteón de Hombres Ilustres
20
Real Fábrica de Tapices
Estación de Atocha
200 m
200 yd

Mein Tag mit viel Kultur und Natur

Da die Energie pro Tag erfahrungsgemäß nur für ein großes Kunstmuseum ausreicht, schieben Sie nichts auf die lange Bank und nehmen sich das wichtigste gleich vor: den Prado. Danach sind Entspannung und/oder Aktiv-sein im Grünen eine klasse Kombination, die am Abend mit einem erneuten Kulturschub im CaixaForum sowie einem Drink oder Essen im CentroCentro endet.

10 Uhr: Start mit Höhepunkten

Sobald das ❶ ★★ Museo Nacional del Prado um zehn seine Tore öffnet, sollten auch Sie vor Ort sein und zum Sturm auf die Kunstschätze blasen. Geben Sie sich allerdings nicht der Illusion hin, im Innern »alles« in Angriff nehmen zu können. Dazu ist das Museum zu groß, zu komplex, zu erschöpfend. Der Besuch soll Ihnen ja Freude machen und nicht daraus bestehen, stundenlang von Saal zu Saal zu hetzen. Also setzen Sie Schwerpunkte und picken sich Ihre individuellen Favoriten heraus. Der aktuelle Museumsplan, den Sie bei der Info erhalten oder von der Website (www.museodelprado.es) herunterladen können, hilft Ihnen bei der Auswahl. Dort sind die Highlights im Gebäude Villanueva mit ihren aktuellen Saalnummern aufgeführt. Nicht verpassen dürfen Sie »Las Meninas«, eine genial verschachtelte Atelierszene

10 Uhr: Start mit Höhepunkten

13 Uhr: Ab in den Park

20 Uhr: Restaurant oder Terrassenbar?

16 Uhr: Kurioses Bahnhofsgrün

Weltberühmt: Goyas »Die nackte Maja« (plus der bekleideten Variante) im Prado (oben). Rechts oben: der Glaspalalst im herbstlichen Retiro-Park. Darunter: im Bahnhof Atocha.

des Hofmalers Diego Velázquez, der mit weiteren bedeutenden Werken vertreten ist. Meisterhaft sind auch Gemälde von El Greco wie »Der Ritter mit der Hand auf der Brust«, Peter Paul Rubens »Die drei Grazien«), Caravaggios »David, Besieger des Goliath«, José de Riberas »Jakobs Traum«, Tizians (»Karl V. in der Schlacht von Mühlberg«, Rembrandts »Judith am Bankett des Holofernes« und Werke von Albrecht Dürer (darunter ein Selbstporträt). Für eine Stärkung eignet sich dann das Museumscafé, auch um hier die Eindrücke zu verarbeiten und alles ein wenig sacken zu lassen. Dann können Sie mit frischen Kräften aufs Neue loslegen und tief ins Werk von Francisco de Goya eintauchen. Dessen bekannteste Gemälde im Prado sind »Die nackte Maja« (und dazu die bekleidete Variante), der »Dritte Mai in Madrid« (Erschießungen Aufständischer durch französische Truppen im Jahr 1808), »Die Familie von Karl IV.«, mit einer bitterbösen Satire-Note der Dargestellten, sowie die »Schwarzen Malereien«.

13 Uhr: Ab in den Park

Nach all den Museumssälen brauchen Sie nun unbedingt Sauerstoff, Auslauf, Erholung. Gut, dass der Stadtpark ❺ ★★ El Retiro ganz in der Nähe liegt. In Madrids riesiger grüner Lunge laden Wege und Pfade zum Spazieren, Bänke und Café- bzw. Restaurantterrassen zum Ausruhen ein. Eine Auszeit werden Sie genauso schätzen wie die vielen

Der vertikale Garten des CaixaForums wurde von dem französischen Botaniker Patrick Blanc angelegt.

Locals, die hierher kommen. Falls Sie mögen, powern Sie sich doch bei einer kleinen Bootspartie auf dem Hauptsee etwas aus.

16 Uhr: Kurioses Bahnhofsgrün

Eine der grünsten Überraschungen Madrids erleben Sie in der umgestalteten Bahnhofshalle der alten **22** Estación de Atocha. Diese ist als Botanischer Indoor-Garten mit exotischen Gewächsen aufbereitet. Tropischer geht's in Madrid nicht! Streifen Sie umher, schlagen Sie auf einer Bank ein wenig Wurzeln.

17 Uhr: Ein vertikaler Garten

Das Grün gibt am Paseo del Prado den Weg ins Kulturzentrum CaixaForum vor: in Form eines ungewöhnlichen vertikal an eine Hauswand gepflanzten Gartens. Im Innern des CaixaForums gibt es ein breit gefächertes Programm mit Konzerten, Vorträgen, Workshops, Projektionen. Suchen Sie sich für den frühen Abend einfach das aus, was passt und Ihren Geschmack trifft, idealerweise bereits vorreserviert (http://caixaforum.es).

20 Uhr: Restaurant oder Terrassenbar?

Ein Spaziergang bringt Sie nun zur **28** Plaza de la Cibeles mit dem Kulturzentrum CentroCentro. Der sechste Stock ist ein guter Spot zur Einkehr: entweder im Restaurant Palacio de Cibeles (tgl. bis 24 Uhr) oder in der Terrassenbar (So–Do bis 2, Fr/Sa bis 2.30 Uhr).

❶ ★★ Museo Nacional del Prado

Warum?	Sie waren noch nie im Prado?
Was?	Eines der besten Kunstmuseen der Welt
Wie lange?	Mindestens 3 Stunden
Wann?	Bevorzugt morgens ab 10 Uhr
Was nehme ich mit?	Die Erkenntnis: Im Prado muss man mal gewesen sein!

Das im November 1819 eröffnete Museum besitzt die umfassendste Sammlung spanischer Malerei vom 12. bis zum 19. Jh. sowie zahlreiche Meisterwerke herausragender Künstler wie Hieronymus Bosch, El Greco, Goya, Rembrandt, Tizian, Van Dyck und Velázquez.

In den Prado gibt es mehrere Eingänge *(puertas)*. Für Individualbesucher sind dies die Puerta de Jerónimos (unten) und die Puerta de Goya, beide zu der Calle Felipe IV. hin.

Jahr für Jahr besuchen zwischen zwei und drei Millionen Besucher das Museum, dessen Gründung vor 200 Jahren auch ein Ausdruck des vom Geist der Aufklärung beflügelten Wunsches war, die bisher nur einer kleinen Elite aus Aristokratie, Hof und Kirche verfügbaren Kunstschätze für die Öffentlichkeit zugänglich zu machen. Angesichts der enormen Fülle der gezeigten Exponate ist es ratsam, Schwerpunkte zu setzen. Am besten besorgen Sie sich dazu am Eingang einen Übersichtsplan, der in der Regel auch auf Deutsch vorrätig ist und immer wieder neu aufgelegt wird – die Anordnungen in den Sälen können sich ändern.

Ein erster Überblick

Die Höhepunkte der Sammlung erwarten Sie im Villanueva-Gebäude, während im Jerónimos-Gebäude Sonderausstellungen gezeigt werden. Hier sind auch das Auditorium und der Museumsshop zu finden. Im oberen Teil des Jerónimos-Gebäudes öffnet sich der Kreuzgang des angrenzenden Hieronymitenklosters,

Lichtdurchflutete Ausstellungssäle laden im Prado zum Verweilen auf Bänken ein.

Diego Velázquez malte sich auf seinem heute weltbekannten Gemälde »Las Meninas« (»Die Hoffräulein«, 1656) am linken Bildrand selbst vor der Staffelei stehend.

den Architekt Rafael Moneo bei der Prado-Erweiterung in den Jahren 2001 bis 2007 auf eigenwillige Art integrierte.

Im Villanueva–Gebäude sind die über 100 Ausstellungssäle nach Ländern und Epochen angeordnet. Da gibt es Abteilungen wie Italienische Malerei (1300–1600), Flämische Malerei (1600–1700) und Spanische Malerei (1100–1900). Aber die Chronologie ist nicht immer durchgehend und eindeutig, daher ist ein Blick auf den Übersichtsplan immer wieder hilfreich.

200 Jahre Prado

Der weitläufige Bau des heutigen Prado wurde ursprünglich im Jahr 1785 auf Geheiß des Königs Karl III. als Kabinett der Naturwissenschaften entworfen. Undzwar auf einer freien Wiese (span. Prado). Die im Lauf der Jahrhunderte stets erweiterte Sammlung geht zurück auf die Habsburger (Könige Karl V., Philipp II. und Philipp IV.) und die Bourbonen (Könige Philipp V., Karl III. und Karl IV.).

Dürer und Rubens

»Das malte ich nach meinem Bildnis, ich war 26 Jahre alt«, schrieb Albrecht Dürer (1471–1528) über sein Selbstporträt, das den Maler und Grafiker als elegant gekleideten Edelmann zeigt, dem eine goldblonde Lockenmatte bis auf die Schultern fällt. Um der Vornehmheit zu genügen, hält er seine Hände in Handschuhen verborgen, eine Attitüde der High Society.

Der Flame Peter Paul Rubens (1577–1640) war u. a. für Spaniens König Philipp IV. tätig, der ihn beauftragte, die Madrider Paläste zu dekorieren – aber nicht nur. Eindeutig fleischlich setzte Rubens die »Drei Grazien« in Szene, erhaben den Herzog von Lerma hoch zu Ross und blutrünstig den Gott Saturn, der einen der eigenen Söhne verspeist.

Diego Velázquez

Dem Spanier Diego Velázquez (1599–1660), der unter König Philipp IV. in Madrid als Hofmaler tätig war, verdanken wir u.a. das weltbekannte Gemälde »Las Meninas« (»Die Hoffräulein«). Die Atelierszene, vermutlich im Alcázar entstanden, spielt nahezu unvergleichlich mit Raum und Perspektiven.

Meisterwerke von Goya

Die einzigartige Werkschau von Francisco de Goya (1746 bis 1828) verteilt sich auf mehrere Museumsbereiche. Als Hofmaler für Karl IV. setzte er dem Monarchen mit seinem Bild »Familie Karls IV.« ein satirisches Denkmal, indem er ihm

Goyas »Die Erschießung der Aufständischen am 3. Mai 1808 in Madrid« (1814) rückt das Leid der Opfer im Aufstand gegen die napoleonischen Truppen in den Fokus.

und den Seinen regelrecht den Stumpfsinn ins Gesicht malte. Goyas Wandlungsfähigkeit bezeugen die Frauenbilder der »Nackten Maja« und der »Bekleideten Maja«, die Erschießung Madrider Widerständler durch napoleonische Truppen am 3. Mai 1808, ein Selbstporträt von 1815 und die Entwürfe für Wandteppiche mit volkstümlichen Szenen. Radikale, düstere Szenen malte er in den Jahren um 1820, hochbetagt und längst taub geworden, auf die Wände seines Madrider Landhauses Quinta del Sordo. Die Werke gingen als Pinturas Negras (»Schwarze Malereien«) in die Kunstgeschichte ein – wirre Fratzengesichter, ein satanischer Gott Saturn, verstörende Alte, eine gespenstische Wallfahrt, eine Hexenversammlung. Lange nach des Meisters Tod wurden sie mit irreparablen Verlusten von den Wänden entfernt und durch einen Restaurator auf Leinwand übertragen.

Einen guten Überblick über die drei bedeutendsten Kunstmuseen Madrids gibt die vom Fremdenverkehrsbüro herausgegebene, via iTunes oder Google Play kostenlos verfügbare App *Paseo Arte Imprescindible*.

Alte Meister, Skulpturen, Wechselausstellungen

Der Italiener Fra Angelico (gest. 1455) ist mit einer farbdurchtränkten Maria (»La virgen de la Granada«) vertreten, Hieronymus Bosch (um 1450–1516) mit dem »Garten der Lüste«, Tizian (um 1488/90–1576) mit einem »Ecce homo« und einem Reiterbildnis Karls V., Tintoretto (1518–1594) mit einer »Fußwaschung«. Ansehen sollten Sie sich auch die Werke von El Greco (1541–1614), der sich auf das Spiel mit Raumwirkung, überproportional langen Figuren und regelrecht fluoreszierenden Farben verstand. Darüber hinaus gibt es Gemälde von Meistern wie Hans Memling, Caravaggio, Francisco de Zurbarán, Jusepe/José de Ribera, Bartolomé Esteban Murillo, Anthonis van Dyck, und Joaquín Sorolla zu entdecken. Und dies ist längst nicht alles. Hinzu kommen umfangreiche Skulpturensammlungen, romanische Kirchenmalereien und teils hochkarätige Wechselaustellungen.

KLEINE PAUSE

Nutzen Sie das **Museumscafé** zur Rast.

i 189 D2 Paseo del Prado/Calle Felipe IV. ☎ 913 30 28 00, gebührenpflichtige Tickethotline 902 10 70 77 www.museo delprado.es Mo–Sa 10–20, So 10–19 Uhr 15 €, Besuchsticket für zwei verschiedene Tage 22 €, ständige Sammlung Mo–Sa 18–20, So 17–19 Uhr frei, Audioguide Sammlung 4 € (auf Deutsch), Ausstellungen 3,50 € (auf Englisch), beides 6 € Banco de España

❸ ★★ Museo Nacional Centro de Arte Reina Sofía

Warum?	Wegen des berühmtesten Antikriegsgemäldes der Welt
Was?	Moderne und zeitgenössische Kunst vom Feinsten
Wie lange?	2 bis 3 Stunden sollten es mindestens sein, eine Pause im Café oder im Hof eingeschlossen
Wann?	Je früher am Morgen, desto besser
Was noch?	Zum sehenswerten Mix aus alter und neuer Architektur gehört auch die Megaskulptur »Brushstroke von Roy Lichtenstein im Hof vor dem Nouvel-Gebäude

Picassos »Guernica« ist unbestreitbar der fesselnde Publikumsmagnet dieses Kunstmuseums. Doch auch andere weltbekannte Namen wie Dalí und Miró haben ihren Platz in dieser exquisiten Sammlung.

Das nach Spaniens ehemaliger Königin Sofía benannte Museum liegt in der Nähe des Bahnhofs Atocha. Es besteht aus zwei großen Gebäuden: dem Edificio Sabatini – ein ehemaliges, von einem großen Hofrechteck umgebenes Hospital – und dem Edificio Nouvel, errichtet nach Plänen des französischen Stararchitekten Jean Nouvel. Beide Gebäude sind miteinander verbunden. In dem weitläufigen Museum ist es nicht einfach, den Überblick zu behalten. Ein aktueller Übersichtsplan über Stockwerke, Säle und Gebäudeteile ist am Eingang erhältlich oder auf der Museumswebsite (s.u.) abrufbar. Hilfreich ist auch auf der Homepage des Museums die Suchfunktion nach Künstlern mit Angabe des aktuellen Saals seiner Präsentation: Das im Jahr 1992 eröffnete Museum schöpft aus einem Fundus von rund 18 000 Werken, weshalb sich Präsentationen und Anordnungen immer wieder ändern können. Parallel zur Auswahl der ständigen Sammlung zeigt es meist auch noch mehrere interessante Wechselausstellungen.

Aus der oberen Etage des Anbaus von Jean Nouvel reicht der Blick weit über Madrid.

Aussichtsreich: die Fahrt mit den gläsernen Aufzügen an der Fassade des Centro de Arte de Reina Sofía.

Eine ergreifende Anklage

Ein Fixpunkt des Besuchs ist das Gemälde »Guernica« von Pablo Picasso (1881–1973). Guernica war von alters her die »heilige Stadt der Basken« im Norden Spaniens nordöstlich von Bilbao. Während des Spanischen Bürgerkriegs in den Jahren 1936 bis 1939 wurde Guernica zerstört. Der Tag des Unheils war der 26. April 1937. Plötzlich, am Nachmittag, verdunkelten Flugzeuge den Himmel. Dann ging Bombe um Bombe nieder, drei Stunden lang – weit mehr als nötig, um das vordergründig ausgegebene Ziel, die Flussbrücke, dem Erdboden gleichzumachen. In Abstimmung mit dem Oberkommando von Francisco Franco zeichnete die hitlerdeutsche Legion Condor für das Bombardement verantwortlich. Dahinter steckte die Absicht, nicht nur die Stellungen von linken Republikanhängern zu vernichten, sondern ganz Guernica, um die Basken ins Mark zu treffen und ihre Moral zu brechen. Dieses »Experiment des Schreckens«, wie Winston Churchill es später nannte, diente überdies dazu, die Schlagkraft der deutschen Luftwaffe im Hinblick auf kommende Einsätze zu testen, denn der Beginn des Zweiten Weltkriegs war nicht fern. Auf diese Weise fungierte Spanien als eine Art »Übungsgelände« der Barbarei.

Das Bombardement ließ Guernica in Ruinen und Feuer zurück. Tage später marschierten Francos Rechtshorden ein.

International wäre die Zerstörung vielleicht nur eine Randnotiz der Kriegsgeschichte geblieben, hätte nicht Spaniens seinerzeit in Paris lebender Jahrhundertkünstler Pablo Picasso den Eindruck der Gräuel großformatig in Öl auf Leinwand gebannt. Auf knapp acht mal dreieinhalb Metern schuf er unter dem Titel »Guernica« das wohl bekannteste Antikriegsgemälde der Welt. Nach einer Vielzahl von Einzelstudien und Entwurfskizzen entstand es zwischen Anfang Mai und Anfang Juni 1937. Im selben Jahr war es auf der Pariser Weltausstellung zu sehen und ging danach auf Reisen rund um den Erdball. Zu den Stationen gehörten Stockholm, Chicago, Mailand und New York. Erst nach dem Ende der Franco-Diktatur – so war es Picassos Wille – kam »Guernica« ins demokratische Spanien.

Werk und Wirkung

Im Museum Reina Sofía hat »Guernica« seinen Platz für die Ewigkeit gefunden: als stille Monumentalanklage gegen die Barbarei, als Szenario des Schreckens und der Abscheu. Zu sehen sind weder Flugzeuge noch Bomben, weder eine identifizierbare Stadt Guernica noch Heere oder Kämpfe, dafür z. B. eine Mutter, die ihr totes Kind hält, ein Pferd, das in Todesangst brüllt. Für Betrachter, denen die Hintergründe bekannt sind, steigert gerade das nicht Abgebildete die intensive Wirkung des Gemäldes, verstärkt durch Picassos Farbgebung in Schwarz, Weiß und Grau. Kunsthistoriker haben bei Betrachtungen zu Werk und Wirkung von »Guernica« die überwältigende Präsenz aufgrund der Bildgröße und die Radikalität des Ausdrucks herausgestellt. Einige Entwurfskizzen und Einzelstudien für die Komposition hängen im Nachbarsaal von »Guernica«.

»In dem Bild, an dem ich arbeite und das ich Guernica nennen werde, ... drücke ich deutlich meine Abscheu vor der militärischen Kaste aus, die Spanien in ein Meer von Leid und Tod gestürzt hat.« (Pablo Picasso)

Highlights der Sammlung

Zu den Highlights der ständigen Sammlung zählen Werke von Joan Miró (1893–1983) und Salvador Dalí (1904–1989). Hinzu kommen Werke von Joaquín Sorolla, Oskar Schlemmer, Juan Gris, Ignacio Zuloaga, Fernand Léger, Robert Delaunay, Man Ray, André Masson, Jorge Oteiza, Richard Serra, Thomas Schütte. Wo und was genau im Museum zu finden ist, erfragen Sie im Zweifelsfall beim Personal. Zuweilen sind die Chronologien im Museum verwirrend und die Wegstrecken lang. »Raum bieten für neue Erfahrungen, Reflexion, Debatten und Kritik, und so einen neuen Blickwinkel auf die Kunstgeschichte ermöglichen,« formulieren die Museumsmacher als ihr Ziel, und so sind auch Video Art, Fotos, Installationen, Filmeinspielungen etc. vertreten.

Das ist noch nicht alles an Kontrasten. Im großen Innenhof des Sabatini-Gebäudes finden Sie Ruhe und Besinnung mit Pflanzen, Bänkchen, Wiesenflächen und plätschernden Brunnen. Zugaben dort sind Kunstwerke, angeführt von Joan Mirós »Mondvogel«-Skulptur. Die weiteren Werke stammen von Alexander Calder und Eduardo Chillida.

Im Innenhof des Sabatini-Gebäudes fällt der Blick auf Eduardo Chillidas Skulptur »Toki Egin (Homenage a San Juan de la Cruz)«.

Versäumen Sie es auch nicht, im dritten Stock des Edificio Nouvel in die weitläufigen Außenbereiche zu gehen; auf dem Plan gekennzeichnet als »Terraza«. Diese Außenbereiche sind weitestgehend überdacht, offene Einlässe erlauben den Durchblick in den Himmel über Madrid.

KLEINE PAUSE

Nutzen Sie im Museum das **Café-Restaurant** zur Rast.

192 B1 Eingänge: Edificio Sabatini (Calle de Santa Isabel 52), Edificio Nouvel (Ronda de Atocha) ☎ 917 74 10 00 www.museoreinasofia.es Mo/Mi bis Sa 10–21, So 10–19 Uhr (So ab 13.30 Uhr Teile des Museums geschl.) 10 €, 2 Tage 15 €; Mo 19–21, Mi–Sa 19–21, So 13.30–19 Uhr frei Atocha

❹ ★★ Museo Thyssen-Bornemisza

Warum?	Wo sonst können Sie mal eben ganz gemächlich durch ein epochales Who is who der Kunstgeschichte spazieren?
Was?	Gegenfrage: Was nicht?
Wie lange?	2 bis 3 Stunden sind das Minimum
Wann?	Auch hier fängt der frühe Vogel den (schönsten) Wurm ...
Was nehme ich mit?	Bilder, Bilder, Bilder ...

Dieses Museum versammelt alles, was in der Kunst vom 13. bis zum 20. Jh. Rang und Namen hat.

Während man sich in den beiden anderen Megamuseen des Madrider Kunstdreiecks trefflich in das Werk einzelner Künstler vertiefen kann, begeistert der Dritte im Bunde, das Museo Thyssen-Bornemisza, durch eine atemberaubende Palette verschiedenster Stilrichtungen – von der mittelalterlichen Sakralkunst bis zu den Ikonen des 20. Jh.s, von Jan van Eyck bis Robert Rauschenberg.

Haupthaus und Erweiterungsbau

Von oben nach unten spaziert man in diesem Museum von der Vergangenheit in die Moderne.

Das Museum besteht aus zwei Gebäuden. Die Hauptausstellung ist in einem historischen Palast aus dem 18./19. Jh. zu sehen – diesen Palacio de Villahermosa verwandelte der Stararchitekt Rafael Moneo in den Sitz des 1992 eröffneten Museums. Die hier in 48 Sälen präsentierte ständige Sammlung geht im Wesentlichen auf zwei Sammlergenerationen zurück, Heinrich Thyssen-Bornemisza (1875–1947) und seinen Sohn Hans-Heinrich Thyssen-Bornemisza (1921–2002). Übergangslos schließt sich daran der Erweiterungsbau von 2004 an, der der Sammlung (*colección*) Carmen Thyssen-Bornemisza Raum gibt. Carmen Thyssen-Bornemisza (geb. 1943), ursprünglich bekannt unter dem Namen Tita Cervera und als Model,

Schönheitskönigin und Jetset-Füllerin ganzer Seiten in der Klatschpresse, war in dritter Ehe mit Hans-Heinrich Thyssen-Bornemisza verheiratet.

Im Palacio de Villahermosa sind die Säle von 1–48 nummeriert, im Erweiterungsbau werden sie mit den Buchstaben A–P gekennzeichnet. Vom ersten und zweiten Obergeschoss geht es nahtlos von der ständigen Sammlung des Haupthauses in den Erweiterungsbau. Am Eingang ist ein Übersichtsplan erhältlich (auch zum Download auf der Museumshomepage). Im Erd- und Untergeschoss gibt es zusätzlich Bereiche für Sonderausstellungen.

Übersichtlich und elegant gestaltete Ausstellungssäle erhöhen den vorbildlich präsentierten Kunstgenuss im Museo Thyssen-Bornemisza.

Die ständige Sammlung

Die ständige Sammlung im Palacio de Villahermosa erstreckt sich mit fast 1000 Werken über drei Ebenen. Bei der Abfolge der Werke spannt sich der Bogen vom Spätmittelalter über Renaissance und Barock, Impressionismus, Expressionismus und Surrealismus bis zur Pop Art. Der Rundgang beginnt im zweiten Stock mit den Sälen 1–21, leitet in die erste Etage mit den Sälen 22–40 hinab und endet im Erdgeschoss mit den Sälen 41–48. Im zweiten Stock führt der Museumsstreifzug durch die Epochen vom 14. bis zum 17./18. Jh. Hier lernen Sie nicht nur bekanntere Meister wie Albrecht Dürer und Lucas Cranach den Älteren kennen, sondern auch Vittore Carpaccio (um 1465–1526) mit seinem ausdrucksstarken »Jungen Ritter in einer Landschaft«. Das Gemälde gilt als eines der frühesten Ganzkörperporträts in der europäischen Malerei.

Die Hauptsammlung setzt sich im ersten Stock von der niederländischen Malerei des 17. Jh.s bis zur europäischen Malerei der ersten Hälfte des 20. Jh.s fort. Lassen Sie die

Stimmung und die feinen Züge im »Ostermorgen« von Caspar David Friedrich auf sich wirken! Das irre Lachen des »El Tio Paquete« von Goya oder »Die Rothaarige mit der weißen Bluse« von Henri de Toulouse-Lautrec. Unschätzbaren Wert besitzen auch Werke von Claude Monet und Vincent van Gogh, darunter »Blick auf das Dorf Les Vessenots«, das van Gogh im Jahr seines Todes malte. In der »Abenddämmerung« transportiert Edvard Munch die Stimmung über eine Frau mit Strohhut auf dem Kopf im Vordergrund.

Den Schlusspunkt setzt das Erdgeschoss mit Werken aus dem 20. Jh., thematisch orientiert am Kubismus und seinen Folgen, Dada, Surrealismus, Abstraktion und Figürlichkeit in der europäischen Nachkriegszeit, Neodadaismus, Pop-Art. Zum Schluss tauchen Sie ein in eine schaumdurchtränkte Wanne – inspiriert von Roy Lichtensteins »Frau im Bad«.

Für eine kulinarische Stärkung im Madrider Kunstdreieck bietet sich das zu Fuß nur fünf Minuten vom Eingang des Museo Thyssen Bornemisza entfernte Estado Puro an: eine schicke, kreative Tapas-Bar (www.tapasenestadopuro.com).

Colección Carmen Thyssen-Bornemisza

Über 200 Werke der Sammlung Carmen Thyssen-Bornemisza ergänzen die Hauptsammlung. Zeitlich umfassen sie die Spanne vom 17. bis zum 20. Jh., vertreten sind u. a. Anthonis van Dyck, Vincent van Gogh, Claude Monet, Pierre-Auguste Renoir, Edgar Degas, Max Liebermann, Emil Nolde und Lyonel Feininger.

KLEINE PAUSE

Den Eingang zum **Café-Restaurant** des Museums finden Sie im Erdgeschoss.

✢ 188 C3 ✉ Paseo del Prado 8
☎ 917 91 13 70 (gebührenpflichtig),
🌐 www.museothyssen.org
◑ Mo 12–16, Di–So 10–19 Uhr, letzter Einlass 1 Std. vorher ✦ 12 €, inkl. Wechselausstellungen, Audioguide (auf Deutsch) für die ständige Sammlung 5 €

❺ ★★ Parque de El Retiro

Warum?	Weil der gut erreichbare Stadtpark so herrlich weitläufig ist
Was?	Es grünt so grün – eine urbane Oase für alle: Spaziergänger, Sportler, Erholungsuchende
Wie lange?	2 Stunden vergehen hier ziemlich schnell
Wann?	Wann immer es Sie ins Grüne drängt
Was noch?	Eine kleine Bootsfahrt vielleicht?

Nicht weit vom Prado-Museum entfernt bietet Madrids populärster Stadtpark Wegenetze, Bänke, Wiesen und Bäume, dazu den zentralen Hauptsee, Brunnen, Skulpturen, Caféterrassen, Verpflegungsbuden und zwei Kunstpaläste für Wechselausstellungen.

Das grüne Wohlfühlterrain umfasst 125 ha mit mehr als 15 000 Bäumen. Zur botanischen Vielfalt zählen Zypressen, Buchsbaum, Kastanien, Kiefern, Rosengärten, Blumenbeete und sogar Zedern und Sequoias.

Madrider und Stadtbesucher verbringen hier gern viele Stunden, saugen die Eindrücke in sich auf, lesen und entspannen. Jogger drehen ihre Runden. Musiker spielen auf, Jungs hämmern ihre Fußbälle über die Wiesen. Spaziergänger schlagen wahlweise breite, asphaltierte Flanierpromenaden oder schmale Erdwege ein. Überall entdeckt man romantische Winkel. Architektonisch-kulturelle Noten setzen mittendrin zwei Ausstellungspaläste, der Palacio de Cristal und der Palacio de Velázquez, beide vom Ende des 19. Jh.s. Beide gehen auf den Architekten Ricardo Velázquez Bosco (1843–1923) zurück. Sie sind Außenposten des Museo Nacional Centro de Arte Reina Sofía (April–Sept. tgl. 10–22, Okt. tgl. 10–19, Nov.–März tgl. 10–18 Uhr, Eintritt frei). Sie zeigen Wechselausstellungen, sind aber auch schon für sich sehenswert, der Palacio de Cristal wegen seiner Verglasung, der Palacio de Velázquez wegen seiner Backsteinfassaden, über die sich bunte Schmuckkacheln legen. Unter den Skulpturen im Retiro sticht der Gefallene Engel *(El Ángel Caído)* hervor, den der Bildhauer Ricardo Bellver 1878 für die Pariser Weltausstellung schuf. Ansonsten gibt die Natur den Ton an.

Früher Lustgarten und Menagerie der Könige

Der historische Park wurzelt im 17. Jh. und blieb zunächst den Royals sowie Vertretern der High Society vorbehalten.

Im Teatro del Buen Retiro wurden gelegentlich Theaterstücke geboten, doch ob die Madrider Gesellschaft sie zu schätzen wusste, ist nicht überliefert. Dagegen wissen wir, dass im Retiro eine Art Privatzoo existierte. 1830 beschrieb der schottische Reisende Henry David Inglis, dass König Ferdinand VII. und seine Gemahlin Maria-Christina von Neapel-Sizilien gern die wilden Tiere betrachteten, die im Retiro gehalten wurden. Fast jeden Nachmittag gegen fünf Uhr konnte man die königliche Kutsche auf ihrem Weg zur Menagerie über

den Prado fahren sehen, und was dann geschah, beschrieb Inglis so: War das Monarchenpaar angekommen, nahm es in einem Hof auf einer Bank Platz, während die Tiere zu ihrer Zerstreuung herausgeführt wurden – zumindest diejenigen von ihnen, die friedlich sind –, Kamele, Elefanten, Zebras usw. »Die Tierpfleger setzen sich auf den Rücken der Tiere und lassen sie in der Runde traben, und wenn dies zur Freude

Der Glaspalast aus dem 19. Jh. wurde renoviert und ist heute Schauplatz für Ausstellungen des Centro de Arte Reina Sofía.

Vom Prado ist es nicht weit bis zum Retiro-Park, in dem auch Ruderboote verliehen werden. Ein Reiterstandbild von 1922 erinnert an den spanischen König Alfonso XII. – der Park geht zurück auf die Gärten des Schlosses Buen Retiro, in dem der spanische Hof bis um die Mitte des 18. Jh.s residierte.

der Majestäten oft genug geschehen ist, werden die Tiere vor ihre königlichen Besucher gebracht, und ihnen wird befohlen, vor ihnen auf die Knie zu gehen, welch selbigen Akt der Ehrerbietung sie jedoch bisweilen verweigern.«

So richtig zugänglich ist der Park für die Madrider erst seit der zweiten Hälfte des 19. Jh.s. Orientierung gibt der Hauptsee Estanque Grande, über dessen Ostufer sich ein Ensemble aus Säulen, Löwenskulpturen und einem Reiterdenkmal für Spaniens früh verstorbenen König Alfons XII. (1857–1885) erhebt. Die Statue schuf der Bildhauer Mariano Benlliure (1862–1947). Der am Hauptsee gelegene Verleih von Ruderbooten *(alquiler de barcas)* lädt zu einer kleinen

Fahrt ein (im Sommer tgl. 10–20/20.30 Uhr, während der kühleren Monate 10–17.30 Uhr).

Vor den Toren des Parks

Sind Sie der Großstadthektik überdrüssig, werden Sie das Plätschern eines Brunnens im Retiro als Wohltat empfinden. Die konzentrierte Frischluftzufuhr verhilft Ihnen aber auch zu neuer Energie für Ihre Stadtentdeckungen. So können Sie sich nach dem Besuch z. B. Madrids Triumphbogen ansehen. Spaniens König Karl III. (1716–1788) gab dieses klassizistische Monument bei seinem Architekten Francesco Sabatini in Auftrag – wieder einmal ein Beispiel dafür, dass Geld keine Rolle spielt, sofern man es nicht aus seiner Privatschatulle bezahlen muss. Dem Auftrag gemäß entstand ein knapp 20 m hohes Werk aus Granit, das Sabatini mit drei Rundbögen in der Mitte und je einem rechteckigen Durchgang an den Seiten versah: Die Puerta de Alcalá erhebt sich an der Plaza de la Independencia, die an das äußerste Nordwesteck des Parque de El Retiro stößt. Rundherum donnert der Verkehr, aber mit ihren Grünflächen und Blumenbeeten ist sie trotzdem ein beliebtes Fotomotiv. Die Puerta de Alcalá wiederum ist Sprungbrett ins historische Bourgeoisieviertel Barrio de Salamanca nördlich des Retiro-Parks. Es ist bis heute schick und exklusiv, sowohl die Häuser und ihre Bewohner als auch die Gastro- und Shoppingadressen. Namensgeber war der Finanzmagnat, Politiker und Markgraf José de Salamanca (1811–1883), dem auf der begrünten Plaza del Marqués de Salamanca ein Denkmal gewidmet ist. Markante Straße ist die Calle de Serrano, die sich in Nord-Süd-Richtung durch das Viertel zieht. Dieser brauchen Sie von der Plaza de la Independencia nur zu folgen (bis etwa auf die Höhe der Calle Don Ramón de la Cruz), um sich ein exemplarisches Bild zu machen.

Die Madrilenen bezeichnen Karl III., der die Puerta de Alcalá in Auftrag gab, gern als ihren »besten Bürgermeister«, weil er zentrale Teile der Stadt komplett veränderte. Auch das Krankenhaus, das heute das Reina Sofia beherbergt, gab er in Auftrag.

KLEINE PAUSE

Im Retiro-Park gibt es mehrere Cafés mit Open-Air-Terrassen. Zu den besten zählt **El Ancla** direkt am Hauptsee.

---

189 F3 für Puerta de Alcalá: Retiro, für Barrio de Salamanca: Atocha, Atocha Renfe, Ibiza, Príncipe de Vergara

Nach Lust und Laune!

19 Museo Arqueológico Nacional

Besser kann man ein Museum für Archäologie nicht aufziehen. Die Ära der Westgoten in Spanien (mit dem Schatz von Guarrazar) ist ebenso dokumentiert wie die mittelalterliche Zeit der Mauren und die der Königreiche Spaniens vom 8.–15. Jh. Zu den Exponaten zählen Münzen und Kapitelle, Elfenbeinschnitzereien (darunter das Kreuz des Don Fernando und der Doña Sancha), Sarkophage, Stücke von Altaraufsätzen sowie romanische und gotische Marienskulpturen. Weitere Abteilungen führen ins alte Griechenland und nach Ägypten. Zu den Prunkstücken zählen die kunstvoll ornamentierte Kalksteinbüste der Dame von Elche (*Dama de Elche*; etwa 6. Jh. v. Chr.) sowie eine Galerie mit römischen Büsten und Skulpturen, darunter von Livia aus dem frühen 1. Jh. Auch die römischen Mosaiken sind sehenswert.

189 D5 ✉ Calle de Serrano 13
☎ 915 77 79 12 🌐 www.man.es
Di–Sa 9.30–20, So 9.30–15 Uhr
3 €, Sa 14–20, So 9.30–15 Uhr frei
Serrano, Retiro

20 Real Fábrica de Tapices

Die Königliche Teppichmanufaktur wurde im Jahr 1721 durch Philipp V. gegründet. Damals herrschte von Seiten des Königshofs und Adels eine rege Nachfrage, um edle Salons mit Teppichen (*alfombras*) und Wandteppichen (*tapices*) auszustaffieren. Angesehene Künstler wie Francisco Bayeu (1734–1795) bekamen Aufträge, die Kartons, also die Vorlagen, zu liefern. Und der Maler Anton Raphael Mengs (1728–1779) war vorübergehend künstlerischer Leiter der Manufaktur. Heute geht es hier wesentlich ruhiger zu. Bei Führungen haben Sie Gelegenheit, in die Werkstätten zu schauen und zu staunen, welch immense Fingerfertigkeit für das Teppichweben erforderlich ist. Falls Sie selbst einen Wandteppich bestellen wollen: jederzeit gern – der Quadratmeter kann allerdings um die 12 000 Euro kosten. In der Real Fábrica de Tapices werden auch alte Teppiche restauriert. Die Führungen dauern etwa eine Dreiviertelstunde und sind in der Regel nur auf Spanisch. Aber auch wenn Sie kein Spanisch verstehen, ist der Blick hinter die Kulissen aufschlussreich.

192 E2 ✉ Calle de Fuenterrabía 2
☎ 914 34 05 50 🌐 http://realfabricadetapices.com Mo–Fr 10–14 Uhr, im Aug. geschl. 4 € Menéndez Pelayo

21 Panteón de Hombres Ilustres

Ein Besuch dieses »Pantheons der illustren Persönlichkeiten« lohnt wegen der Architektur und der Bildhauerkunst (Marmorgrabmäler, u. a. geschaffen von Mariano Benlliure

(1862–1947). Der gegen Ende des 19. Jh.s im neobyzantinischem Stil errichtete Bau wird von zwei Kuppeln gekrönt und birgt nur wenige Grabmonumente. Eines davon erinnert an den von Anarchisten erschossenen Politiker Eduardo Dato e Iradier (1856–1921).

✈ 192 E2 ✉ Calle de Julián Gayarre 3
🌐 www.patrimonionacional.es
◷ Di–Sa 10–14 und 16–18.30, So 10–15 Uhr ✦ frei Ⓜ Atocha Renfe, Menéndez Pelayo

22 Estación de Atocha

Die Estación de Atocha ist Madrids traditionsreichster Bahnhof. Im Jahr 1851 setzten sich hier die ersten Züge nach Aranjuez in Bewegung. Bis zum Ende des 19. Jh.s nahm die riesige Bahnhofshalle Gestalt an, 1984–1992 leitete der Stararchitekt Rafael Moneo das Restaurierungsprojekt in die Wege. Während im modernen Komplex des Kopfbahnhofs Atocha die Züge ganz normal ein- und abfahren, ist die alte Halle ein Besuchs- und Erholungsziel. Hier gibt es weder Gleise noch Züge, dafür eine überraschend grüne Oase mit tropischen Gartenanlagen in der Mitte der Halle. Bänke laden in dem kuriosen Gewächshaus zur Rast neben Bambus, Palmen- und Bananenblättern ein. Insgesamt sind 400 Pflanzenarten vertreten, die Bewässerung läuft über ein ausgeklügeltes Besprenkelungsdüsensystem. Neben dem Bahnhof erinnert ein Memorial an einen schrecklichen Terroranschlag, dem im Jahr 2004 annähernd 200 Menschen zum Opfer fielen. Der Zugang liegt unter der Erde in einem Teil des Bahnhofsbaus.

Wer sich für das in einer ausrangierten Bahnhofshalle untergebrachte Eisenbahnmuseum interessiert, kann vom Bahnhof Atocha aus mit der Metro Linie 1 bis Sol fahren und dort in die Linie 3 umsteigen.

✈ 192 C2 ✉ Ronda de Atocha/Glorieta Emperador Carlos V., Zugang Memorial im Nahverkehrskomplex *(cercanías)*
◷ Bahnhof tgl. 5–1, Memorial Di–So 11–14, 17–19 Uhr ✦ frei Ⓜ Atocha, Atocha Renfe

Museo del Ferrocarril
✈ 192 B3 ✉ Paseo de las Delicias 61 (das Museum liegt ca. 200 m vom Paseo versetzt) 🌐 www.museodelferrocarril.org ◷ Juni–Sept. tgl. 10 bis 15, Okt.–Mai Mo–Fr 9.30–15, Sa/So 10–19 Uhr ✦ Mo–Fr 6 €, Sa/So 3 €
Ⓜ Delicias

23 Museo Nacional de Antropología

Das Nationalmuseum für Völkerkunde präsentiert eine wohlgeordnete Sammlung von verschiedenen Kontinenten auf deutlich kleinerem Raum als das völkerkundlich ebenfalls interessante Museo de América (S. 123). Frühes Prunkstück des im Jahr 1875 ursprünglich als »Anatomisches Museum« eröffneten Hauses ist das bis heute erhaltene Skelett des 2,35 m großen »Riesenmanns

Auf dem Weg zwischen Retiro und Prado fällt der Blick auf die dem hl. Hieronymus geweihte Kirche.

aus der Extremadura« (*Gigante extremeño*). Das Museum präsentiert auch Wechselausstellungen.

192 C1 ✉ Calle Alfonso XII. 68 ☎ 915 30 64 18 🌐 www.mecd.gob.es/mnantropologia/portada.html 🕐 Di–Sa 9.30–20, So 10–15 Uhr 🎟 3 €, Sa 14–20, So 10 bis 15 Uhr frei Ⓜ Atocha Renfe

24 Real Jardín Botánico

Atmen Sie den Duft von Lavendel und Rosen ein und blicken Sie zu Baumriesen auf: Der Königliche Botanische Garten, 1781 unter Karl III. angelegt, eignet sich, um ein wenig abzuschalten. Über das 8 ha große Areal verteilen sich mehr als 5000 Pflanzenarten aus verschiedenen Weltgegenden, darunter majestätische Himalaja-Zedern. Es gibt deutlich abgegrenzte Bereiche für Zier-, Nutz-, Wasser-, aromatische und Arzneipflanzen, außerdem Rosengärten, Gewächshäuser und den gelegentlich für Ausstellungen genutzten Pavillon Villanueva. Palmen, Agaven und Sukkulenten sorgen für eine exotische Note.

189 D1/2 ✉ Plaza de Murillo 2 (Zugang zurückversetzt vom Paseo del Prado) ☎ 914 20 30 17 🌐 www.rjb.csic.es 🕐 tgl. ab 10 Uhr, Nov.–Feb. bis 18, März/Okt. bis 19, April/Sept. bis 20, Mai–Aug. bis 21 Uhr 🎟 4 € Ⓜ Atocha, Atocha Renfe

25 Iglesia de San Jerónimo el Real

Eine Treppe führt ein Stückchen oberhalb des Museo Nacional del Prado zu dieser einstigen Klosterkirche der Hieronymiten, einer katholischen Ordensgemeinschaft der Eremiten des heiligen Hieronymus. Der Sakralbau mit seinen zwei spitzen Türmen wurde in spätgotischem Stil erbaut. Buntglasfenster und Seitenkapellen prägen das Innere. Das Gemälde im Altarraum, »Die letzte Kommunion des heiligen Hieronymus« *(»La última comunión de San Jerónimo«)*, schuf Rafael Tegeo (1798–1856). Das Klosterleben der Hieronymiten erlosch im 19. Jh., der Kreuzgang wurde vom Architekten Rafael Moneo in die Erweiterung des benachbarten Museo del Prado integriert. Für die Gläubigen blieb die Bedeutung als Pfarrkirche *(parroquia)* erhalten.

> ✈ 189 D3 ✉ Calle Moreto 4 ☎ 914 20 30 78 🌐 www.parroquiasanjeronimoel real.es ◑ Sept.–Juni Mo–Sa 10–13, 17 bis 20, So 9.30–14.30, 17.30–20, Juli/ Aug. tgl. 10–13 und 18–20.30 🎟 frei 🚇 Banco de España, Atocha

26 Museo Nacional de Artes Decorativas

Die Säle des Museums der Dekorativen Künste zeigen Alltags- und Dekorationsgegenstände, wie sie für die Aristokratie vom Mittelalter bis ins 19. Jh. üblich waren. Es werden auch Wechselausstellungen gezeigt.

> ✈ 189 D3 ✉ Calle Montalbán 12 ☎ 915 32 64 99 🌐 www.mecd.gob.es/ mnartesdecorativas/portada.html ◑ Di–Sa 9.30–15, Do zusätzl. 17–20, So 10–15 Uhr 🎟 3 €, Sa 14–15, So 10–15, Do 17–20 Uhr frei 🚇 Banco de España, Retiro

27 Museo Naval

In diesem Seefahrtsmuseum lebt Spaniens Vergangenheit als Seefahrernation in zwei Dutzend Sälen fort: mit Bootsmodellen, Schlachtenbildern, Kanonenrohren, Waffensammlungen, nautischen Gerätschaften und Fundstücken von einem gesunkenen Schiff. Prunkstück ist eine im Jahr 1500 von Juan de la Cosa, einem der Begleiter von Christoph Kolumbus, angefertigte Karte des amerikanischen Kontinents. Vermutlich wollte Juan de la Cosa die Karte Spaniens Katholischen Königen Ferdinand und Isabella präsentieren. Das Seefahrtsmuseum befindet sich im Hauptquartier der spanischen Marine. Deshalb geht es am Eingang zunächst durch eine Sicherheitskontrolle.

> ✈ 189 D3/4 ✉ Paseo del Prado 5 ☎ 915 23 85 16 🌐 www.armada.mde.es ◑ Di–So 10–19, im Aug. nur bis 15 Uhr 🎟 3 € (freiwillige Eintrittsspende) 🚇 Banco de España

28 Plaza de la Cibeles

Kybele *(Cibeles)*, der Großen Göttermutter, ist hier kein göttliches Plätzchen beschieden: Mitten auf der nach ihr benannten Plaza mit einem der größten Verkehrskreisel der Stadt trotzt sie dem Einfluss der Schadstoffe – hoch über ihrem Löwengespann, umgeben von Brunnenwasser. So trutzig ist sie ein beliebtes Fotomotiv. Und wenn die Fußballfans von Real Madrid etwas

Außergewöhnliches zu feiern haben, finden sie sich bei Kybele ein.

Für Besucher ist die Plaza de la Cibeles ein wichtiger Orientierungspunkt, fließen hier doch in Nord-Süd-Richtung der Paseo del Prado und der Paseo de Recoletos zusammen. Mächtigster Bau am Platz ist der Palacio de Cibeles mit dem Kulturzentrum CentroCentro. Alten Glanz bewahrt auch der Palacio de Linares (heute Casa de América). Weitere Gebäude an diesem Platz sind die Banco de España (spanische Zentralbank, Ende 19. Jh., Erweiterungsbau bis 2006 von Rafael Moneo) und der etwas zurückgesetzte Palacio de Buenavista (Ende 18. Jh., der heute der Sitz der Heereskommandantur ist). Den Palacio de Linares ließ sich ab dem Jahr 1872 der Markgraf von Linares erbauen und exquisit ausstatten. Bis zum Jahr 1960 war der Palast in Familienhand, dann wechselte er in der Folge mehrfach die Besitzer und dient seit Beginn der 1990er-Jahre als Sitz der Casa de América: Das Amerika-Haus bietet Kulturveranstaltungen zu Lateinamerika. Bei den Führungen (an Wochenenden) geht es in die altherrschaftlichen Salons. Mit ihrer Pracht aus Marmor und Blattgold, Kaminen, Bodenmosaiken, Teppichen, Leuchtern, Vorhängen, Spiegeln und Deckenmalereien sind sie eine Welt für sich. Früher gab es sogar eine Hauskapelle. Die höchste Prunkentfaltung sehen Sie im einstigen Tanzsalon und im Galaspeisesaal. Legendär ist der Ruf des Palacio de Linares als »Geisterhaus« …

189 D4 Plaza de la Cibeles 2
915 95 48 00 www.casamerica.es
Führungen (ca. 1 Std.) Sa/So 11, 12 und 13 Uhr 8 € Banco de España

29 Palacio de Cibeles/ CentroCentro/Mirador Madrid

Eines der markantesten Gebäude der Stadt ist der in den Jahren 1907 bis 1919 nach Plänen von Antonio Palacios und Joaquín Otamendi erbaute Palacio de Cibeles. Bekannt war der leuchtend helle, architektonisch verspielte Palastgigant auch unter dem Spitznamen »Kathedrale des Post- und Fernmeldewesens« (*Catedral de las Comunicaciones*), da sich hier auf über 12 000 m² der Post- und Fernmeldesitz befand. Heute ist das Gebäude Sitz des Madrider Rathauses. Zudem beherbergt er ein Kulturzentrum mit durchschnittlich 100 000 Besuchern im Monat: Das CentroCentro zeigt häufig mehrere Wechselausstellungen gleichzeitig und organisiert wechselnde Vorträge, Kurse und verschiedene Workshops. Es gibt auch ein Restaurant und eine Cocktailbar, beides im sechsten Stock. Wenn Sie einen Magischen Moment hoch über dem hektischen Alltagstreiben der City auf der Plaza de la Cibeles erleben wollen, dann fahren Sie hoch zum Mirador Madrid (rechte Seite), einem Aussichtspunkt in 70 m Höhe. Zum Mirador Madrid

Ich, ganz oben!

Madrid fesselt und fasziniert, kann auf Dauer aber auch anstrengend und so laut werden, dass es in den Ohren dröhnt. Zeit für eine Auszeit. Setzen Sie sich ab, entrücken Sie dem Geschehen eine Weile. Und zwar in die Höhe. Im Kulturzentrum CentroCentro geht's von Di bis So hinauf zum Mirador Madrid, einem der schönsten Aussichtspunkte der Stadt. Erleben Sie Madrid aus einer Rundum-Perspektive von 360 Grad: nah dran und doch angenehm weit weg.

www.centrocentro.org

Neben dem Rathaus ist im Palacio de Cibeles auch ein Kulturzentrum (CentroCentro) untergebracht.

geht es schubweise hinauf, die jeweilige Besuchszeit bekommen Sie beim Ticketkauf vorgegeben.

✈ 189 D4 ✉ Plaza de la Cibeles 1 ☎ 914 80 00 08 🌐 www.centrocen tro. org ◐ CentroCentro Di–So 10–20, Mirador Madrid Di–So 10.30–13.30, 16–19 Uhr ✦ frei (Gebäude), Ausstellungen Eintritt variabel, Mirador Madrid 2 € 🚇 Banco de España

30 Museo de Cera

Das Madrider Wachsfigurenkabinett nahe der Plaza de Colón zeigt einige hundert Persönlichkeiten aus Wachs. Visuelle und akustische Zusatzeffekte gibt es in der Verbrechensabteilung *(Galería del Crimen)*.

✈ 189 D5 ✉ Paseo de Recoletos 41 ☎ 913 19 93 30 🌐 www.museocera madrid. com ◐ Mo–Fr 10–14.30, 16.30 bis 20.30, Sa/So 10–20.30 Uhr ✦ 19 €, Kinder (4–12 Jahre) 12 € 🚇 Colón

31 Plaza de Colón

Der Platz, unter dem sich das Kulturzentrum Fernán Gómez Centro Cultural de la Villa verbirgt, ist nach dem Seefahrer Christoph Kolumbus (1451–1506) benannt. Ein Denkmal vom Ende des 19. Jh.s für den Mann, der nach Indien wollte und als Zufallsentdecker Amerikas in die Geschichte einging, erhebt sich etwas abseits, umtost vom Verkehr, der ab hier nordwärts auf den breiten Paseo de la Castellana rollt. In südlicher Richtung führt der Paseo de Recoletos zum Museo Arqueológico Nacional und (auf der anderen, westlichen Seite des Paseos) zur Biblioteca Nacional. Das Museum der Nationalbibliothek zeigt Wechselausstellungen (Paseo de Recoletos 20–22, Di–Sa 10–20, So 10–14 Uhr, Eintritt frei, www.bne.es).

✈ 189 D5 🚇 Colón, Serrano

Wohin zum ... Essen und Trinken?

Preise für ein Essen (z.B. ein Tages-/Hausmenü, im Regelfall inkl. Getränk):

€	unter 15 €
€€	15–25 €
€€€	über 25 €

Café Gijón €€€
Historische Kaffeehäuser wie dieses haben ihren eigenen Beitrag zur Madrider (Kultur-) Geschichte geleistet, fungierten sie doch vormals als populäre Treffpunkte von Literaten, Politikern, Künstlern und Gelehrten. Hier stiegen häufig die legendären Gesprächsrunden (*tertulias*). Das 1888 von dem asturischen Unternehmer Gumersindo García gegründete Gijón kultiviert bis heute ein Stück Nostalgie. Raumwirkung, Mobiliar, Vorhänge, Spiegel und Dekoration tragen anschaulich dazu bei. Ob man ein ganzes Menü bestellt oder es an geschichtlicher Stätte beim Kaffee belässt, das steht jedem frei.
189 D5 Paseo de Recoletos 21 ☎ 915 31 03 18 www.cafegijon.com tgl. 7–1.30 Uhr Colón, Banco de España

La Máquina Jorge Juan €€€
Hier treffen sich auch Madrider gerne mit Freunden oder der Familie. Locker geht es am Tresen bei erlesenen Häppchen zu, gediegener an den Tischen in den Salons. Das Dekor wechselt zwischen Moderne und Backsteinwänden. Serviert werden ideenreiche Kombinationen von Gerichten aus diversen spanischen Regionen auf hohem Niveau.
189 E5 Calle Jorge Juan 12 ☎ Tel. 918 33 69 81 http://lamaquinajorgejuan.es Mo-Do 12-2.30, Fr/Sa 12–3 Uhr Retiro, Velázquez

Palacio de Cibeles €€€
Das Restaurant im 6. Stock des gleichnamigen Palastes bzw. Kulturzentrums Centro Centro pflegt eine gediegene Atmosphäre und serviert erlesene regionale Küche. Die Karte wechselt häufig, abhängig von der jeweiligen Marktfrische und den Inspirationen des Chefs Adolfo Muñoz. Ein exquisites Erlebnis, auch in Menüform. Über 120 Weine stehen zur Auswahl bereit.
189 D4 Plaza de la Cibeles 1 ☎ 915 23 14 54 http://palaciodecibeles.com/restaurante-palacio-de-cibeles tgl. 13–16, 20–24 Uhr Banco de España

Platea €€–€€€
Dieser Gourmetspot der Erlebnisgastronomie serviert eine Vielfalt an Tapas bis zum Edelmenü. Untergebracht ist er auf rund 6000 m² im einstigen Kino Carlos III.
189 F5 Calle de Goya 5–7 ☎ 915 77 00 25 http://plateamadrid.com So–Mi 12–0.30, Do–Sa 12–2.30 Uhr Serrano

Shalakabula €€–€€€
Feine Küche, die mit ihren Kombinationen und originellen Ideen überrascht und begeistert. Am besten bestellt man das Degustationsmenü und bekommt so gleich einen guten Querschnitt geboten. Alternativ lassen sich auch kleinere Portionen zusammenstellen, damit man eine so große Vielfalt wie möglich probieren kann. Aufmerksamer, professioneller Service. Küchenchef Juan Sánchez Encinas sprudelt vor Kreativität. Im Salamanca-Viertel gelegen.
189 nördl. F5 Calle de Don Ramón de la Cruz 72 ☎ Tel. 918 28 00 43 www.shalakabula.com tgl. 12–24 Uhr Lista

Wohin zum ... Einkaufen?

Ideal zum Shoppen oder auch nur zum Schaufenster anschauen ist das Barrio de Salamanca. Souvenirs und originelle Geschenke finden Sie in dieser Gegend auch in den Läden der Kunstmuseen und/oder im Fanshop des Clubs Real Madrid.

SOUVENIRS

Objetos de Arte Toledano (Paseo del Prado 10, Tel. 914 29 50 00, www.armasmedievales.com; Metro: Banco de España, Atocha) ist auf Kunsthandwerksartikel aus Toledo spezialisiert, u. a. Tauschierarbeiten *(damasqui-*

nados, Verzierungen aus Bunt- oder Edelmetalleinlagen), bietet aber auch andere typische Andenken aus Spanien. Direkt in den Museen finden Sie Bücher, Kunstdrucke und Postkarten etc. Fußballsouvenirs von Real Madrid führt der riesige Fanshop am Fußballstadion Santiago Bernabéu (Metro: Santiago Bernabéu). Durch den Shop kommen Sie beim Ende der Stadiontour, von außen ist er von der Calle Padre Damián her zugänglich. Das Sortiment reicht von Trikots und Schals über Krüge, Uhren, Wecker, Tassen und Notizblöcke bis hin zu Bettzeug und elektrischen Zahnbürsten.

EDLE MARKEN

Im Barrio de Salamanca, dem eleganten Viertel par excellence, bekommen Sie, was das Herz begehrt – edle Mode, Schuhe, Parfüm und Juwelierwaren. Vorausgesetzt, Sie verfügen über das entsprechende Budget. Ob Prada, Loewe, Armani, Gucci, Carolina Herrera, Adolfo Domínguez etc. – hier ist vertreten, wer international Rang und Namen hat. Abwechslungsreich ist ein Schaufensterbummel entlang der Calle de Serrano und der Calle de Goya; auch in den Calles de José Ortega y Gasset und Jorge Juan geht es geschäftig zu. Designershops von Bimba y Lola (www.bimbaylola.com) finden Sie in der Calle de Serrano 22 und der Calle Claudio Coello 48, im Barrio de Salamanca auch bodenständige Mode etwa bei Punt Roma (Calle de Serrano 19) oder Cortefiel (Calle de Serrano 40).

SHOPPINGMALLS/KAUFHÄUSER

Das Kaufhaus El Corte Inglés (www.elcorteingles.es) hat Filialen in der Calle de Serrano 47, 52 und 70. Schauen Sie auch einmal in die eleganten Shopping Center: das Centro Comercial El Jardín de Serrano in der Calle de Goya 6–8 (http://jardindeserrano.es, Mo–Sa 9.30–21.30 Uhr; Metro: Serrano) und das aus dem Sitz eines Zeitungsverlagshauses hervorgegangene Centro Comercial ABC Serrano in der Calle de Serrano 61 (Tel. 915 77 50 31, http://abcserrano.com, Mo–Sa 10–21 Uhr; Metro: Rubén Darío, Serrano).

Wohin zum ... Ausgehen?

Konzerte, Kino, Lesungen, Theaterstücke und Tanzvorführungen – die Programmauswahl für Kulturinteressierte ist groß. Auch Nachtschwärmer kommen bis in den frühen Morgen auf ihre Kosten, ob mit oder ohne Glamour-Faktor. Für die aktive Erholung und Freizeit tagsüber ist der Retiro ideal.

KULTUR

Das Kulturzentrum Casa de América (Plaza de la Cibeles 2, Tel. 915 95 48 00, www.casamerica.es; Metro: Banco de España) bietet ein umfangreiches Programm von Konzerten und Kinofilmen bis zu Vorträgen. Beliebt ist auch das CaixaForum (Paseo del Prado 36, Tel. 913 30 73 00, http://caixaforum.es; Metro: Atocha). Geboten werden Wechselausstellungen, Kino, Konzerte, Vorträge und Lesungen. Unter der Plaza de Colón liegt das Kulturzentrum Fernán Gómez Centro Cultural de la Villa (Tel. 914 36 25 40, www.teatrofernangomez.es; Metro: Colón). Es bietet ein abwechslungsreiches Programm mit Theaterstücken, Konzerten und Tanzaufführungen. Das Auditorio Nacional de Música (Calle Príncipe de Vergara 146, Tel. 913 37 03 07, www.auditorionacional.mcu.es; Metro: Cruz del Rayo, Prosperidad) liegt etwas außerhalb, ist aber eine der landesweit besten Adressen für Sinfoniekonzerte und klassische Musik.

NACHTLEBEN

Beliebter Treff nahe der Plaza de Colón ist das Hard Rock Café (Paseo de la Castellana 2, tgl. 12.30–2 Uhr, Tel. 914 3643 40, www.hardrock.com/cafes/madrid; Metro: Colón). Hoch über der Plaza de la Cibeles finden Sie in der Terrassenbar im Kulturzentrum Centro Centro (Plaza de la Cibeles 1, Tel. 914 80 00 08, www.centrocentro.org, Metro: Banco de España) ein nettes Chillout-Ambiente. Die Bar im 6. Stock des im Palacio de Cibeles untergebrachten Kulturzentrums hat So–Do 13-2 und Fr/Sa 13-2.30 Uhr geöffnet.

Plaza de la Cibeles: Wie wär's mit einem Drink auf der Terrassenbar im CentroCentro?

Im Nobelviertel Barrio de Salamanca (Metro: Serrano, Velázquez, Nuñéz de Balboa, Retiro) geht es etwas glamouröser und schicker zu als andernorts. Die Ausgehadressen sind auf ein finanzstarkes Publikum eingestellt, mitunter mit VIP-Faktor. Eine gängige Disco ist das **Serrano 41** (Calle de Serrano 41, Facebook-Seite); auch das **El Doblón** (Calle Juan Bravo 35) und der **Goya Social Club** (Calle Goya 43; Fr und Sa 24–6 Uhr; www.goyasocialclub.com) finden begeisterten Anhänger. Etwas weiter weg liegt das **Opium Madrid** (Calle José Abascal 56, www.opiummadrid.com; Metro: Gregorio Marañón), dessen Resident-DJs vor allem House auflegen. Ebenfalls populär in den Altersklassen der 18- bis 35-Jährigen ist das **Nuit Madrid** (Calle Orense 10, tgl. 22–6 Uhr; http://nuit madrid.es und Facebook-Seite; Metro: Nuevos Ministerios) in der Finanzzone nahe dem Paseo de la Castellana. Gute Stimmung bietet zudem der **Moby Dick Club** (Avenida de Brasil 5, www.mobydickclub.com; Mi 21–3, Do 21-5, Fr/Sa 21-6 Uhr; Metro: Santiago Bernabéu).

KINO

Filme in Originalversion mit spanischen Untertiteln zeigen die Cines Renoir Retiro (Calle de Narváez 42, www.cinesrenoir.com; Metro: Ibiza, Goya).

AKTIVITÄTEN IM FREIEN

Der Hauptsee im Parque de El Retiro bietet sich zu einer **Ruderbootpartie** an. Zudem lässt es sich im Retiro sehr gut joggen. Jedes Frühjahr startet hier Madrids **Halbmarathon** (www.mediomaraton madrid.es). Baja Bikes (www.bajabikes.eu/de/stadtfuhrung-mad rid) bietet regelmäßig geführte **Radtouren** an, u. a. durch den Retiro und am Prado vorbei. Der Website lässt sich auch entnehmen, wann ein deutschsprachiger Guide dabei ist.

Blick von den Jardines de Sabatini auf die Nordfassade des Königspalastes mit seinen mehr als 3000 Räumen.

Westlich der City

Vom Königspalast und der Kathedrale bis zu gefälligen Grünanlagen gibt es im Westen der City viel – und für jeden etwas – zu entdecken.

Seite 94–125

Erste Orientierung

Königspalast und Kathedrale repräsentieren die einstige Macht von Kirche und Königshaus. Grün und freizeitorientiert gibt sich Madrid hier mit einer langen Flusspromenade und einem weitläufigen Park. Auch Goya und Cervantes hinterließen im Westen ihre Spuren.

Die Plaza de Oriente mit Grünanlagen und Königsskulpturen, die Sabatini-Gärten, das Kloster Real Monasterio de la Encarnación und das Königliche Theater (Teatro Real) warten in der Nähe des Königspalasts auf Entdeckung. Lohnenswert ist auch das Panorama vom Turm der Kathedrale, ein Highlight die von Goya ausgemalte Ermita de San Antonio de la Florida. Von dort aus können Sie an den Ufern des Río Manzanares bis zur Puente del Rey gehen. Von den Jardines del Campo del Moro haben Sie aufs Neue den Königspalast im Blick. Nordwestlich der City erhebt sich der Faro de Moncloa, einer der besten Aussichtspunkte Madrids. Mit der Metro geht es auch zur Plaza de España mit dem Cervantes-Denkmal. Ein ebenfalls reizvolles Ziel ist der riesige Stadtpark im Westen: Casa de Campo. Schöne Ausblicke über den Park bieten sich aus der Seilbahn (Teleférico).

TOP 10

- 6 ★★ Palacio Real
- 7 ★★ Ermita de San Antonio de la Florida
- 10 ★★ Catedral de la Almudena

Nicht verpassen!

- 32 Real Monasterio de la Encarnación
- 33 Casa de Campo

Nach Lust und Laune!

- 34 Plaza de Oriente
- 35 Teatro Real

- 36 Iglesia de Santiago
- 37 Jardines de Sabatini
- 38 Plaza de España
- 39 Jardines del Campo del Moro
- 40 Museo Cerralbo
- 41 Templo de Debod
- 42 Teleférico
- 43 Faro de Moncloa

Mein Tag auf den Spuren der Royals

Der Königspalast ist der ideale Ort, den Spuren der spanischen Royals zu folgen – aber nicht nur das Innere mit all dem Prunk, sondern auch außen herum, in der Kathedrale und im einstigen königlichen Jagdrevier, dem Stadtpark Casa de Campo. Dorthin führt auch eine Segwaytour.

10 Uhr: Königliches Panorama

Stimmen Sie sich in der Außenansicht auf die gewaltigen Dimensionen des 6 ★★ Palacio Real ein. Und zwar von dort aus, wo er seine markante Breitseite hinwendet: zur Plaza de Oriente, dem grünen Vorhof des Palastes. Hier nehmen Sie Skulpturen alter Herrscher und dem Reiterdenkmal für Philipp IV. die Parade ab. Wenn Sie der Treppe hinab in die 37 Jardines de Sabatini folgen, begegnen Sie weiteren Statuen historischer Könige und blicken zur Nordfront des Palacio Real auf.

11 Uhr: Wachablösung

Rüsten Sie sich zur Wachablösung (*cambio de guardia*; www.guardiareal.org) am Königspalast: Dazu müssen Sie Ihren Tag genau abstimmen. Der Termin ab 11 Uhr gilt immer für mittwochs und samstags; vorausgesetzt, das Wetter oder irgendein offizielles Ereignis machen keinen Strich durch die Rechnung. Zwischen Mitte Juni und Mitte September erfolgt die Wachablösung an den beiden genannten Tagen schon um 10 Uhr – aber Sie sind in Ihrer indviduellen Planung ja flexibel!

10 Uhr: Königliches Panorama

16 Uhr: Per Segway ins (ehemalige) Jagdrevier

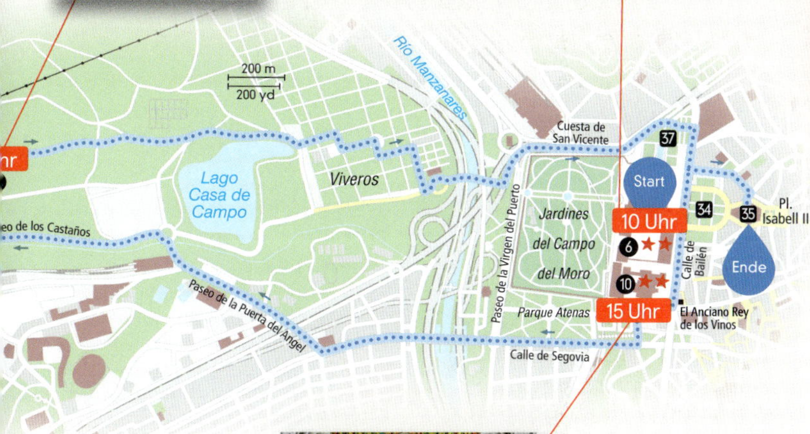

15 Uhr: In der Kathedrale

Oben: Wachablösung vor dem Königspalast, der offiziellen Residenz der (allerdings nicht darin wohnenden) spanischen Monarchen in Madrid. Rechts: der Speisesaal des Königspalastes.

12 Uhr: Durch Säle und Salons

Ja, der Königspalast ist so protzig, wie man das von einem solchen Bauwerk erwartet. Überall Prunk, Schnörkel, verschwenderische Dekors. Zum Glück fließen durch die Ticketverkäufe Gelder zurück in den Staatshaushalt – Finanzgeber war schließlich das Volk, das mit Steuerlasten zur Kasse gebeten wurde. Der Gang durch die Säle und Salons kommt einer Reise durch die Zeiten gleich und erlaubt ein wenig den Blick hinter die Kulissen. Sehen Sie, wo Altkönig Juan Carlos I. abdankte, wo Spaniens heutiges Monarchenpaar Felipe VI. und Letizia gelegentlich Platz nimmt. Wer darüber nachdenkt, welche Formalien bei offiziellen Anlässen herrschen, welcher Etikette man unterworfen ist, der wird das Königsein sicher nicht als Traumjob definieren.

14 Uhr: Auszeit am Mittag

Ein naher Klassiker für die Einkehr hat ebenfalls einen royalen Klang: »Der alte König der Weine«, El Anciano Rey de los Vinos (Calle Bailén 19, Tel. 915 59 53 32, www.elancianoreydelosvinos.es). Die Gastrokultur mit Tapas, stattlichen Portionen und guten Tropfen reicht hier bis ins Jahr 1909 zurück.

15 Uhr: In der Kathedrale

Es war ein historischer Tag, als Spaniens späteres Königspaar Felipe und Letizia am 22. Mai 2004

Oben: Ausflug ins Grüne – in die Casa del Campo. Unten: Blick auf das Teatro Real.

in der ⓾ ★★ Catedral de la Almudena den Bund fürs Leben schloss. Sehen Sie sich den Altarraum an, wo sich das Wichtigste abspielte – und natürlich das Bildnis der Madrider Schutzpatronin Almudena. Dass eine – geschiedene – Frau wie die bürgerliche Letizia Ortiz vor den Traualtar treten durfte, bedurfte im vormals erzkatholischen Spanien einer Ausnahmegenehmigung, die sich nur über Verbindungen zu höchsten Stellen erwirken ließ.

16 Uhr: Per Segway ins (ehemalige) Jagdrevier

Eine geführte 90-minütige Segway-Tour bringt Sie ins einstige Jagdrevier der Royals, das heute als Park ㉝ Casa de Campo vor den Toren der Kernstadt wartet. Buchen können Sie die Tour z. B. bei Madrid Segway (Calle de la Escanilata 10, Tel. 608 41 95 13; http://madrid-segway.com) oder bei Segwaytrip (Plaza de San Miguel 2, Tel. 910 75 01 63 und 637 26 38 86, http://segwaytrip.com).

20 Uhr: Ein »königliches« Theater

Nach etwas Erholung und vielleicht einem Kleiderwechsel im Hotel startet eine Aufführung im feudalen ㉟ Teatro Real, dem »Königlichen Theater« (www.teatro-real.com). Dass Spaniens Royals am selben Abend auf ihren Ehrenpläzen sitzen, ist zwar eher unwahrscheinlich – aber ein Besuch fühlt sich auch so geradezu königlich an.

❻ ★★ Palacio Real

Warum?	Um mal nachzufühlen, wie das ist, König (oder Königin) zu sein
Was?	Königliche Pracht
Wie lange?	Mindestens 1,5 Stunden für den Rundgang in Eigenregie
Wann?	Morgens oder mittags
Was noch?	Die königliche Küche ist einen Zusatzbesuch wert

Pompös und majestätisch ist einfach alles am Königspalast: die Fassadenfronten, der Haupthof, die Salons, die Ausstattung und die Dekorationen. Entdecken Sie den royalen Prunk bei einem Rundgang. Gespart wurde an nichts, weder bei den Fresken noch an Mobiliar, Leuchtern, Spiegeln, Vorhängen, Teppichen, Gemälden oder Gobelins.

Einst die Residenz des spanischen Königs

Der Königspalast (*Palacio Real*) thront am Westrand der City hoch über den unteren Stadtbereichen am Río Manzanares. An dieser Stelle befanden sich im Mittelalter Verteidigungsanlagen, die von den Mauren im 9./10. Jh. genutzt wurden. Nach der Eroberung Madrids aus muselmanischer Hand im 11. Jh. wurden die Strukturen nach und nach verändert, bis sie die Gestalt eines stattlichen Palais annahmen. Dafür sorgten vor allem Heinrich III. von Kastilien (1379–1406) und sein Sohn Johannes II. von Kastilien (1405–1454). Der Alcázar, wie der Bau hieß, stieg 1561 unter Philipp II. mit der Erhebung Madrids zur Hauptstadt zur offiziellen Residenz des spanischen Königshauses auf. Philipp II. und Philipp IV. ließen den Königspalast in noch größerer Pracht ausbauen und gestalten, doch dann machte an Heiligabend 1734 eine Brandkatastrophe den Bau dem Erdboden gleich. Philipp V. ließ an derselben Stelle mit einem Neubau beginnen.

Der Palacio Real ist bis heute der offizielle Rahmen für royale Empfänge – und dann für die Öffentlichkeit nicht zugänglich. Die Königsfamilie von Felipe VI. wohnt im Nordwesten Madrids, auf dem Gelände des Palacio de la Zarzuela.

Der Auftrag ging zunächst an den italienischen Architekten Filippo Juvara (1678–1736) sowie nach dessen Tod an seinen Schüler Giovanni Battista Sacchetti (1690–1764). Die Grundsteinlegung für den Neubau erfolgte 1738, danach zogen sich die Arbeiten – samt Dekorationen in den Innenbereichen – über zwei Jahrzehnte hin. Damit nicht genug: König Karl III. (1716–1788), der ab dem Jahr 1759 im Geist des aufgeklärten

Absolutismus regierte und den Palast ab 1764 bewohnte, ließ seinen Haus- und Hofarchitekten Francesco Sabatini (1722–1797) bei Umbauten, Erweiterungen und weiteren Ausgestaltungen Hand anlegen. Die prunkvollen Fresken, die den Königspalast bis heute nachhaltig prägen, gab Karl III. bei den Italienern Giovanni Battista Tiepolo (1696 bis 1770) und Corrado Giaquinto (1703–1765/66) sowie dem

Entspannen auf einer Wiese mit Blick auf den von schönen Gartenanlagen umgebenen Königspalast.

Deutschen Anton Raphael Mengs (1728–1779) in Auftrag. Stilelemente aus Spätbarock, Klassizismus und Rokoko charakterisieren den Königspalast.

Rundgang durch den Palast

Über das weite Hofrechteck, von dem Sie die Doppeltürme der Kathedrale sehen können, erreichen Sie den Zugang zum Palast. Den Auftakt macht die Haupttreppe (*Escalera Principal*), ein Werk von Sabatini. Die Fresken über der Treppe, »Triumph der Religion und der Kirche, geschützt durch die spanische Monarchie«, stammen von Conrado Giaquinto. Über den Saal der Hellebardenträger (*Salón de Alabarderos*) spannt sich ein erstes Deckengemälde von Tiepolo. Im Säulensaal (*Salón de Columnas*) unterzeichnete König Juan Carlos I. im Juni 2014 seine Abdankung.

Folgen Sie in den nächsten Räumen und Sälen den Spuren von Karl III. Sie erfahren, wo er zu speisen pflegte, wo die Ankleidezeremonie stattfand, wo er schlief und letztlich sein Leben aushauchte. Lassen Sie sich von riesigen Spiegeln und Leuchtern, plüschigen Vorhängen und wertvollen Gemälden, u.a. von Luca Giordano und Francisco de Goya, in eine andere Zeit versetzen. Betrachten Sie auf Gemälden auch einmal genauer Karl III. und seine Physiognomie – so manches Porträt geriet zur Realsatire. Der Weg durch das Porzellankabinett *(Gabinete bzw. Saleta de porcelana)* bringt Sie in den Galaspeisesaal *(Comedor de Gala)*, in dem Riesenleuchter von der Decke hängen und manchmal an der Tafel Gedecke und Bestecke aufgelegt sind, als kämen gleich Gästescharen. Der Speisesaal wurde im Jahr 1879 unter König Alfons XII. umgestaltet. Allein das erste Festbankett anlässlich seiner Vermählung mit Erzherzogin Maria Christina von Österreich dürfte Unsummen verschlungen haben.

Karl III., der einst im Königspalast residierte, porträtiert von Anton Raphael Mengs (Prado, 1761).

Weitere Stationen des Besuchs sind die Königliche Kapelle *(Capilla Real*, Baubeginn 1749), der Stradivari-Saal, wo Sie Originale des bekannten italienischen Geigenbaumeisters bewundern können, und der Saal der Krone *(Sala de la Corona)* mit Krone und Zepter in einer schwer gesicherten Vitrine: In diesem Saal sind auch die unterzeichnete Abdankungsurkunde von Juan Carlos I. und die Antrittsrede von Felipe VI. am 19. Juni 2014 ausgestellt. Den sogenannten Offiziellen Saal *(Saleta Oficial)* überspannt Tiepolos Fresko »Die Macht der spanischen Monarchie«. Im Thronsaal *(Salón del Trono)* setzt sich die royale Prachtentfaltung fort. Vier Stufen führen hinauf zum Königsthron.

Mehr als 70 Stufen führen über die von Sabatini entworfene Haupttreppe nach oben.

Diverse Zugaben

Versäumen Sie im Haupthof des Palastes nicht die Ausblicke in Richtung Casa de Campo und Sierra de Guadarrama. Von diesem aus erreichen Sie die Königliche Rüstkammer *(Real Armería*; Zugang im Preis inkl.). Zu Rüstungen, Helmen und Schutzschilden gesellen sich hier Schlachtenwerkzeuge in Form von Schwertern, Degen, Lanzen und Keulen. Welch kunstvolle Handwerksarbeiten hinter den zahlreichen Königs- und Prinzenrüstungen stecken, erschließt sich bei detaillierter Betrachtung. Zusätzlich reservierbar ist ein Besuch der Königlichen Küche, *Real Cocina*.

Das neue Museum der Königlichen Sammlungen, *Museo de las Colecciones Reales* (Eröffnung im Jahr 2020) wurde im Campo del Moro in Hanglage unter die Westseite der Kathedrale platziert.

KLEINE PAUSE

Stärken und erfrischen können Sie sich in der **Cafeteria** des Königspalasts neben dem Souvenirshop und dem Empfangsbereich für Besucher *(Centro de recepción de visitantes)*.

---

187 D4 Calle de Bailén s/n ☎ 914 54 87 00 www.patrimonionacional.es Okt.–März tgl. 10–18, April–Sept. tgl. 10–20 Uhr, letzter Einlass eine Stunde vorher 10 €, mit Königlicher Küche 14 € (nur die Küche 5 €), Audio-guide 3 €, Okt. bis März Mo–Do 16–18, April–Sept. Mo bis Do 18–20 Uhr für EU-Bürger (Ausweis mitnehmen) frei Ópera

❼ ★★Ermita de San Antonio de la Florida

Warum?	Wegen Goyas Kuppel- und Gewölbemalereien
Was?	Die »Sixtinische Kapelle« von Madrid
Wie lange?	Mindestens eine halbe Stunde
Wann?	Im Rahmen der Öffnungszeiten jederzeit – da sich im Innern der Ermita höchstens 50 Besucher gleichzeitig aufhalten dürfen, kann es allerdings immer zu Wartezeiten kommen
Was noch?	Gehen Sie vor oder nach dem Besuch der Ermita auf die andere Seite der Straße hinüber zum Goya-Denkmal

Diese in den Jahren 1792 bis 1798 erbaute Wallfahrtskirche ist Goyas letzte Ruhestätte und dank seiner Malereien eines der kunsthistorisch bedeutendsten Ziele der Stadt.

Traditionell werden hier an jedem 13. Juni 13 Stecknadeln ins Weihwasser gelegt; ein auf Näherinnen zurückgehender Brauch, den hl. Antonius um Beistand bei der Partnerwahl zu bitten.

Die Ermita de San Antonio de la Florida liegt abseits der hauptstädtischen Hektik in der Nähe des Flussufers des Río Manzanares und präsentiert sich in der Außenansicht als blasser, unscheinbarer Sakralbau. Aber das ist nur Tarnung! Zudem überrascht: Hier stehen zwei Kirchen nebeneinander, die genau gleich aussehen. Des Rätsels Lösung: Das Original birgt Freskenkunst des berühmten spanischen Malers Francisco de Goya, der Nachbau wurde im Jahr 1928 errichtet, um ihn für Messen und andere Anlässe zu nutzen (und um Goyas Malereien im originalen Sakralbau zu schützen).

Auftragsarbeit für Goya

Das Original der klassizistischen Kirchenarchitektur geht auf einen Entwurf von Felipe de Fontana zurück, der einen Auftrag von König Karl IV. umsetzte. Von höchster königlicher Stelle kam auch der Auftrag, die einschiffige Kirche mit Fresken auszuschmücken. Noch im Jahr des Bauabschlusses, 1798, malte Goya die Gewölbe aus und schuf damit so etwas wie die »Sixtinische Kapelle« von Madrid. Und zwar in Rekordzeit: Rechnungen und Materiallisten erlauben den Rückschluss, dass der Maler, der zu dieser Zeit bereits sein Gehör verloren hatte, nur sechs Monate für die Arbeiten brauchte, vom 15. Juni bis 20. Dezember des Jahres 1798. Das alles beherrschende Fresko in der Kuppel dreht sich um ein Wunder, das den heiligen Antonius von Padua in jenem Moment zeigt, in dem er zum Erstaunen aller Anwesenden einen Ermordeten zum Leben erweckt. Der Hintergrund: Antonius Vater war unschuldig des Tötungsdelikts angeklagt worden. Dank der Wiedererweckung des Toten konnte das Opfer den Namen des Täters nennen.

Das Geländer in der Kuppel

Ob der Künstler bei dieser Thematik freie Hand hatte oder Vorgaben befolgen musste, verbirgt sich im Dunkel der Geschichte. Fest steht, dass Goya die Ausgestaltung mit der genialen Idee eines Geländers krönte, das er ringsherum ins Rund der Kuppel malte. Beim Blick auf den Kunstgriff dieser illusionistischen Deckenmalerei hat der niederländliche Kunsthistoriker Fred Licht, ein bedeutender Werkanalytiker Goyas, die Fantasie der Betrachter angestachelt, sich das Gitterwerk, an dem Kinder turnen und auf das sich ein paar Frauen mit ihren Unterarmen stützen, einmal wegzudenken: »In diesem Fall würde man glauben, die Figuren jeden Augenblick von ihren Positionen herunterstürzen zu sehen.« So schützte Goya mit dem Geländer die Dargestellten gleichsam vor dem Gesetz der Schwerkraft.

Goya malte die Kuppel der Ermita de San Antonio de la Florida aus. Das realistisch wirkende Geländer ist ein Teil der Illusion.

Den Hintergrund der Wunderszene um Antonius bildet eine Berglandschaft. Davor steht ein großer Baum, darüber öffnet sich der aufgemalte Himmel. Antonius, in seine Franziskanerkutte gehüllt, trägt einen leuchtend gelben Heiligenschein. Er gestikuliert. Die rundherum Anwesenden gleichen einer profanen Festgesellschaft – und das natürlich nicht zufällig. Goya war sich bewusst, ein Gotteshaus auszuschmücken, das das Volk auch bei Feierlichkeiten anzog und dem Schutzpatron der ledigen Frauen und der Liebenden geweiht war. Über die Antonius-Szene hinaus sind Eingangswölbung und Kuppelbögen bemalt. Hier finden sich ungewöhnlich hübsche weibliche Engel mit wollüstigen Gesichtern, die »Goya mit hohem Vergnügen« malte, liest man in Feuchtwangers historischem Roman »Goya oder Der arge Weg der Erkenntnis«.

Nationalmonument und Grabstätte des Malers

Kaum 150 m von der Ermita entfernt erreichen Sie den eingefassten Lauf des Río Manzanares und die 1909 in Betrieb genommene Brücke Reina Victoria. Ab hier können Sie flussabwärts den Uferpromenaden folgen.

Seit dem Jahr 1905 ist die Ermita de San Antonio de la Florida Nationalmonument, seit 1919 liegen die aus dem französischen Bordeaux überführten Reste Goyas hier bestattet. Hinter dem Grab Goyas fällt der Blick auf einen Altarbereich mit einer kleinen Skulptur des Gekreuzigten. Aus der Kuppel hängt eine Lampe aus vergoldeter Bronze hinab, im unteren Bereich umgeben von drei Engelsfiguren. Goyas Malereien wurden zwischen 1989 und 2005 behutsam restauriert. Man mag sich kaum davon lösen, denn es geht eine ganz besondere Faszination von ihnen aus. Aufgestellte kleine Spiegel helfen, die Gewölbefresken in aller Ruhe zu betrachten, ohne nach oben schauen zu müssen und dabei womöglich Nackenschmerzen zu bekommen.

KLEINE PAUSE

Links von der Ermita de San Antonio de la Florida in Richtung Metro Príncipe Pío lädt eine typische Madrider Mischung aus Café-Restaurant und Bierstube zur Rast ein – **El Urogallo** (Paseo de la Florida 16, Tel. 915 48 58 20, www.elurogallo.net, Mo–Fr 7.30–1, Sa/So 8.30–1 Uhr).

---

i

184 A2 ✉ Glorieta de San Antonio de la Florida 5

☎ Di–So 9.30–20 Uhr

frei · Príncipe Pío

⑩ ★★ Catedral de la Almudena

Warum?	Madrids bedeutendste Kirche
Was?	Ein riesiger Sakralbau mit interessanten Malereien, Kapellen und einer Skulptur der Schutzheiligen der Stadt
Wie lange?	20 bis 30 Minuten sollten ausreichend sein
Wann?	Außerhalb der Gottesdienste jederzeit
Was nehme ich mit?	Einen guten Eindruck von der modernen Schönheit und Größe dieses Glaubenstempels

König Alfons XII. legte im Jahr 1883 den Grundstein für den heutigen Bau, zwei Jahre später wurde Madrid eine eigenständige Diözese und weitere acht Jahre später, 1993, die Kathedrale von Papst Johannes Paul II. geweiht.

Madrids im neugotischen Stil begonnene, im (passend zum angrenzenden Königspalast) neoklassizistischen Stil vollendeten Kathedrale empfängt den Besucher als (in der Vierung) bis zu 68 m breiter, 102 m langer und 73 m hoher, auf kreuzförmigem Grundriss stehender Glaubenstempel, in dem alte und erstaunlich moderne Elemente zusammenfließen. Im Querschiff, zur Westseite hin, steigen die Gläubigen auf einer Treppe zum Allerheiligsten auf, der polychromierten Skulptur Mariens mit dem Kinde, thronend auf einem barocken

Die Fassade mit ihren beiden Türmen wendet sich zum Hof des Königspalastes, doch der Eingang der Kathedrale liegt an der Ostseite.

Silberpodest: Der Legende nach soll ihr Vorläufer im Jahr 1085 aus einer Nische in der Stadtmauer der Mauren zum Vorschein gekommen sein, wo sie dereinst von Christen versteckt worden war: Zu den vielen Ausschmückungen der Auffindelegende dieser (nicht erhalten gebliebenen) hl. Maria von der Almudena (von arab. al-mudayna: »Zitadelle«) gehört die Version, dass neben dem Marienbildnis zwei Kerzen brannten – seit mehreren Generationen schon. Bis heute bringen Gläubige der (aus dem 17. Jh. stammenden) Skulptur, die offiziell den Titel *La Real* (»Die Königliche«) trägt, Blumenopfer dar und stecken ihr zu Ehren Münzen in die elektrischen Kerzenkästen. Die an die sie gerichtete Hymne lautet: »Du, die du versteckt warst in den Mauern dieses geliebten und alten Madrid, erstrahlst heute vor deinem Volk, das dich verehrt und auf dich hofft. Unter deinem Mantel, einfache Jungfrau, suchen deine Kinder Schutz.«

Über der Marienskulptur verdient das Retabel mit 18 Tafeln des Renaissancemeisters Juan de Borgoña Beachtung.

Gesamtkunstwerk mit viel Farbe

Die Malereien des Kirchenschiffgewölbes und der Kuppel über dem Altarraum gehen auf den zeitgenössischen Madrider Künstler José Luis Galicia zurück, der richtig Farbe in die Kathedrale brachte. In die Kuppel malte er symbolische Darstellungen von Wasser, Erde, Feuer und Luft. Mit den Wandmalereien im Altarraum thematisierte der zeitgenössische Kunstmaler Kiko Argüello seine Mysterien der Erlösung. Doch: Der Altarraum wirkt unpersönlich, die Orgelempore überdimensioniert. Behagliche Glaubensstimmung will sich in der Kathedrale nicht so recht einstellen.

Bedeutende Kapellen

Weiteres Ziel ist der Altarumgang, an dem sich fünf wichtige Kapellen aufreihen: für den Opus-Dei-Begründer Josemaría Escrivá de Balaguer (1902–1975), die selige Mariana de Jesús (1565–1624), den Stadtpat-

Ab in die Unterwelt!

Wie wär's mit einem versteckten Ort, der zwar riesig ist, den aber die wenigsten kennen? Nach dem – weit abseits vom Haupteingang der Kathedrale gelegenen – Eintritt in die Krypta traut man seinen Augen kaum: Diese Unterwelt nimmt dieselben Maße ein wie die Kathedrale und öffnet sich als gigantischer Wald aus über 400 Säulen. Da sich hier Begräbnisstätten befinden, herrscht eine ruhige, getragene, magische Stimmung: Madrid, mal wieder ganz anders.

Calle Mayor 92, http://parroquiaalmudena.archimadrid.es, tgl. 10–13.30, 17–19.30 Uhr, freiwillige Spende 1 €

ron San Isidro Labrador (mutmaßlich: 1082–1172; Kapelle mit der ehemaligen gotischen Grabtruhe, dem Arcón de San Isidro), die heilige María Micaela (1809–1865) und eine Marienendarstellung, Nuestra Señora de la Vida Mística. Weitere Kapellen flankieren das Hauptschiff, u. a. für spanische Heilige wie María Soledad Torres Acosta (1826–1887), den im Spanischen Bürgerkrieg ermordeten Pfarrer Pedro Poveda (1874–1936) und die Karmelitin Maravillas de Jesús (1891 bis 1974). Das bei Sonnenschein durch die modernen Buntglasfenster flutende Licht masert je nach Sonnenstand Säulen, Bänke und Boden.

Museum mit Aussicht

Ursprünglich war die Kirche als Grabstätte für die früh an Typhus verstorbene Königin Maria de la Mercedes (1860–1878) gedacht. Die ersten Entwürfe dafür gatte Francisco de Cuba bereits ein Jahr nach ihrem Tod gezeichnet.

Der Eintritt für das Museo de la Catedral de la Almudena ist recht teuer, doch die Aussichtspunkte machen es auch für jene attraktiv, die sich nicht für Skulpturen, Kelche und andere liturgische Gegenstände interessieren. Unterhalb der Türme blicken Sie von einem ersten Aussichtsstopp hinüber auf den Königspalast, ganz oben treten Sie in einen Außenumgang der Kuppel und haben Madrid in 360-Grad-Ansichten im Blick. Die Aussicht bis zur Sierra de Guadarrama ist bei klarem Wetter äußerst lohnend. Weitere Besonderheiten sind zu Beginn des Rundgangs die bunten Mosaiken des Sloweniers Marko Ivan Rupnik im Kapitelsaal und in der Hauptsakristei. Später, in den Ausstellungsbereichen des Museums, sehen Sie jene Sessel und Messgewänder, die Papst Johannes Paul II. während seiner apostolischen Reisen in den Jahren 1993 und 2003 in Madrid einsetzte.

KLEINE PAUSE

Gegenüber der Kathedrale, gleich an der Ecke Calle de Bailén/Calle Mayor, lädt die **Taverne Dehesa Santa María** (Tel. 911 16 63 58) zu einer Rast ein. Hier gibt es Bier, Wein, Tapas und Schinken.

---

i

187 D3
Kathedrale Calle de Bailén s/n
www.catedraldelaalmudena.es
tgl. 9–21 Uhr, außer während der Gottesdienste Sept.–Juni Mo–Sa 12, 18 und 19, So/Fei 10.30, 12, 13.30, 18 und 19, Juli/Aug. tgl. 12 und 20 Uhr
freiwillige Spende *(donación)* 1 €
Ópera

Museo de la Catedral de la Almudena
Plaza de la Almudena (gegenüber dem Hof des Königspalasts)
http://museocatedral.archimadrid.es
Mo–Sa 10–14.30 Uhr 6 €

㉜ Real Monasterio de la Encarnación

Warum?	Wegen der tollen Gemälde- und Skulpturensammlung sowie dem spektakulären Reliquiensaal
Was?	Ein historisches Kloster mitten in der Stadt
Wie lange?	So lange die reguläre Führung dauert (ca. 50 Minuten)
Wann?	Am besten vormittags
Was nehme ich mit?	Außen pfui, innen hui? – Auf die inneren Werte kommt es an!

Von außen macht das seit dem 17. Jh. existierende Kloster Encarnación einen bescheidenen Eindruck, innen überrascht sakrale Kunst vom Feinsten.

Ganz in der Nähe des Königspalastes wurde dieses Kloster im Jahr 1611 von Königin Margarita (Margarete von Österreich, 1584–1611), der Gemahlin von Philipp III., als Klausur für Augustinerinnen gegründet. Heute leben hier nur noch einige wenige Ordenschwestern.

Hinter den dicken Mauern des streng wirkenden Klosterbaus leben noch bis heute Augustinerinnen.

Die Pläne für das Kloster zeichneten Francisco de Mora und Fray Alberto de la Madre de Dios. Ab dem Jahr 1765

wurde die Klosterkirche unter Ventura Rodríguez im klassizistischen Stil umgestaltet.

Bei einem Rundgang ...

... sehen Sie viele Porträts, eine dem Maler José de Ribera zugeschriebene Darstellung Johannes des Täufers und eine Vielzahl von Skulpturen. Maßgebliche Werke stammen von dem Barockbildhauer Gregorio Fernández (1576–1636), dem seinerzeit bedeutendsten Vertreter der kastilischen Schule. Hinzu kommen Werke von Vicente Carducho, Lucas Jordán, Juan van der Hamen y León und Pedro de Mena y Medrano. Der Hochaltar zeigt eine Mariä Verkündigung von Carucho. Im Chorraum sind weitere Gemälde und Skulpturen zu sehen. Der Chor selbst besteht aus Nussbaumholz. Die Gemälde im Kreuzgang veranschaulichen Szenen aus dem Leben Mariens und Christi; ein Motiv zeigt die heilige Jungfrau und Gottesmutter mit der Leibesfrucht.

Zu den vielen Reliquien, die in diesem Kloster aufbewahrt werden, sollen auch ein paar Splitter vom Kreuz Christi gehören.

Höhepunkt eines Klosterbesuchs ist der Reliquiensaal, über den sich eine reich verzierte Decke spannt. Hier sind in verschiedenen Kästchen und anderen, teils kunstvoll ausgestalteten Reliquiarien mehr als 700 Objekte aus Bronze, Koralle, Elfenbein sowie feinstem Holz zu sehen. Eine der berühmtesten der im Kloster verwahrten Reliquien ist die des heiligen Pantaleon, des Patrons der Ärzte und Hebammen: An jedem 27. Juli soll sich hier das sogenannte Pantaleonwunder ereignen: Dabei verflüssigt sich das in einer Ampulle aufbewahrte Blut des Heiligen, von dem es heißt, dass er ein durch einen Schlangenbiss getötetes Kind durch ein Gebet wieder zum Leben erweckt und einen Blinden unter der Anrufung Christi wieder sehend gemacht haben soll.

KLEINE PAUSE

Wenige Gehminuten vom Real Monasterio de la Encarnación entfernt liegt in der Calle Arrieta 6 das tgl. von 8 bis 24 Uhr geöffnete **Café de la Ópera** (Tel. 915 42 63 82, www.elcafedelaopera.com), eine Cafeteria-Gastrobar.

---

i

187 E4 Plaza de la Encarnación s/n www.patrimonionacional.es Führungen Di–Sa 10–14, 16–18.30, So 10–15 Uhr, letzter Einlass eine Stunde vorher 6 €, Mi/Do 16–18.30 Uhr für EU-Bürger frei (Ausweis mitnehmen) Ópera

㉝ Casa de Campo

Warum?	Natur und Erholung pur
Was?	Der größte öffentlich zugängliche Park der Stadt
Wie lange?	Ganz nach Belieben – ein paar Stunden, ein ganzer Tag
Wann?	Im Sommer nicht zur heißen Mittagszeit
Was noch?	Eine Fahrt mit dem Teleférico

In größter Nähe und doch so fern (der urbanen Cityhektik): Ursprünglich war der Park Blaublütern vorbehalten, doch längst genießt er den Status eines populären Naherholungsgebietes für alle.

Eine tolle Aussicht hat man aus dem Teleférico, der in Richtung Casa de Campo schwebt.

Casa de Campo heißt übersetzt »Landhaus«. Ein solches, mitten im Grünen jenseits des Río Manzanares, suchte die adelige Familie Vargas im 16. Jh. gern auf. Was auch den König Philipp II. ansprach, der das Gelände für die Krone an sich riss und der Natur mit Wegen, Wasserspielen sowie neuen Pflanzungen einen gepflegteren Rahmen gab. Eingefasst in die Weiten des Parks finden Sie heute einen großen See, dem Lago de la Casa de Campo, einen Zoo und einen Vergnügungspark. Im Zoo leben über 6000 Tiere bzw. 500 Tierarten aus aller Welt. Der Vergnügungspark *(Parque de Atracciones)* bietet Fahrgeschäfte, 4-D-Kino und vieles mehr.

Wenn Sie mit der Metro bis zur Station Lago fahren, befinden Sie sich im Ostteil der Casa de Campo, gleich in der Nähe des Sees. Spazieren Sie an den Ufern entlang, lassen Sie sich auf einer der Bänke nieder, blicken Sie in aller Ruhe auf Teile der Stadtkulissen. Außerdem gibt es am See noch einen Ruderbootverleih *(alquiler de barcas)*. Sie können auch auf andere Weise bewegungsaktiv werden, indem Sie etwa eine Joggingrunde einlegen, sich die Casa de Campo mit einem Leihfahrrad vornehmen oder im Rahmen einer Segwaytour (siehe »Mein Tag auf den Spuren der Royals«, S. 101).

Stadt, Land, See

Das Gewässer diente den Royals einst zum Fischfang und zu entspannenden Aktivitäten wie Fahrten in Gondeln, die eigens für diesen Zweck aus Italien herangeschafft wurden. Im Lauf der Zeiten wurde der Park mehrfach umgestaltet und blieb im Besitz der Krone. Noch zu Beginn des 20. Jh.s. ging König Alfons XIII. hier gern auf die Jagd. Erst seit dem Jahr 1931 steht der weitläufige Park nun dem Volk sowie allen reisenden Gästen der Stadt offen. Von den Wegen, Wäldern und Hügeln bieten sich immer wieder schöne Ausblicke auf die Silhouette Madrids.

Vor den Toren der City wartet das 1722 ha große Areal der Casa del Campo auf Besucher.

KLEINE PAUSE

Am besten nehmen Sie sich ein **Picknick** mit und verzehren dieses an einem Ort Ihrer Wahl in den Weiten des Parks.

186 A/B4/5 Lago

Zoo/Aquarium
Casa de Campo s/n 911 54 74 79
www.zoomadrid.com tgl. variable Öffnungs- und Fütterzeiten sowie Vorführungen, siehe Website Erw. 23,30 €, Kinder 3–7 Jahre 18,90 €, online preiswerter Casa de Campo

Vergnügungpark
Casa de Campo s/n
www.parquedeatracciones.es
tgl., saisonal 12–19, 20 bzw. 22 Uhr, siehe Webseite 31,90–33,90 € ab 1,40 m Körpergröße, 24,90–26,90 € 1–1,40 m, Besucher unter 1 m frei, online preiswerter
Batán

In Sichtweite zum Palacio Real und der Kathedrale gelegen, wurde aus dem ehemals königlichen Jagdrevier ein öffentlich zugänglicher Park.

Nach Lust und Laune!

34 Plaza de Oriente

Bäume, Bänke, Blumenbeete und beschnittene Hecken verleihen dem Ostvorplatz des Königspalasts (*Palacio Real*) das Flair eines kleinen Parks. Statuen an den Platzseiten stellen Könige aus den diversen Reichen Spaniens im Mittelalter dar, aber auch vorherige Herrscher aus den Zeiten der Westgoten. In der Mitte der Plaza de Oriente richtet sich der Blick auf die Reiterstatue von Philipp IV., für die der italienische Bildhauer und Bronzegießer Pietro Tacca (1577–1640) zu Lebzeiten des Monarchen verantwortlich zeichnete. Ungewöhnlich ist, dass Phi-lipps Pferd wild aufsteigt und sich lediglich auf den Hinterbeinen hält. Für die Umsetzung der komplizierten Statik soll sich Tacca bei keinem Geringeren als dem Mathematiker und Physiker Galileo Galilei (1564–1642) Rat geholt haben.

187 E4

Reiterstatue Philipps IV. auf der Plaza de Oriente.

35 Teatro Real

Dieses Königliche Theater setzt nachhaltig Akzente: architektonisch als gewaltiger Block zwischen der Plaza de Isabel II. und der Plaza de Oriente, kulturell als eines der renommiertesten Häuser Spaniens. Erbaut wurde es 1817 bis 1850, geschlossen 1925 wegen Einsturzgefahr aufgrund der Lage über unterirdischen Wasserläufen. Erst ein gigantisches Stabilisierungsprojekt, das weit in die Tiefen ging und 1997 seinen Abschluss fand, verhalf dem Teatro Real zur Neueröffnung in altem Glanz. Heute gerät jede Opernaufführung zum Ereignis, doch auch Jazz-, Rock- und Popkonzerte stehen gelegentlich auf dem Programm. Die Akustik gilt als perfekt. Alternativ zum Besuch einer Aufführung können Sie das Theater auch besichtigen. Dabei lernen Sie die Säulenhalle kennen, den bis zu 1775 Zuschauer fassenden Hauptsaal mit seinen vielen Logen (inklusive der Königsloge), den alten Tanzsaal sowie diverse prächtig ausgestattete Salons. Sonderführungen erlauben sogar einen echten Blick hinter die Kulissen: entweder mit dem Schwerpunkt Technik *(visita técnica)* oder auf dem Künstlerischen *(visita artística)*. Je nach Variante werden Sie mit den hydraulischen Systemen und Bühnenplattformen vertraut gemacht, den Kulissenbauten, den Kleiderlagern und den Proberäumen. Angeboten wird überdies ein Spätabend-/Nachtbesuch *(visita nocturna)* nach Ende der Vorführung. Das Teatro Real beschäftigt 280 Mitarbeiter, es gibt eine eigene Perückenwerkstatt, eine Wäscherei und einen Bügelraum. Draußen auf der Plaza de Isabel II. sieht man gelegentlich die Einfahrt von Trailern mit Material direkt in den hinteren Bereich des Theaters. Im August ist Spielpause, dann sind Besuche nur in eingeschränkter Form möglich. Die genannten Spezialführungen erfordern eine rechtzeitige Anmeldung.

187 E4 Plaza de Oriente/Plaza de Isabel II. ☎ 915 16 06 60 www.teatro-real.com Standardbesuche tgl. 10–13, Sonderführung Technik tgl. 10 Uhr, künstlerisch orientierte Führung tgl. 9.30 Uhr. Spätabend- bzw. Nachtbesuch nur zu ausgewählten, auf der Website aufgeführten Terminen Standardbesuch 8 €, Sonderführung Technik 16 €, Künstlerisches 12 €, Spätabend-/Nachtbesuch 30 € Opéra

36 Iglesia de Santiago

An der Fassade dieser 1806 bis 1811 nach Plänen von Juan Antonio Cuervo entstandenen Jakobuskirche entdecken Kenner des Jakobswegs sogleich die entsprechenden Symbole – die Jakobsmuschel, das rote Schwertkreuz der Jakobsritter sowie das blaugelbe Zeichen, das den Weg zum Grab des Apostels Jakobus des Älteren nach Santiago de Compostela im Nordwesten Spaniens weist. Auch durch Madrid führt einer der vielen Jakobswege, allerdings kein klassischer. Im Kircheninneren ist Jakobus rechts an der Seite als Pilgerskulptur zugegen; ein Großgemälde, das den Altarraum beherrscht, zeigt ihn als »Jakobus Maurentöter« *(Santiago Matamoros)*. Dergestalt soll der Heilige im Mittelalter den Christentruppen bei einer Schlacht gegen die Mauren in der Rioja zu Hilfe geeilt sein und sie zum Sieg angetrieben haben. Das Gemälde datiert aus dem 17. Jh. und stammt von Francisco Ricci; seitlich stellen vier Skulpturen die Kirchenväter Augustinus, Hieronymus, Gregor und Ambrosius dar.

187 E4 Plaza de Santiago s/n www.santiagoysanjuan.org tgl. 10–13, 18–20 Uhr; Gottesdienste So 12, 13 und 19.30, sonst 12 und 19.30 Uhr frei Opéra

37 Jardines de Sabatini

Diese Parkanlage erstreckt sich unterhalb der Nordfassade des Königspalastes. Kiefernbestände, fein zurechtgeschnittene Hecken, kleine Wege und ein zentrales, längliches Teichbecken prägen sie. Viele Bänke laden zu einer Auszeit im Grünen ein. Skulpturen stellen Könige aus Spaniens Geschichte dar, z. B. Ferdinand III., den Heiligen, Philipp II. und Isabella I. von Kastilien in herrschaftlichen Posen. Historische Vorläufer der Gärten waren im 18. Jh. die königlichen Stallungen *(Caballerizas Reales)*, die Unterstand für zahlreiche Kutschen, Pferde und Maultiere boten. Dabei hatten die von König Karl III. beauftragten italienischen Architekten, zunächst Juan Bautista Sachetti (1690–1764) und danach der Namensgeber des jetzigen Parks, Francesco Sabatini (1722–1797), genau an dieser Stelle schon längst eine Gartenanlage im Sinn gehabt. Sabatini war aber auf königliches Geheiß angehalten, die Stallungen zu planen, die dann in den 1930er-Jahren abgerissen wurden. Das Gelände ging in den Besitz der Stadt über, die nun einen Park anlegen ließ. So wurde Sabatinis Ursprungsidee schließlich doch noch Wirklichkeit, vorangetrieben vom Stadtarchitekten Fernando García Mercadal. Nach Unterbrechung der Arbeiten durch den Spanischen Bürgerkrieg (1936–1939) wurden die Sabatini-Gärten im Jahr 1950 fertig.

187 D5 Calle de Bailén (Treppe am Ende der Plaza de Oriente), weiterer Zugang ab der Cuesta de San Vicente tgl. 9–21 Uhr frei Ópera, Plaza de España

38 Plaza de España

Mit seinen knorrigen Olivenbäumen bringt der Platz ein wenig Grün ins Stadtbild. Hinzu kommen ein großes Bassin mit Springbrunnen sowie ein Cervantes-Denkmal, zu dessen Füßen seine beiden berühmtesten literarischen Erfindungen, Don Quijote und Sancho Panza, ein beliebtes Fotomotiv abgeben. Die Plaza de España ist Start- bzw. Endpunkt der Gran Vía. An ihren Seiten fließt der Verkehr vorbei, aber es lohnt sich trotzdem, eine Pause auf einer Bank einzulegen. Dabei haben Sie zwei Hochhäuser im Blick, die seit den 1950er-Jahren die Madrider Skyline dominieren: das Edificio de España (117 m) und die Torre de Madrid (142 m). Zudem liegen in der Nähe der Plaza de España zwei Adressen für Kunstliebhaber: der Palacio de Liria, ein prachtvolles historisches Haus der Herzöge von Alba mit vielen Gemälden bedeutender Maler wie El Greco, Peter Paul Rubens und Francisco de Goya, sowie das Museo de Arte Contemporáneo. Letzteres ist ein kleines Museum für Zeitgenössische Kunst, in dem über Exponate aus dem Sammlungsfundus hinaus auch das Büro des Madrider Dichters Ramón Gómez de la Serna (1888–1963) wie ein »Museum im Museum« präsentiert wird. Gómez de la Serna verdanken wir auch zeitlose Weisheiten wie diese: »Madrid bedeutet, nichts anderes sein zu wollen, als das, was man ist.«

187 E5 Plaza de España
Palacio de Liria
Calle Princesa 20 Tel. 915 48 15 50
www.fundacioncasadealba.com
Plaza de España, Ventura Rodríguez
Museo de Arte Contemporáneo
Calle Conde Duque 9-11 Ventura Rodríguez, Noviciado

39 Jardines del Campo del Moro

Der Name (Campo del Moro bedeutet »Lager des Mauren«) erinnert daran, dass an eben dieser Stelle im Jahr 1109 ein von Ali Ben Yusuf (1084–1143) angeführtes Maurenheer lagerte, um das zuvor in Christenhände gefallene Madrid zurückzuerobern. Im Blick hatten die Angreifer die oberhalb liegende Burg, einen fernen Vorgänger des Königspalasts. Gleich nach dem Parkzugang haben Sie in gerader Linie einen wunderbaren Blick auf den Palast, auf den weite Wiesen zulaufen, die *Praderas del Vistas del Sol*. Im 17. Jh. diente das Gelände unter den Königen Philipp III. und Philipp IV. als Schauplatz für Feierlichkeiten, im 19. Jh. wurde es in einen romantischen Park verwandelt, der seit 1978 öffentlich zugänglich ist. Dafür sorgte der vormalige König Juan Carlos I., dem im Park eine Büstenskulptur gewidmet ist. Unterhalb des Eingangs blickt man auf eine Übersichtskarte. Der Streifzug führt über Wege und Pfade an einen Ententeich (*Estanque de Carruajes*), an den Muschelbrunnen (*Fuente de las Conchas*) und in den Rosengarten (*Rosaleda*). Das Gelände steigt leicht an, vereinzelte Palmen- und Bambusgewächse geben dem Ganzen eine exotische Note.

186/187 C/D4 Paseo de la Virgen del Puerto · Okt.–März tgl. 10–18, April–Sept. tgl. 10–20 Uhr · frei · Príncipe Pío

40 Museo Cerralbo

Benannt ist das Museum nach dem 17. Markgrafen von Cerralbo, Enrique de Aguilera y Gamboa (1845 bis 1922), der sich politisch und wissenschaftlich betätigte und eine ausgeprägte Sammelleidenschaft pflegte. Bei einem Rundgang durch den in verschwenderischem Prunk ausgestatteten Stadtpalast fällt der Blick auf Werke von Meistern wie Tintoretto, Francisco de Zurbarán und Alonso Cano. Zur Sammlung zählen aber auch Ritterrüstungen und Waffen, eine Rokoko-Sänfte, Öllämpchen und vieles andere mehr.

185 D2 Calle de Ventura Rodríguez 17 · 915 47 36 46 · www.mecd.gob.es/mcerralbo · Di–Sa 9.30–15, Do auch 17–20, So 10–15 Uhr · 3 €, Do 17–20, Sa 14–15, So 10–15 Uhr · frei · Plaza de España, Ventura Rodríguez

Im Treppenhaus des Museo Cerralbo.

41 Templo de Debod

Dieses Original eines ägyptischen Tempels (2. Jh. v. Chr.) erhebt sich an den von Wassergärten begrenzten Ausläufern des Parque del Oeste. Ursprünglich war er dem Gott Amun geweiht, nun steht er symbolisch für den Dank Ägyptens an Spanien, das sich in den 1960er-Jahren bei der Rettungsaktion des durch den Bau des Assuan-Staudamms bedrohten Felsentempels Abu Simbel engagierte. An seinem ägyptischen Ursprungsort Block für Block abgebaut, erlebte der unter König Adikhalamani errichtete Tempel in Madrid seine Wiederaufstehung.

184 C2 Calle Ferraz s/n, Jardines del Templo de Debod http://templodedebod.memoriademadrid.es
Di–So 10–20 Uhr frei
Plaza de España, Ventura Rodríguez

42 Teleférico

Das ist der schönste Schwebeflug, den Sie in Madrid erleben können: eine Fahrt mit der Seilbahn *(Teleférico)* vom Parque del Oeste hinüber in den großen Stadtpark Casa de Campo. Die einfache Strecke misst 2457 m, dafür brauchen die Gondeln ungefähr elf Minuten. Lautlos gleiten sie in Höhen von bis zu 40 m voran. Die Reise führt Sie im ersten Teil über das Grün des Parque del Oeste, Schienenstränge, Häuser, die Ermita de San Antonio de la Florida, den Río Manzanares, die zum Flusspark Madrid Río gehörigen Flussuferzonen und die Stadtumgehung M-30, während Sie im Hintergrund den Königspalast, die Kathedrale und die Basilika San Francisco el Grande im Blick haben. Dann wird es unter Ihnen so richtig grün: Der Stadtpark Casa de Campo ist durch-

Kein Nachbau, sondern ein Geschenk Ägyptens an Spanien: der Templo de Debod.

setzt von Kiefern, Sträuchern, breiteren Erdwegen und schmaleren Pfaden. An der Gondelwendestation können Sie aussteigen und ein wenig über Kiefernadelboden streifen, ehe Sie wieder an Bord gehen: Auch die Fahrt in der Gegenrichtung hat ihren Reiz – kaufen Sie sich am besten das vergünstigte Rückfahrticket.

184 B3 ✉ Paseo del Pintor Rosales
🌐 http://telefericomadrid.es
🕐 tgl. 11–18 Uhr (Fahrzeiten wechseln je nach Jahreszeit und Wetter, siehe Website) Erw. einfach 4,50 €, hin und zurück 6 €, Kinder 4-12 Jahre 4 € einfach, hin und zurück 5 €
Argüelles, Ventura Rodríguez

43 Faro de Moncloa

Im gläsernen Außenaufzug schießen Sie in 50 Sekunden hinauf auf den 110 m hohen Moncloa-Turm. Die Pläne dafür zeichnete der Architekt Salvador Pérez Arroyo, eröffnet wurde der Sendeturm 1992, als Madrid Europäische Kulturhauptstadt war. Vom geschlossenen, rundherum verglasten Aussichtsdeck *(mirador)* auf 92 m haben Sie einen fantastischen Panoramablick. An klaren Tagen können Sie bis zu 100 km weit blicken. Gut zu erkennen sind in Richtung Nordwesten die Bergrücken der Sierra de Guadarrama, die sich mit dem Cabeza de Hierro Mayor annähernd 2400 m hoch aufbuckeln.

Zu einem intensiven Streifzug durch die Völkerkunde Amerikas animiert das zu Fuß keine fünf Minuten in nördlicher Richtung entfernte Museo de América: Die Einteilung in große Themenbereiche wie Gesellschaft, Religion und Wirklichkeit ist Stärke und Schwäche zugleich – denn bei den Kulturen und in der Chronologie geht es quer durcheinander. Ein Highlight ist der Goldschatz aus der präkolumbischen Quimbaya-Kultur. Der Schwerpunkt liegt auf den Ländern Lateinamerikas; eine kritische Auseinandersetzung mit Spaniens eigener Kolonialgeschichte, die für die Ausrottung ganzer Völker und Kulturen verantwortlich zeichnete, erwartet man leider vergeblich.

Futuristisch: Aussichtsdeck des Faro de Moncola.

184 B5
Faro de Moncloa ✉ Arco de la Victoria 2
☎ 915 50 12 51 🌐 www.esmadrid.com/faro-de-moncloa 🕐 Di–So 10–20 Uhr (letzte Auffahrt um 19.30 Uhr)
3 € Moncloa
Museo de América ✉ Avenida de los Reyes Católicos 6 🌐 www.mecd.gob.es/museodeamerica 🕐 Di–Sa 9.30–15, Do bis 19, So 10–15 Uhr 3 €; Do ab 14 Uhr und So frei

Wohin zum … Essen und Trinken?

Preise für ein Essen (z.B. ein Tages-/Hausmenü, im Regelfall inkl. Getränk):

€	unter 15 €
€€	15–25 €
€€€	über 25 €

Café de la Opéra €€–€€€
Für den schnellen Hunger und Aufenthalt eignet sich die Cafeteria-Gastrobar, für einen längeren Stopp das Restaurant. Traditionelle Besonderheit ist das »gesungene Abendessen« *(cena cantada)*, bei dem das Restaurant zur Bühne wird und stimmgewaltige Künstler ihr Bestes geben.
187 E4 Calle Arrieta 6 915 42 63 82 www.elcafedelaopera.com Cafeteria-Gastrobar tgl. 8–24, Restaurant 13.30–16, 20–23, »gesungenes Abendessen« 21.30 bis 24 Uhr Ópera

Casa Ciriaco €€
Nicht weit von der Kathedrale serviert das über hundertjährige Traditionsrestaurant als Spezialität Huhn in Wein- und Mandelsauce *(gallina en pepitoria)*. Zu empfehlen ist auch das Menü.
187 E3 Calle Mayor 84 915 48 06 20 Mo/Di, Do–So 13–16, 20–24 Uhr, im Aug. geschl. Ópera

Casa Mingo €
Die Einkehr in dieser rustikalen asturischen Taverne lässt sich gut mit einem Besuch der Ermita de San Antonio de la Florida verbinden. Spezialität sind Hähnchen und Cidre, den die Madrider gern in Mengen bestellen. Es gibt eine Terrasse, aber drinnen haben Sie mehr vom Ambiente.
184 A2 Paseo de la Florida 34 www.casamingo.es 915 47 79 18 tgl. 11–0 Uhr Príncipe Pío

La Gastroteca de Santiago €–€€
Einfach, modern und einladend: Hier trifft man sich gern, um ein paar Drinks und Häppchen zu sich zu nehmen. Für die wärmere Jahreszeit gibt es eine Terrasse.
197 E3 Plaza de Santiago 1 915 48 07 07 Facebook-Seite Di–Sa 13.30–23, So 13.30–16 Uhr Ópera

La Taberna del Alabardero €€€
In gediegener Atmosphäre kosten Sie typische Gerichte wie geschmorten Stierschwanz *(rabo de toro)* und baskische Spezialitäten wie Tintenfische in der eigenen Tinte auf cremigem Reis *(chipirones en su tinta sobre arroz cremoso)*. Hier haben es sich schon viele Literaten, Toreros und Politiker schmecken lassen. Das gehobene Preisniveau entspricht dem vornehmen Ambiente und der Lage.
187 E4 Calle Felipe V. 6 915 47 25 77 www.alabarderomadrid.es tgl. 12–23.30 Uhr Ópera

La Traviata €–€€
Eine solide Zwischenstation in der Fußgängerzone beim Teatro Real. Hier können Sie kleinere Mahlzeiten und Salate zu sich nehmen oder auch ein Menü bestellen. Kundenfreundlich sind die durchgehenden Öffnungszeiten.
187 F4 Plaza de Isabel II. 2 915 59 70 23 tgl. 8–1 Uhr Ópera

Taberna La Cruzada €€€
Angeblich die »älteste Taverne Madrids«, gegründet 1827. Spezialität ist der traditionsgemäß in drei Gängen aufgetischte Kichererbseneintopf *(cocido madrileño)*. Früher war die Taverne ein Künstler- und Literatentreff, auch König Alfonso XII. kehrte gern hier ein.
187 E4 Calle de la Amnistía 8 658 32 05 77 (Handy) http://tabernalacruzada.es So/Mo/Di 12-18, Mi 12-24, Do-Sa 12-1 Uhr Ópera

Wohin zum … Einkaufen?

Zu den Shoppinghotspots zählen die Fußgängerzone **Calle del Arenal**, die an der **Plaza de Isabel II.** beginnt, und die verkehrsreiche **Calle de la Princesa**.

GITARREN UND FLAMENCO

Nahe der Plaza de Isabel II. führen verästelte Gassen zu kleinen Entdeckungen wie der Guitarrería Mariano Conde (Ecke Calle de la Amnistía/Calle del Espejo, Tel. 915 21 81 55, www.marianoconde.com, Mo–Fr 9.30–14 u. 17–20, Sa 10–14 Uhr, Metro: Ópera. Diese Gitarrenbauerwerkstatt blickt auf eine über hundertjährige Tradition zurück.
Um musikalische Traditionen Spaniens geht es auch bei El Flamenco Vive (Calle Conde de Lemos 7, Tel. 915 47 39 17, Mo–Fr 10–14 und 17–20.30, Sa 10–14 Uhr, www.elflamencovive.com).

MODE UND KAUFHÄUSER

Die Calle de la Princesa ist zwar keine Fußgängerzone, aber hier finden Sie Filialen namhafter Modeketten sowie das Großkaufhaus El Corte Inglés (Calle de la Princesa 41, 47 und 56, www.el corteingles.es). Relevant für Shoppingfans ist auch die Calle Alberto Aguilera, die mitten im Viertel Argüelles (Metro: Argüelles) von der Calle de la Princesa abzweigt. In den unteren Stadtbereichen Richtung Fluss Manzanares liegt das im renovierten Bahnhofsgebäude der Estación de Trenes del Norte aus dem 19. Jh. eingerichte Centro Comercial Príncipe Pío (Paseo de la Florida 2, http://prin cipe-pio.klepierre.es Mo–Sa 10–22, So 11–22 Uhr: Metro: Príncipe Pío) mit ca. 110 Geschäften.

Wohin zum ... Ausgehen?

KULTUR

Höchste Ansprüche erfüllen die Aufführungen im Teatro Real (Plaza de Oriente/Plaza de Isabel II., Tel. 915 16 06 60, www.teatro-real.com). Das Kulturzentrum Conde Duque (Calle Conde Duque 11, Tel. 913 18 47 00, http://condeduquemadrid.es; Metro: Ventura Rodríguez, Noviciado) mag mit seiner Architektur als einstige Kaserne eher abschrecken, bietet dafür aber ein buntes Kulturprogramm, u. a. Theater, Konzerte, Kino und Tanzvorführungen. Immer wieder neue, authentische Flamencoshows können Sie sich im Tablao Flamenco Las Tablas (Plaza de España 9, Tel. 915 42 05 20, tgl. 20 und 22 Uhr, www.lastablasmadrid.com; Metro: Plaza de España) anschauen.

NACHTLEBEN

Im Viertel Argüelles setzt der Dance Club The Host Club (Calle Ferraz 38, www.thehostclub.es; Metro: Ventura Rodríguez) ganz auf Latino-Rhythmen. Ganz unterschiedliche Live-Acts bieten die Salas Pirandello (Calle de Ventura Rodríguez 7, www.salapirandello.com). Im Índalo (Calle de la Princesa 5, http://indalotapas.com) treffen sich überwiegend junge Leute zu Tapas und Bier.

KINO

Filme in Originalversion (span. Untertitel) können Sie sich in den Cines Renoir Plaza España (Calle Martín de los Heros 12, www.cinesrenoir.com) ebenso anschauen wie in den Cines Golem (Calle Martín de los Heros 14, www.golem.es, Metro: Plaza de España), Sala Berlanga (Calle Andrés Mellado 53, www.salaberlanga.com) und den Cines Princesa (Calle Princesa 5; Metro: Plaza de España, Ventura Rodríguez). Etwas abgelegener, aber ebenfalls beliebt ist die Sala Berlanga (Calle Andrés Mellado 53, www.salaberlanga.com; Metro: Argüelles, Islas Filipinas).

AKTIVITÄTEN IM FREIEN

Mit Segway-Touren diverser Anbieter (z. B. http://madrid-segway.com und http://segwaytrip.com) können Sie an Sehenswürdigkeiten der City vorbeirollen. Im Sommer, wenn die Temperaturen klettern, ist es Zeit für eine Erfrischung in Madrids Freibädern, z.B. in der Piscina Lago (Paseo Puerta del Ángel 7, Tel. 91 463 00 50, im Sommer tgl. 11–20.30 Uhr; Metro: Lago) im Centro Deportivo Municipal, das auch über ein Hallenbad mit olympischen Maßen verfügt und zudem ein Becken für Kinder bietet.

Südlich der City

Tauchen Sie ein in den bunten Sonntagstrubel auf dem Megamarkt Rastro, in authentisch gebliebene Viertel wie La Latina und Lavapiés, in den Flusspark Madrid Río.

Seite 126–145

Spektakulär: Puente de Arganzuela des französischen Architekten Dominique Perrault im Flusspark Madrid Río.

Erste Orientierung

Zu Fuß ist es nicht weit von den großen Touristenzielen der City in die südlichen Kernviertel La Latina und Lavapiés, die sich durch ihre ebenso polyglotte wie volkstümliche Atmosphäre auszeichnen. Weiter südlich lernen Sie die Hauptstadt von ihren schönsten Flussseiten kennen.

Provinziell und beschaulich kann es in La Latina und Lavapiés zugehen, aber auch laut und lebhaft. Hier herrscht Multikulti, hier ballen sich Kneipen und Restaurants, hier kehren viele Madrider selbst gern ein. Sonntags müssen sich die Einheimischen den Platz allerdings mit den Besuchermassen teilen: auf dem Rastro, dem gigantischen Allerlei- und Trödelmarkt. Zwischen spanischer Morgenstunde und später Mittagszeit versetzt der Rastro das Viertel La Latina in einen Ausnahmezustand. An anderen Tagen geht es ruhiger zu, und Sie können in Gassengeflechten sowie auf Plätzen wie der Plaza de la Paja und der Plaza de San Andrés Atmosphäre schnuppern. Westlich dehnt sich das Viertel La Latina bis zur Calle de Bailén und zur Plaza de San Francisco aus. Dahinter erhebt sich mit der Real Basílica de San Francisco el Grande ein gewaltiges Gotteshaus, das mit einigen überraschenden Kunstschätzen aufwartet. Die letzten Ausläufer der Viertel La Latina und Lavapiés enden an den verkehrsreichen Umgehungsstraßen Ronda de Toledo und Ronda de Atocha. Weiter in Richtung Süden wird es dann im Flussuferpark Madrid Río mit den Wegen durchs Grün, diversen Brücken und dem Kulturzentrum Matadero noch einmal richtig spannend.

TOP 10

9 ★★ El Rastro

Nicht verpassen!

44 Real Basílica San Francisco el Grande
45 Madrid Río

Nach Lust und Laune!

46 Real Colegiata de San Isidro
47 La Latina
48 Museo de San Isidro/ Museo de los Orígenes
49 Lavapiés
50 Matadero

Museo de San Isidro/
Museo de los Orígenes
48
47 La Latina
46
Real Colegiata
de San Isidro
Tirso de
Molina
Calle de Bailén
C. Don Pedro
C. Cava Baja
C. Cava Alta
C. Duque de Alba
Pl. Puerta
de Moros
La Latina
Plaza de
Cascorro
C. Tabernillas
C. Humilladero
C. Mesón de Paredes
C. Jesús y María
C. Ave María
C. Zurita
44
Pl. San
Francisco
Real Basílica
San Francisco
el Grande
9
El Rastro
C. Embajadores
C. Amparo
Lavapiés
49
Gran Vía de
San Francisco
C. Mira el
Río Alta
C. Ribera de Curtidores
EMBAJADORES
Calle
Argumosa
Ronda de Segovia
C. Arganzuela
Lavapiés
Puerta
de Toledo
Pl.
Campillo
Mundo Nuevo
C. Mira el Sol
C. del Casino
C. Doctor
Fourquet
Glorieta
Puerta de Toledo
Ronda de Toledo
Ronda
de Valencia
Paseo de
los Pontones
Jardín del
Rastro
Glorieta
de Embajadores
Plaza
Francisco
Morano
Calle de Toledo
Paseo de los Olmos
C. Gasómetro
Embajadores
C. Bernardino Obregón
las Acacias
C. del Laurel
C. de Peñuelas
C. Sebastián Elcano
C. Martín de Vargas
C. Ercilla
Calle de Embajadores
Paseo Imperial
Plaza de
Ortega y
Munilla
Acacias
Pirámides
Pirámides
Paseo de
Paseo del Dr. Vallejo Nágara
Glorieta
de las
Pirámides
Glorieta de
Santa María
de la Cabeza
ARGANZUELA
Parque
de
Peñuelas
Paseo de la Esperanza
200 m
200 yd
M-30
M-30
Madrid
45 Río
Marqués
de Vadillo
Paseo de Yeserías
C. de Arganda
Paseo de Santa María
de la Cabeza
C. de Fernando Póo
Parque
de la
Arganzuela
Calle de Antonio López
Avenida
del
Manzanares
Río Manzanares
Puente de Praga
Paseo de la Chopera
M-30
M-30
Matadero
50

Mein Tag im alternativen Leben der Stadt

Lust auf alternative Viertel? Dann ab in die Stadtteile Lavapiés und La Latina! Im Flusspark Madrid Río werden Sie mit dem Leihfahrrad Teil der hauptstädtischen Fitnessgemeinschaft. Abends ist dann das Kulturzentrum Matadero eine gute Adresse für antimainstreamige Events.

10 Uhr: Ab in die Szene(n)

Gehen Sie einem gänzlich anderen, polyglotten, bodenständigen, teils ländlichen Stück Madrid auf den Grund. Fahren Sie bis zur Metrostation 49 Lavapiés – und schon stecken Sie mittendrin. Ab der Plaza de Lavapiés ist es nicht weit bis zu einem typischen Platz, der Plaza de la Corrala, und dem charakteristischen Viertelsmarkt, dem Mercado de San Fernando in der Calle Embajadores 41 (Mo–Do 9–21, Fr 9–23, So 11–17 Uhr; www.mercadodesanfernando.es). Wenn Sie der Calle Embajadores folgen und mal durch die Seitengassen schlendern, sehen Sie, wie bescheiden die Madrider und die vielen Zugezogenen hier leben.

11 Uhr: Andere Stimmen, andere Räume

Schnittstelle in die Nachbarviertel Embajadores und 47 La Latina ist die Calle de la Ribera de los Curtidores, die hochführt zur Plaza de Cascorro. Hier sind sonntags viele auf dem gigantischen Floh- und Allerleimarkt 9 ★★ El Rastro. Das ist keine Touristenshow, sondern authentisch. Driften Sie ab auf die Plaza de la Cebada, einen Viertelsplatz

11 Uhr: Andere Stimmen, andere Räume

10 Uhr: Ab in die Szene(n)

19 Uhr: Alternativkultur genießen

Oben: Mittendrin, statt nur dabei – in Lavapies.
Rechts: authentisches Markttreiben (El Rastro).

in La Latina, um den das Leben pulsiert. Passend dazu: der Mercado de la Cebada (Mo–Fr 9–14 und 17.30 bis 20.30, Sa 9–15 Uhr). Machen Sie sich an den Ständen selbst ein Bild, was die Locals gerne einkaufen. Oder kosten Sie ein paar Tapas. Das ist ein guter Spot für eine kleine Pause. Es gibt Stimmen, die dem nostalgischen Markt ein Facelifting wünschen – doch damit würde die Authentizität sicher schwinden. Ruhiger zu geht es auf der freundlichen Plaza de la Paja. Folgen Sie den Spuren des Stadtheiligen San Isidro Labrador, der bis heute hoch verehrt wird: im 48 Museo de San Isidro/ Museo de los Orígenes (Mo. geschl.) neben der Kirche San Andrés. Ein Kurzabstieg führt im Museum zum Pozo del Milagro, dem »Wunderbrunnen«. Dort, so sagt man, rettete einst der Heilige seinen Sohn vor dem Ertrinken. Das Kind war hineingefallen, aber dank göttlicher Hilfe konnte Isidro das Wasser bis zum Rand des Brunnens ansteigen lassen – und den Kleinen wohlbehalten herausfischen.

14 Uhr: Einkehr am Mittag

Gleich vor dem Museo de San Isidro/Museo de los Orígenes liegt die Plaza de San Andrés, wo die Cervecería San Andrés ansprechende Terrassenplätze bietet. Sollte es hier zu voll sein, finden Sie weitere Möglichkeiten zur Einkehr ein Stückchen weiter an der Plaza del Humilladero – oder wieder an der Plaza de la Cebada. Lassen Sie sich zum Mittagessen nieder.

Unterwegs im schönsten Teil des Flussuferparks Madrid Río.

16 Uhr: Eine Tour durch den Flussuferpark

Per Metro geht's zur Station Legazpi, dann ein kleines Stück zu Fuß zum Kulturzentrum 50 Matadero, das einst ein gewaltiges Schlachthofgelände war. Leihen Sie sich dort bei Mobeo (Di–So 11–14.30 und 15 bis 20.30 Uhr, Tel. 911 13 80 19, www.mobeo.es) ein Rad aus; das kostet 6 Euro für die erste Stunde, jede weitere Stunde kostet 3 Euro. Starten Sie eine Tour durch den wunderschönen Flussuferpark 45 Madrid Río, der sich am Río Manzanares weit nach Westen ausdehnt. Nehmen Sie sich genügend Zeit im Grünen, zum Beispiel für Fotostopps an den Brücken und vor gepflegten Blumenbeeten, aber auch für einen Drink zwischendurch. Je nach Lust und Energie schaffen Sie es bis zur Puente del Rey, einer markanten Brücke unterhalb der Jardines del Campo del Moro. Ab dort können Sie sogar noch eine Runde durch den Park Casa de Campo einlegen. Warum nicht, wenn Sie mal auf Achse sind?

19 Uhr: Alternativkultur genießen

Verschnaufen Sie nach der Rückgabe Ihres Bikes in der Cantina, im Café oder auf der sommerlichen Terrassenbar im Matadero. Danach sind Sie bestens gestärkt für Alternativkultur im ehemaligen Schlachthof, so wie sie auch die Madrider schätzen. Ob Kino, Ausstellung, Konzert oder Theater: Schauen Sie einfach, was Sie am meisten anspricht.

❾ ★★ El Rastro

Warum?	Einer der größten Floh- und Allerleimärkte Spaniens
Was?	Authentisches Markttreiben
Wie lange?	Mindestens eine Stunde
Wann?	Sonntagvormittags bis zur spanischen Mittagszeit
Was noch?	Eine kleine Einkehr gehört zum Bummel unbedingt dazu

»Auf zum Rastro!« sagen viele Hauptstädter, wenn sie sich am Sonntagvormittag auf den Weg machen: Der Markt ist ein echter Wirtschaftsmotor für Klein- und Kleinsthändler. Seine Geschichte reicht über 400 Jahre zurück.

Gehen Sie von der Metrostation La Latina in Richtung Calle de las Maldonadas. So erreichen Sie bald die Rastro-Hauptachse Calle de la Ribera de los Curtidores.

Weitläufig erstreckt sich der Rastro in den Vierteln Embajadores und La Latina um Plätze wie die Plaza del General Vara de Rey und in Straßen wie der Calle de la Ribera de los Curtidores. Das Wort *Curtidores* erinnert an die Gerber, die dort einst ihrem Geschäft nachgingen. Und der spanische Name »Rastro« bedeutet »Spur«, was für all die Blutspuren steht, die in diesen Stadtbereichen von den Resten des geschlachteten Viehs stammten, die vom Hauptschlachthof (Matadero) zu den Gerbereien geschafft wurden. Heute strömen hier Madrider und Besucher von auswärts zusammen. Es geht darum, die Stimmung zu erleben und Kuriositäten zu bestaunen. Das Ganze ist ein gesellschaftliches Freiluftereignis aus Kauflust und Neugier, das auch Straßenkünstler, Live-Musiker und Poeten anzieht, die spontane Auftragsgedichte auf Schreibmaschinenpapier klappern.

Ramsch und Raritäten

Die Auswahl auf dem Rastro ist enorm. Lauthals preisen Ausrufer ihre Waren zu Tiefstpreisen an, handgeschriebene Pappschilder weisen das »Megaangebot des Tages für 2 Euro« aus. Bei manchen Dumpingpreisen drängt sich der Gedanke auf, dass nicht alles aus streng kontrollierten Quellen stammen dürfte. Hans Magnus Enzensberger sah bei seinem Rastro-Bummel in den 1980er-Jahren eine Riesenauswahl an Dietrichen und befand, innerhalb von fünf Minuten lasse sich hier eine Heavy-Metal-Ausrüstung und eine Krokodil-

Kitsch, Kuriositäten und Liebhaberstücke locken Nostalgiker und Sammler immer wieder auf den Rastro, der auch eine Fundgrube für Gemälde, Stoffe, Antikes und Dekoratives ist. Und nicht zuletzt gibt es auch Kulinarisches zu entdecken.

haut aus dem Besitz der Herzogin von Marlborough erstehen. Was in seinem Fazit gipfelte: »Hier ist Europa zu Ende.« Inzwischen haben sich die Zeiten geändert. Der Markt aber ist so bunt und quicklebendig wie eh und je.

KLEINE PAUSE

In der winzigen, oft sehr vollen **Bar Santurce** (Plaza del General Vara de Rey 14, www.bar santurce.com (So 9–16 Uhr) gibt's Calamares und gegrillte Sardinen (*sardinas asadas*).

---

187 F1/2
um die Calle de la Ribera de los Curtidores, Plaza de Cascorro, Calle de las Amazonas, Plaza del General Vara de Rey und Calle de Carlos Arniches bis hinunter zur großen Straße Ronda de Toledo
So ca. 9–14.30 Uhr und an manchen Feiertagen La Latina, Puerta de Toledo, Embajadores

44 Real Basílica San Franciso el Grande

Warum?	Einer der beeindruckendsten Sakralbauten Madrids
Was?	Sehen & staunen: über das kuppelüberspannte Interieur
Wie lange?	Etwa eine Stunde
Wann?	Am besten am frühen Nachmittag
Was noch?	Nur bei einer Führung kommen Sie in die inneren Säle

Die von einer imposanten Kuppel überspannte Basilika ist dem heiligen Franz von Assisi geweiht. Innen sind wertvolle Gemälde zu bewundern, vor allem von Goya und Zurbarán.

Im angegliederten Kloster der Franziskaner lebten im 18. Jh. bis zu 220 Mönche, heute sind es nur noch einige wenige.

Schon für das 13. Jh. sind an dieser Stelle eine Franziskanerkirche und ein -kloster verbürgt, doch davon ist nichts geblieben. Für den heutigen Bau im 18. Jh. zeichneten zunächst Francisco de las Cabezas und Antonio Polo verantwortlich, 1784 vollendete der damalige Stararchitekt Francesco Sabatini das Ganze. Die weithin sichtbare, mit Fresken ausgemalte Kuppel überspannt den Innenraum in einem Durchmesser von 33 m. Zwischen dem Boden und dem obersten Punkt der Kuppel liegen 56 m.

Übermannsgroße Apostelfiguren aus Carrara-Marmor erheben sich an den Zugängen zu den reich dekorierten Kapellen. Besondere Beachtung verdient die erste Kapelle, die Sie vom Eingang aus mit Blick zum Altarraum auf der linken Seite finden. Das Großgemälde in dieser Kapelle zeigt den heiligen Bernhardin von Siena bei einer Predigt vor Aragoniens König Alfons V. Der Maler Francisco de Goya schmuggelte am rechten Rand sein Selbstporträt mit auf das Bild. Er trägt eine Art goldgelbe Weste, hat ein wohlgenährtes Gesicht und schaut aus dem Bild heraus zum Betrachter.

In weiteren Kapellen sehen Sie u.a. ein Riesengemälde des Apostels Jakobus als Maurentöter *(Santiago Matamoros)* und ein kleines Marienbildnis, das man »Unsere Liebe Frau vom Vergessen« *(Nuestra Señora del Olvido)* genannt hat. Grund: Die Skulptur wurde auf wundersame Weise von den Franziskanern in einem Wandstück wiederentdeckt, so heißt es.

Buntglasfenster und Fresken versetzen den Betrachter der Kuppel in himmlische Sphären.

Hinter den Kulissen

Auch wenn die Führungen nur auf Spanisch sind, sollten Sie sich einer anschließen – nur so bekommen Sie Zutritt zu den inneren Sälen *(Salas Interiores)* hinter dem Altarbereich. Diverse Gemälde von Mitgliedern der Kunstakademie San Fernando stellen Szenen aus dem Leben des Franz von Assisi dar. Dann geht es in die Vor- und die Hauptsakristei sowie in den Kapitelsaal mit zwei Gemälden von Alonso Cano und einem von Francisco de Zurbarán.

KLEINE PAUSE

Für eine Einkehr überqueren Sie am besten die Straße vor der Basilika und gehen ins Viertel La Latina. Nach ein paar Minuten erreichen Sie die Costanilla de San Andrés und die **Café-Bar Delic** in Hausnummer 14. Alternativ eignen sich zwei nette Plätze, die **Plaza de la Paja** und die **Plaza de San Andrés**, für einen Drink oder Snack.

✈ 187 D2 ✉ Plaza San Francisco s/n ☎ 913 65 38 00 ◑ Di–Sa 10.30–12.30, 16–18, im Juli/Aug. Di–Sa 10.30 bis 12.30, 17–19 Uhr, So nur Messen ✦ 3 € (mit Führung) Ⓜ La Latina, Puerta de Toledo

45 Madrid Río

Warum?	Savoir-vivre vor den Toren der Stadt
Was?	Ein stadtplanerisches Vorzeigeprojekt des 21. Jh.s
Wie lange?	So lange Sie wollen
Wann?	Immer, aber im Sommer sollten Sie die Mittagshitze meiden
Was noch?	Madrid Río ist auch ein gutes Terrain für Jogger und Radler

Die Anlage des Landschaftsparks am Río Manzanares hat die Lebensqualität der Madrider merklich gesteigert. Davon profitieren auch Besucher, die ein wenig Abstand von der urbanen Hektik bekommen wollen.

Der gerade einmal 92 km lange Río Manzanares entspringt auf einer Höhe von über 2000 m in der Sierra de Guadarrama, wird kurz vor der Madrider Stadtgrenze durch die Presa de El Pardo aufgestaut und verläuft eingefasst durch das Stadtgebiet.

Mit dem Megaprojekt »Madrid Río« bewiesen Madrids Stadtplaner visionäre Kraft und leisteten ganze Arbeit: Teile der Stadtumgehung M-30 wurden unter die Erde verlegt, oberirdisch entstanden über viele Kilometer Promenaden und Grünflächen. Betroffen von den Umbau- und Umgestaltungsmaßnahmen war eine Fläche von insgesamt über 1,2 Mio. m^2; 211 000 m^2 davon sind neue Wiesenzonen, auf denen bis zur Eröffnung im Jahr 2011 mehr als 33 000 Bäume und 470 000 Sträucher sowie andere Gewächse gepflanzt wurden. Mit Erfolg: An manchen Stellen duftet es wunderbar nach Kiefern und Lavendel, bringen Blumenbeete Farbe ins Leben, fühlt man sich der Hauptstadt wohlig entrückt – und bleibt ihr doch ganz nah.

Naherholung: Flusspromenaden und moderne Brücken

Im Wasser tummeln sich Enten und mitunter Möwen. An Land des Flussparks sind Jogger, Spaziergänger, Radler, Kinderwagenschieber und Segwayfahrer unterwegs. Auf Fußgängerüberwegen lässt sich die Flussseite wechseln, Kiefern spenden Schatten. Der Nachwuchs kann sich auf diversen Klettergerüsten und an Ziplines (*tirolinas*) austoben. Es gibt viel Platz, auch für Inlineskater und Skateboarder.

Der für viele Madrider schönste Teil des Flusspromenadenparks erstreckt sich im Südteil der Stadt zwischen zwei Brücken (*puentes*): der großen Puente de Toledo (18. Jh., nächste Metrostationen Marqués de Vadillo und Pirámides),

Erfrischend anders

Breite Wege, gepflegte Wiesenflächen, duftende Kräuter, Blumenbeete, moderne Fußgängerbrücken: Madrid Río nimmt eine Sonderstellung unter den Grünanlagen der Hauptstadt ein, hier wird der »magische Moment« zur Daueraufnahme. Denn dieser Park ist so erfrischend anders, so entspannend. Hier kommt man hin, um abzuschalten, um zu spazieren, zu radeln, zu joggen und durchzuatmen. Dass der eigentliche Fluss, an dessen Ufer der Park verläuft, der Manzanares, eher kärglich dahinströmt, gerät dabei zur Nebensache.

über die nach wie vor der Fahrzeugverkehr rollt, und der kleinen, verkehrsfreien Puente del Matadero. Dazwischen liegen breite, ansprechende Grünanlagen, der sogenannte Strandbereich *(playa)* und mehrere Flussübergänge.

Ab der Puenta del Matadero ist es nicht weit bis zum gleichnamigen Kulturzentrum – ein schöner Ausklang in Ergänzung zur Natur. Die nächste Metrostation beim Matadero heißt Legazpi, gelegen an der Plaza de Legazpi.

Alternativ dazu kann, wer Lust und Kondition hat, dem Flusspark ab der Puente de Toledo auch flussaufwärts folgen, also in die andere Richtung. Fortan erreichen Sie weitere Brücken (Puente Verde en Y, Puente Oblicuo, Puente de Segovia) und die Esplanaden um die Puente del Rey, wo Sie zur Oberstadt mit der Kathedrale und dem Königspalast blicken. Ab der Puente del Rey sind Sie überdies rasch in der Casa de Campo – eine nahtlose Verbindung der Grüngürtel.

Stadt, Land, Fluss: Südöstlich von Madrid mündet der Río Manzanares in den Río Jarama, seinerseits ein Zufluss des Río Tajo.

KLEINE PAUSE

Über den Flusspromenadenpark verteilen sich mehrere Cafés mit einladenden Terrassen, darunter das **Café Playa** am Strandbereich Playa.

190 B/C2 ✉ Puente de Toledo 🚇 Marqués de Vadillo oder Pirámides oder Legazpi (in der Nähe vom Matadero)

Nach Lust und Laune!

46 Real Colegiata de San Isidro

Diese »königliche Stiftskirche«, ein um 1620 von dem Jesuiten Pedro Sánchez geplantes Projekt, trägt den Namen des Stadtpatrons San Isidro Labrador. Der Heilige liegt seit dem Jahr 1769 hier begraben, nachdem er mehrere Umbettungen über sich ergehen lassen musste. Zu jenen Zeiten war Madrids heutige Catedral de la Almudena noch nicht geweiht, die Real Colegiata de San Isidro diente als Hauptkirche. Bis heute sagt man, es handele sich um »Madrids sentimentale Kathedrale«. Sie liegt im Viertel La Latina an einer geschäftigen Straße, der Calle de Toledo, doch sobald Sie das Kircheninnere betreten, haben Sie Gelegenheit, in Ruhe die prachtvolle Barockausstattung im überkuppelten Kirchenraum und den Heiligenschrein des San Isidro Labrador im Altarraum zu betrachten.

187 F2/3 ✉ Calle de Toledo 37
http://congregacionsanisidro.org
tgl. 7.30–13, 18–21 Uhr, manchmal Änderungen ✦ frei
La Latina, Tirso de Molina

47 La Latina

Das Multikulti-Viertel La Latina zählt zur erweiterten Altstadt und ist bei den Einheimischen für seine kleinen Restaurants und Kneipen beliebt, z. B. in Straßen wie der Calle de la Cava Alta und der Calle de la Cava Baja. Lebhafte Straßenzüge und schmale Gassen, von denen einige ihren Ursprung im Mittelalter haben, wechseln sich mit typischen Plätzen wie der Plaza de la Paja und der Plaza de San Andrés ab. Lassen Sie sich ein wenig umhertreiben, um die Stimmung zu spüren.

Seit Jahrhunderten ist das Viertel mit einer besonderen Geschäftigkeit verbunden. Es lag außerhalb der historischen Stadtmauern, wo einst Händler mit ihren Waren und Agrarprodukten eintrafen. Die Plaza de la Cebada, an die das große Marktgebäude des Mercado de la Cebada grenzt, war seinerzeit als Open-Air-Markt bekannt. Sonntags drängen sich die Menschen hier auf dem Straßenmarkt Rastro um die Calle de la Ribera de los Curtidores, wo es zur Verschmelzung mit dem Viertel Embajadores kommt. Am Westrand der beiden Viertelsausläufer erhebt sich die Basílica San Francisco el Grande, während mittendrin in La Latina zwei andere Kirchen sakrale Akzente setzen, die Real Colegiata de San Isidro und die Iglesia de San Andrés. In einer Kapelle der barocken Iglesia de San Andrés war der heilige Isidor lange bestattet, bis er im 18. Jh. in die Real Colegiata de San Isidro überführt wurde. Das in Nachbarschaft der Iglesia de San Andrés in einem Renaissancepalast eingerichtete Museo de San Isidro/Museo de los Orígenes befindet sich laut Volksglauben an

Gemütliches Plätzchen mitten in La Latina: Café-Bar Delic (Costanilla de San Andrés 14).

jener Stelle, an der das Haus des San Isidro Labrador lag, in dem er lebte und starb.
La Latina ist etwa Mitte August Schauplatz eines populären Stadtteilfests: Fiestas de la Paloma. Bereits Anfang August steigt im Bereich von Embajadores/Rastro die Fiesta de San Cayetano.

187 E2 La Latina, Tirso de Molina

48 Museo de San Isidro/ Museo de los Orígenes

Zwei Sektionen im historischen Stadtpalais Palacio de los Condes de Paredes geben dieser Institution ihren Doppelnamen: Im Museo de San Isidro wird an den Stadtpatron San Isidro Labrador erinnert, im Museo de los Orígenes an die Ursprünge Madrids bis zurück in vorgeschichtliche Zeiten, als auf dem Gebiet der heutigen Stadt noch Mammuts lebten. Beide Sektionen sind überschaubar. Durchgänge führen in den restaurierten, glasüberdachten Renaissancehof des einstigen Palasts und in ein Hofgärtchen. In der Abteilung zu dem Stadtheiligen und seiner Frau Santa María de la Cabeza sind kleine Skulpturen, die Palastkapelle und der »Wunderbrunnen« *(Pozo del Milagro)* zu sehen, aus dem der heilige Isidor laut Überlieferung seinen Sohn rettete, indem er das Wasser ansteigen ließ.

187 E2 Plaza de San Andrés 2
913 66 74 15 Di–So 9.30–20, Mitte Juni–Mitte September Di–So 10–19 Uhr frei La Latina

49 Lavapiés

Willkommen in diesem Schmelztiegel der Kulturen und Traditionen: Ein guter Ausgangspunkt, um in die Gassen des Multikultiviertels auszuschwärmen, ist die Plaza de Lavapiés (Metro: Lavapiés). Falls Sie vom Stadtkern aus zu Fuß ankommen, bietet sich die lebhafte Plaza de Tirso de Molina als Einstiegspunkt für eine Erkundung an. Bis ins Spätmittelalter waren hier Juden ansässig, zu deren Rituale Fußwaschungen gehört haben sollen. Daher auch der Name Lavapiés – eine Ableitung von Fuß *(pies)* und waschen *(lavar)*. Der entsprechende Brunnen soll sich damals auf der Plaza de Lavapiés befunden haben.

Im Verlauf der Zeiten landeten zahlreiche Zuwanderer hier – heute sind nach offiziellen Angaben rund 90 Nationalitäten in Lavapiées vertreten. So leben in diesem Viertel der Obsthändler aus Bangladesch, der Frisör aus Marokko, der senegalesische Musiker und der spanische Transsexuelle friedlich nebeneinander. Erstaunlich groß ist zudem die indische Gemeinschaft.

Der Name der Plaza de la Corrala, wo die Calle del Sombrerete und die Calle del Mesón de Paredes zusammentreffen, erinnern an ein prägnantes Merkmal der städtebaulichen Entwicklung ab dem Ende des 16. Jh.s: Corralas waren Höfe bzw. Hinterhöfe, in denen man sich gern zum Plausch mit den Nachbarn und zum Feiern traf. Gelegentlich dienten sie auch als Freiluftbühnen. Von der Plaza de la Corrala ist es nicht weit nach La Latina und zum sonntäglichen Rastro. Um den 10. August feiert man im Viertel ein großes Fest zum Gedenken an den hl. Laurentius (span. San Lorenzo).

188 B1 Lavapiés

50 Matadero

Das Gelände des in den Jahren 1911 bis 1924 im Viertel Legazpi als Hauptschlachthof der Stadt errichtete, 165000 m² große Gelände erstreckte sich über mehrere Dutzend Gebäude. Nach diversen Umstrukturierungen fiel zu Beginn des 21. Jh.s. die Entscheidung, das Areal des Matadero in ein riesiges alternatives Kulturzentrum zu verwandeln. Mit Erfolg: Das Zentrum mit seinen vielen Angeboten (Theater, Konzerte, Kino, Ausstellungen) und möglichen Aktivitäten (darunter viele Kurse und Workshops) wird von den Madridern bestens angenommen. Der Matadero liegt ganz in der Nähe des Parks Madrid Río.

191 E1 Paseo de la Chopera/Plaza de Legazpi 8 ☎ 913 18 46 70 und 913 18 45 28 www.mataderomadrid.org Durchgang Gelände tgl. 9–22 Legazpi

Matadero: Alternativkultur im ehemaligen Schlachthof, zwischen Backsteinästhetik und Metallrohren.

Wohin zum ... Essen und Trinken?

Preise für ein Essen (z.B. ein Tages-/Hausmenü, im Regelfall inkl. Getränk):

€	unter 15 €
€€	15–25 €
€€€	über 25 €

Almendro 13 €
Diese alteingesessene, urige und recht preiswerte Taverne in La Latina ist auf Wein, Sherry und typisch andalusische Gerichte bzw. Tapas spezialisiert.
187 E2 Calle Almendro 13
913 65 42 52 http://almendro13.com
tgl. 13–16, 19–0 Uhr La Latina

Café Bar Delic €
Beliebter Treffpunkt in La Latina, unweit der Kirche San Andrés. Je nachdem, wann Sie kommen, locken das Tagesmenü, die Salate, ein Stück Kuchen oder die Cocktails.
187 E2 Costanilla de San Andrés 14
913 64 54 50, http://delic.es Di–So 11–2, Fr/Sa gewöhnlich etwas länger (bis 2.30 Uhr)
La Latina

Café-Teatro/Matadero €–€€
Gemütlich ist die hallenartige Atmosphäre in diesem (auch als Cafetería Naves bekannten, von Sagàs Farmers, Cooks & Co betriebenen) Café-Teatro nicht, dafür aber ganz speziell. Hier trifft man sich gern auf einen Wein oder einen Gin Tonic. Mittags und abends gibt es auch warme bzw. kalte Gerichte. Gelegentlich präsentiert man auf der kleinen Bühne Konzerte oder Theaterstücke.
191 südl. F1 Paseo de la Chopera/Plaza de Legazpi 8 913 18 46 70 www.mataderomadrid.org tgl. 12–1 Uhr Legazpi

El Estragón Vegetariano €–€€
Vegetarische Restaurants zählen in Madrid eher zu den Ausnahmen – dieses liegt an einem der hübschesten Plätze im Viertel La Latina. Es ist einfach, geschmackvoll und bietet eine Küche mit pfiffigen Ideen sowie Klassikern wie Knoblauchsuppe, Auberginen und vegetarischem Gulasch.
187 E2/3 Plaza de la Paja 10 913 65 89 82 www.elestragonvegetariano.com
tgl. 13–1 Uhr La Latina

El Viajero €–€€
Auf drei Stockwerken gibt es hier mitten in La Latina frische spanische Hausmacherkost mit Fisch- und Fleischgerichten. Hinzu kommen eine gut sortierte Bar und eine Dachterrasse mit phänomenalem Blick.
187 E2 Plaza de la Cebada 11
620 63 81 59 www.elviajeromadrid.com
Restaurant Mi–Do 11.30–1.30, Fr/Sa bis 2, So bis 0.30, Bar Mi–Fr 18–1.30, Sa 12–2, So 12–0.30 Uhr, Dachterrasse (Azotea) Mi/Do 13–0.30, Fr 13–1.30, Sa 12–1.30, So 12–0.30 Uhr La Latina

Posada de la Villa €€€
Das typische Traditionsrestaurant setzt einen Schwerpunkt auf die Küche Madrids und Kastiliens. Nicht fehlen dürfen das Milchlamm vom Holzkohlegrill, Knoblauchsuppe, geschmorter Stierschwanz, Kutteln.
187 F3 Calle de la Cava Baja 9
913 66 18 60 www.posadadelavilla.com
Mo–Sa 13–16, 20–24, So 13–16 Uhr
La Latina

Robin Hood €
In diesem Restaurant kommen die Einnahmen aus dem Tagesgeschäft Obdachlosen zugute, die in einem Teil der Einrichtung zu festgelegten Zeiten auch essen können. Das Konzept baut auf die Mitarbeit zahlreicher ehrenamtlicher Kräfte. Günstig und gut.
187 E3 Calle Nuncio 19 910 55 88 11
http://restaurantesrobinhood.com
Mi/Do/So 12.30–0.30, Fr/Sa 12.30–2 Uhr
La Latina

Taberna La Buha La Latina €
Diese Vinothek-Taverne im Viertel La Latina erfreut sich bei den Madridern höchster Beliebtheit. Die satten Omelette-Portionen und die zivilen Preise sind beste Argumente für einen Besuch.
187 E2 Plaza de la Cebada 10
913 66 11 60 http://tabernaselbuo.eu
tgl. 12–2 Uhr (Küche schließt um 1 Uhr)
La Latina

Wohin zum ... Einkaufen?

In den Vierteln Lavapiés und La Latina gibt es viele kleine multikulturell betriebene Geschäfte. Ein Highlight ist der riesige Flohmarkt El Rastro. Außerdem laden der Mercado de la Cebada (Plaza de la Cebada, www.mercadodelacebada.com; Metro: La Latina) und der Mercado de San Fernando (Calle Embajadores 41, www.mercado desanfernando.es, Metro: Embajadores, Lavapiés) zum Shopping ein. An den nördlichen Rändern der Viertel geht es ebenfalls recht geschäftig zu, etwa um die Plaza de Tirso de Molina und im oberen Teil der Calle de Toledo. Die Händlergemeinschaft Lavapiés betreibt eine eigene Webseite (www.comer ciolavapies.com).

Wohin zum ... Ausgehen?

Viele gut besuchte Kneipen liegen im Viertel La Latina um die Plaza del Humilladero und die Plaza de la Cebada (Metro: La Latina). Auch kulturell wird südlich der City eine ganze Menge geboten.

KULTURZENTREN/ZIRKUS/THEATER

Vielfältige Veranstaltungen, auch Konzerte, bietet das Kulturzentrum La Casa Encendida (Ronda de Valencia 2, Di–So, www.lacasaen cendida.es; Metro: Embajadores, Lavapiés). Zwischen der Casa Encendida und dem Bahnhof Atocha liegt das Teatro Circo Price (Ronda de Atocha 35, Tel. 913 18 47 00, www.teatrocircoprice.es, Metro: Atocha). Auf dem Programm stehen Zirkusveranstaltungen sowie gelegentlich auch Konzerte. Das Teatro Valle-Inclán (Plaza de Lavapiés/ Calle de Valencia 1, Tel. 915 05 88 01, http:// cdn.mcu.es; Metro: Lavapiés) führt zeitgenössische Stücke des Centro Dramático Nacional auf. Das Kulturzentrum Matadero (Paseo de la Chopera/Plaza de Legazpi 8, Di–So; Metro: Legazpi) bietet ein vielfältiges Angebot – am besten rufen Sie das umfangreiche Programm jeweils aktuell auf der Homepage www.mataderomadrid.org ab.

FLAMENCO

Eines der berühmtesten Flamencolokale der Stadt, das Corral de la Morería, fungiert zugleich als Restaurant. Viele Gäste buchen die Shows in Kombination mit einem Abendessen, doch es geht auch ohne. Im Regelfall gibt es jeden Abend zwei Anfangszeiten: erstes Abendessen ab 18.30 Uhr mit der 70-minütigen Show um 20 Uhr, zweites Abendessen ab 21.30 Uhr mit der Show um 22 oder 22.30 Uhr (Calle de la Morería 17, Tel. 913 65 84 46, www.corraldelamoreria.com; Metro: La Latina, Puerta de Toledo).

NACHTLEBEN

La Latina ist die richtige Adresse für angesagte Szenebars und beliebte Treffpunkte zum Tapas essen. Cocktails und andere Drinks bekommen Sie in dem auch bei den Madridern beliebten Viertel ebenfalls. El Viajero hat im 1. Stock eine Bar und ganz oben eine Mi–So über Mitternacht hinaus geöffnete Dachterrasse mit bestem Blick; ideal für einen Mojito. Auf Shows der besonderen Art ist das Berlín Cabaret spezialisiert (Costanilla de San Pedro 11, Tel. 913 66 20 34, www.berlin cabaret.com, nur Mi–Sa, Metro: La Latina). Für Konzerte und Diskorhythmen bekannt ist Shoko (Calle Toledo 86, http://shokomad rid.com; Metro: Puerta de Toledo). Die besonders gern und viel frequentierten Ausgehstraßen finden im Viertel Lavapiés um die Plaza de Lavapiés und die Calle Lavapiés ihre Fortsetzung (Metro: Lavapiés). Lavapiés wartet insbesondere mit vielen kleinen Weinbars auf, beispielsweise der Taberna Tempranillo (Calle de Cava Baja 38). Zu den Tapas können Sie hier Weine, die Sie sonst selten bekommen, aus fast allen spanischen Regionen probieren. Weiter südlich, über die Ronda de Atocha hinweg, steigen oftmals Konzerte in der Sala de Espectáculos Caracol (Calle de Bernardino Obregón 18, www.salacaracol. com, Metro: Embajadores).

Panoramablick auf die herrlich in einer Schleife des Río Tajo gelegene Stadt Toledo bei Sonnenuntergang.

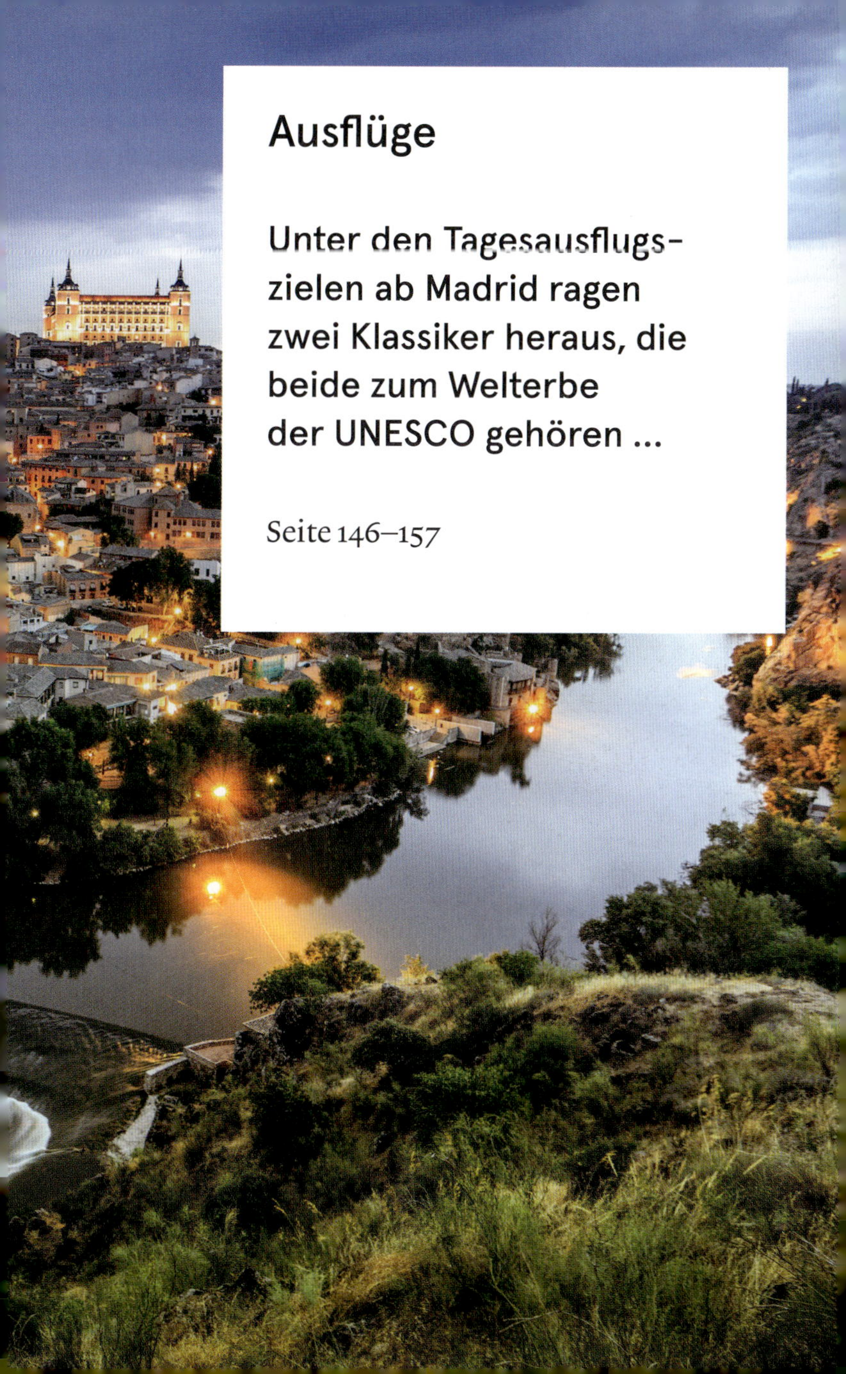

Ausflüge

Unter den Tagesausflugszielen ab Madrid ragen zwei Klassiker heraus, die beide zum Welterbe der UNESCO gehören …

Seite 146–157

Zwei Klassiker

Für die hier vorgestellten Ausflüge sollten Sie jeweils einen ganzen Tag veranschlagen.

El Escorial – eine im 16. Jh. von König Philipp II. gegründete, über mehr als zehn Jahre hinweg im XXL-Format erbaute Mischung aus Königsresidenz und Kloster – liegt ca. 50 km nordwestlich von Madrid, am Rand des Orts San Lorenzo de El Escorial.

Toledo war im Mittelalter die »Stadt der drei Kulturen« (Christen, Mauren, Juden). Aus dem äußerst verwinkelten Altstadthügel erhebt sich die Kathedrale. Außerdem begeben Sie sich hier, ca. 70 km südwestlich von Madrid, auf die Spuren der jüdischen Gemeinschaft im Mittelalter und des berühmten Malers El Greco.

Zu beiden Zielen empfiehlt sich die An- und Abreise in günstigen, schnellen Linienbussen. Und bedenken Sie bei Ihrer Reiseplanung: Am Montag haben der Escorial sowie einige Museen und Sehenswürdigkeiten geschlossen.

El Escorial

Warum?	Der größte Renaissancebau der Welt
Was?	Royaler Gigantismus
Wie lange?	Einen ganzen Tag
Wann?	Am besten schon früh morgens losfahren
Was nehme ich mit?	Mag sein, dass das Ganze ein bisschen überdimensioniert wirkt – beeindruckend ist es doch!

Von den Spaniern wird das Klosterschloss Real Sitio de San Lorenzo de El Escorial (Königlicher Sitz Sankt Laurentius von El Escorial) gern als achtes Weltwunder gepriesen. In die riesige Anlage integriert sind das royale Pantheon und die Basilika. Zudem beherbergt der Escorial wertvolle Kunstwerke alter Meister und eine umfangreiche Bibliothek.

Weit im Nordwesten von Madrid liegt San Lorenzo de El Escorial auf ca. 1030 m Höhe zu Füßen der im Winter schneebedeckten Sierra de Guadarrama. Ohne den Klosterpalast wäre das Städtchen ein blasser Fleck auf der Landkarte geblieben. Auf der Suche nach Ruhe, grüner Höhenfrische und einem behaglicheren Sommerklima wählte Spaniens König

Erhaben: Die Architektur des Escorial vereinte symbolisch die Macht der Monarchie und der katholischen Kirche.

Philipp II. dieses Fleckchen Erde aus. In den Jahren 1563 bis 1584 zogen Juan Bautista de Toledo und Juan de Herrera ein gigantisches Bauwerk in die Höhe und Breite, geprägt von der Strenge der Renaissance und der Unterteilung in das Weltliche und Religiöse.

Stationen des Rundgangs

Im Palast der Habsburger *(Palacio de Austrias)* erinnern Schlachtenbilder an die einstige Weltmachtstellung Spaniens. Bei einem Gang durch die mit blauweißen Kacheln, Ölgemälden und Königsporträts geschmückten Räume und Säle des Palastes folgen Sie den Spuren von Philipp II. Da sehen Sie beispielsweise, wo er speiste und wo er am 13. September des Jahres 1598 starb. Das Sterbebett, so heißt es, steht heute unverändert an der gleichen Stelle. Treppen führen hinab ins Pantheon der Könige *(Panteón Real)*, einen Gruftsaal, in dem viele Monarchen des Landes ihre letzte Ruhe in uniformen Sarkophagen fanden. Dazu wurden die meisten Könige »umgebettet«. Die Atmosphäre wirkt eher kalt und nüchtern als pompös, von der Decke hängt ein Leuchter aus vergoldeter Bronze.

Nächste Station sind die Totengruften in mehreren Sälen des Pantheons der Infanten *(Panteón de Infantes)*, teils ausstaffiert mit prächtigen Mausoleen für die jüngeren Mitglieder des Königshauses. Mit den Kapitelsälen (*Salas Capitulares*) betreten Sie jene Bereiche, in denen sich früher die Hieronymitenmönche versammelten. Beeindruckend sind die Deckenfresken von Ende des 16. Jh.s und meisterhafte Gemälde mit religiösen Motiven, etwa von José de Ribera, El Greco (»Der heilige Franz von Assisi in Ekstase«), Tizian (»Das letzte Abendmahl«) und Tintoretto (»Die Bekehrung der Maria Magdalena«).

Im Pantheon der Infanten erinnert ein zwanzigeckiges Mausoleum an die jung Verstorbenen.

Der untere Kreuzgang bietet Einblick in die Haupttreppe (mit dem Fresko »Die Glorie der spanischen Monarchie« von Luca Giordano, 1692/93), die *Sala de la Trinidad* (mit dem Gemälde »Die allerheiligste Dreifaltigkeit« von

Ribera), den Innenhof und die von der 90 m hohen Kuppel beherrschte Basilika mit ihren Orgelemporen und dem Hochaltar. Eindrucksvoll dekoriert ist die Klosterbibliothek, in der mehr als 40 000 Bücher und Dokumente die Zeiten überdauerten. In den Gewölben des Hauptsaals der Bibliothek setzte der Maler Pellegrino Tibaldi (1527–1596) die »Sieben Freien Künste« farbenfroh in Szene.

Die Fresken an der Decke der Bibliothek schuf der italienische Renaissancemaler Pellegrino Tibaldi.

Von außen betrachtet

Nicht nur die beiden Vorhöfe geben Besuchern Gelegenheit, den Escorial in seiner kompletten Größe ausgiebig von außen auf sich wirken zu lassen. Es lohnt sich auch, außen herum in den »Garten der Brüder« *(Jardín de los Frailes)* zu gehen. Dort ziehen sich Spazierwege um einen Teil der Fassade an schön beschnittenen Hecken entlang – in weiter Ferne sehen Sie die Hochhäuser von Madrid.

KLEINE PAUSE

Gemütlich ist es nicht unbedingt, aber dafür liegt das **Telos Café** (Calle Duque de Medinaceli 13, Tel. 918 98 86 55 04, http://teloscafe.blogspot.com.es; Mi–So 10/10.30 bis 22.30 Uhr) mittendrin im Städtchen, nur wenige Straßenzüge vom Escorial entfernt. Es gibt eine kleine Terrasse, auf der man sich niederlassen kann, und auch vegetarische Gerichte.

Touristeninformation
✉ Calle Grimaldi 4 ☎ 918 90 53 13
🌐 www.sanlorenzoturismo.es
🕐 Mo–Sa 10–14, 15–18, So 10–14 Uhr

Anreise
Ab der unterirdischen Madrider Busstation Intercambiador de Moncloa (Metro: Moncloa) verkehren täglich von morgens bis abends Linienbusse (Nr. 661 über Galapagar und Nr. 664 über Guadarrama) ins 50 km nordwestlich gelegene San Lorenzo de El Escorial. Die Fahrzeit beträgt jeweils etwa eine Stunde, der Preis knapp 5 € (www.crtm.es). Die Busstation in San Lorenzo de El Escorial liegt lediglich 350 m von der gewaltigen Klosterresidenz entfernt, sodass Sie alles problemlos zu Fuß bewältigen können.

Escorial (Real Monasterio y Palacio)
✉ Avenida Don Juan de Borbón y Battenberg ☎ 918 90 50 11, www.patrimonionacional.es 🕐 April–Sept. Di–So 10–20, Okt.–März Di–So 10–18 Uhr, letzter Einlass 1 Std. vorher
🎫 10 €, April–Sept. Mi/Do 17–20, Okt.–März Mi/Do 15–18 Uhr für EU-Bürger (Ausweis mitbringen) frei

Jardín de los Frailes
🕐 April–Sept. Di–So 10–19, Okt.–März Di–So 10–20 Uhr 🎫 frei

Klosterpalast und Pantheon

In ihrer perfekten Harmonie war die Anlage des El Escorial lange Zeit das Vorbild vieler weiterer Bauten in Europa.

Das Klosterschloss El Escorial diente als eine Gebetsstätte für Hieronymitenmönche, als Grablege für Kaiser Karl V., seinen Sohn Philipp II. und deren Angehörige und Nachkommen. Und es war ein Symbol für die Macht der Habsburger, die im 16. Jh. das Kommando in Spanien übernahmen Für Besucher von heute sind die Wege lang, um die Relikte der Historie zu entdecken. Nehmen Sie sich für die Besichtigung genug Zeit – es gibt viel zu sehen.

❶ Die Puerta Principal: Nur das Hauptportal in der festungsartigen Mauerflucht ist verziert. Von hier gelangt man in das Kloster und in die Basilika.
❷ Besuchereingang: Besucher betreten den Escorial durch den ehemaligen Zugang zu den Palastküchen.
❸ Sala de Batallas: Ein 55 m langes »Bilderbuch« mit wichtigen Schlachten aus Spaniens Geschichte; hier unterrichtete Philipp II. seinen Sohn in Militärkunde.

❹ Grabdenkmäler: In den beiden Wandnischen rechts und links vom Hochaltar knien die vergoldeten Bronzefiguren Philipps II. und Karls V. mit ihren Angehörigen »in ewiger Anbetung«. Unter dem Altarraum befindet sich das Pantheon, die königliche Grablege.

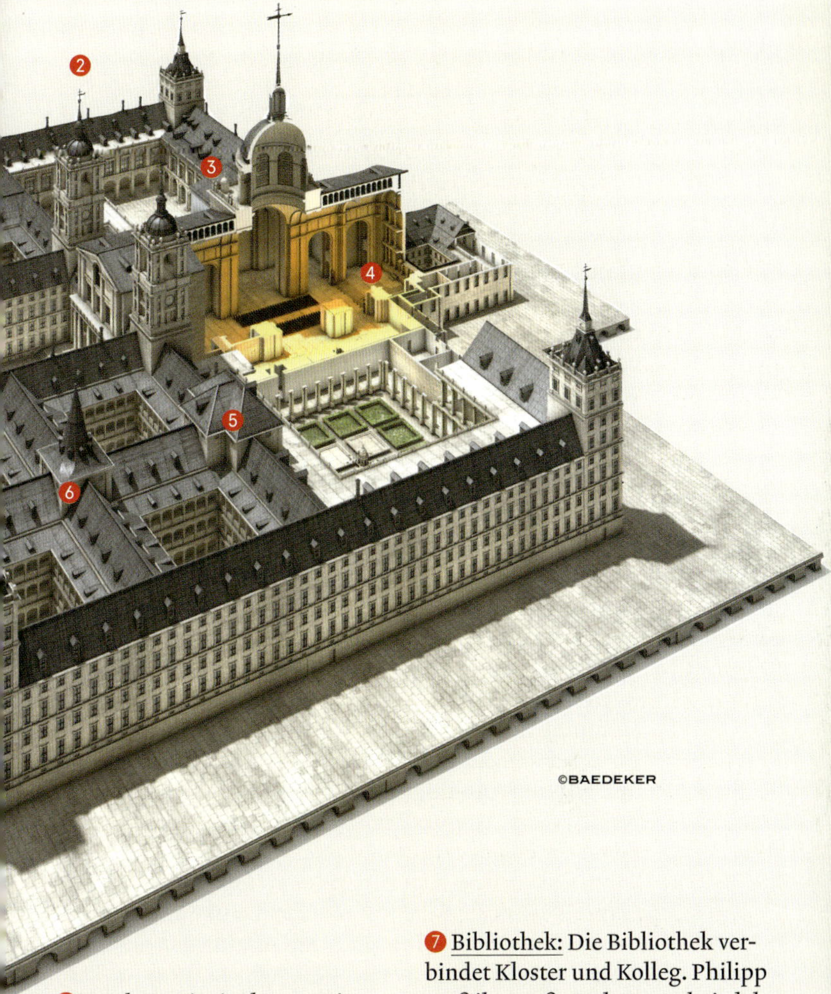

5 Escalera Principal: Luca Giordano malte über der Haupttreppe das Fresko »Die Glorie der spanischen Monarchie« .

6 Kloster: Seit dem Jahr 1885 leben hier Augustinermönche.

7 Bibliothek: Die Bibliothek verbindet Kloster und Kolleg. Philipp maß ihr große Bedeutung bei, daher die reiche Ausstattung.

8 Galerie der Rekonvaleszenten: Zwischen den Bögen dieser der Sonne zugewandten Galerie erholten sich einst kranke Mönche.

Toledo

Warum?	Mittelalterflair in engen kopfsteingepflasterten Gassen
Was?	»Die Stadt der drei Kulturen«
Wie lange?	Einen ganzen Tag
Wann?	Am besten schon früh morgens losfahren
Was noch?	Licht und Kontraste im Werk »des Griechen«

Die Hauptstadt der Region Kastilien-La Mancha (rund 84 000 Ew.) ist eine der meistbesuchten Städte Spaniens. Ihre Altstadt, samt der Kathedrale und der einstigen Festung, dem Alcázar, erstreckt sich auf einem Hügel. Stille Winkel zu finden ist nicht immer einfach – aber es gibt sie. Schöne Werke des Malers El Greco, der lange Zeit in Toledo tätig war, zählen zu den Besucherattraktionen.

Wenn Sie sich für Kunsthandwerk interessieren: Toledo ist bekannt für seine Stahlklingen und Einlegearbeiten in Gold und Silber; eine handwerkliche Tradition, die die Mauren einführten.

Ein guter Einstiegspunkt für eine Stadtbesichtigung und zugleich ein beliebter, viel frequentierter Treffpunkt ist die Plaza Zocodover am Rand der Altstadt. Richten Sie sich darauf ein, dass Sie es fortan mit einem riesigen Labyrinth von Gässchen und Gassen zu tun bekommen. Nicht immer fällt die Orientierung einfach.

Die in westlicher Richtung von der Plaza Zocodover wegführende, extrem geschäftige Calle del Comercio leitet Sie mitten in die Altstadt zur Kathedrale, an der ab 1226 bis Ende des 15. Jh.s gebaut wurde. Sie ist vorwiegend gotisch und mit ihren prächtigen Kapellen, Bündelpfeilern und Buntglasfenstern eines der mächtigsten Gotteshäuser Spaniens. Der eingesetzte Chor verbaut die Perspektive. Innen können Sie sich den Domschatz (*tesoro*) und die Sakristei (*sacristía*) anschauen, die eine Gemäldesammlung beherbergt, u. a. mit Werken von El Greco. Allerdings bekommen Sie andernorts von dem Maler weit mehr zu sehen – er hat lange Zeit in Toledo gelebt und in dieser Stadt sein Hauptwerk hinterlassen. Wer nicht viel Zeit hat, kann sich auf die Außenansicht der Kathedrale beschränken und auch am Alcázar nur vorbeigehen. Von außen wirkt er imposant, aber innen wurde er stark erneuert und beherbergt heute das allzu militarisch aufgezogene Armeemuseum (*Museo del Ejército*).

Auf den Spuren von El Greco

Eines der bekanntesten Werke von El Greco, »Das Begräbnis des Herrn von Orgaz« *(El Entierro del Señor de Orgaz)*, können Sie sich in der Iglesia de Santo Tomé anschauen. El Greco schuf es in den Jahren 1586 bis 1588 in einer monumentalen Größe von 3,60 x 4,80 m. El Greco treibt hier ein Spiel mit Licht und Kontrasten, dem Irdischen und dem Himmlischen – auch sich selbst hat der Künstler abgebildet. Ausgiebiger auf die Spuren des Malers begeben Sie sich im Museo del Greco: Das Museum besteht aus einem nachempfundenen Wohn- und Arbeitshaus und besitzt eine fantastische kleine Gemäldesammlung. Highlights sind »Die Tränen des heiligen Petrus« *(Las Lágrimas de San Pedro)* sowie »Ansicht und Plan von Toledo« *(Vista y Plano de Toledo)*. Ebenso imponieren einige Gemälde von weiteren Aposteln.

Bedeutendes Judenviertel im Mittelalter

Die Judería, das historische Judenviertel, das in der Nähe der Iglesia de Santo Tomé beginnt, war im Mittelalter eines der wichtigsten auf der Iberischen Halbinsel. Die einstige Präsenz der jüdischen Gemeinschaft bezeugen zwei Synagogen: die Sinagoga Santa María la Blanca und die Sinagoga del Tránsito. Erstere wurde im Jahr 1405 in eine christliche Kirche

Vom gegenüberliegenden Hügel reicht der Blick weit über Toledos Altstadt, die wie eine Festung über dem Tajo thront.

verwandelt und besticht durch ihre Raumwirkung. Die Sinagoga del Tránsito ist heute Teil des Sephardischen Museums *(Museo Sefardí)*, das mit einem reichen Vermächtnis der jüdischen Zivilisation aufwartet.

Reizvoll sind überall Streifzüge durch die Gassen. Die Einkaufsmöglichkeiten reichen von Süßwaren (wie Marzipan) und Kunsthandwerk (u. a. Tauschierarbeiten).

Weitere mögliche Besuchsziele sind das Hospital de Tavera, das Kloster San Juan de los Reyes, die Mezquita del Cristo de la Luz (eine frühere Moschee), das in der Kirche San Román eingerichtete Museum zur Kultur der Westgoten *(Museo de los Concilios y la Cultura Visigoda)* und der Kirchturm der Iglesia de los Jesuitas, der eine prächtige Aussicht bietet.

Linke Seite: Toledos Kathedrale, ein ständiger Blickfang beim Flanieren durch die Gassen der Altstadt, ist ein Meisterwerk gotischer Baukunst.

KLEINE PAUSE

Nutzen Sie vor der Iglesia de Santo Tomé die Plaza del Conde zur Rast im **Petit-Café El Greco** (mit Terrasse, Tel. 925 22 19 02, Mo–Fr 8–19, Sa/So 8.30/9–21.30/22 Uhr).

Touristeninformation
✉ Plaza Zocodover 8 ☎ 925 26 76 66 🌐 http://turismo.toledo.es, www.toledomonumental.com
🕐 im Sommer Mo-Sa 9-17, sonst bis 18 Uhr, So immer nur 10-15 Uhr
✉ Plaza del Consistorio 1
☎ 25 25 40 30 🕐 tgl.10–18 bzw. im Sommer bis 19 Uhr

Anreise
Ab der Madrider Busstation Plaza Elíptica (Metro: Plaza Elíptica) fahren täglich von frühmorgens bis abends Linienbusse der Gesellschaft Alsa (www.alsa.es) ins 70 km südwestlich gelegene Toledo. Die direkte Fahrt dauert ca. eine Stunde und kostet knapp 5,50 €. Ab der Busstation in Toledo brauchen Sie zu Fuß etwa 15–20 Minuten auf den Altstadthügel, unterstützt durch ein System aus Rolltreppen *(escaleras mecánicas)*.

Catedral
✉ Calle del Cardenal Cisneros
☎ 925 22 22 41 🌐 www.catedralprimada.es 🕐 Mo–Sa 10–18, So 14–18 Uhr 🎟 12,50 €, eingeschränkter Besuch ohne Turm 10 €

Iglesia de Santo Tomé (»El Entierro del Señor de Orgaz«) ✉ Plaza del Conde 4 ☎ 925 25 60 98; 🌐 www.santotome.org 🕐 tgl. 10–17.45, März–Mitte Oktober bis 18.45 Uhr 🎟 2,80 € (Eintritt inbegriffen beim »Touristen-Armband«, *pulsera turística*, das man für 9 € bekommt und den Eintritt in sieben ausgewählte Monumente ermöglicht – ohne die teure Kathedrale)

Museo del Greco
✉ Paseo del Tránsito s/n ☎ 925 99 09 80 🌐 www.mecd.gob.es/mgreco
🕐 März–Okt. Di–Sa 9.30–19.30, So 10–15 Uhr, Nov.–Febr. Di–Sa 9.30 bis 18, So 10–15 Uhr 🎟 3 €, Sa ab 14, So 10–15 Uhr frei

Sinagoga Santa María la Blanca
✉ Calle Reyes Católicos 4 ☎ 925 22 72 57 🕐 tgl. 10–17.45, im Sommer bis 18.45 Uhr 🎟 2,80 €

Sinagoga del Tránsito/Museo Sefardí
✉ Calle Samuel Levi s/n ☎ 925 22 36 65 🌐 www.mecd.gob.es/msefardihome. html 🕐 Di–Sa 9.30–18 (März bis Okt. bis 19.30), So 10–15 Uhr 🎟 3 €, Sa ab 14, So 10–15 Uhr frei

Am Königspalast, Stadtluft schnuppern:
¡De Madrid al cielo! – »Nach Madrid ist nur der Himmel schöner!« – weiß ein spanisches Sprichwort.

Spaziergänge

Zu Fuß durch die spanische Hauptstadt: Besser kann man Madrid (und die Madrider) nicht kennenlernen.

Seite 158–167

Madrid – die Essenz

Was?	Spaziergang
Länge	ca. 2,3 km
Dauer	2 Std. inklusive Einkehr (ohne Besichtigungen)
Start	Puerta del Sol (Ⓜ Sol) → 188 A3
Ziel	Plaza Mayor (Ⓜ Sol) → 187 F3

Dieser erste Spaziergang verknüpft bedeutende Ziele in der City miteinander. Auf dem Weg von der Puerta del Sol zur Plaza Mayor kommen Sie durch Teile der Fußgängerzone, an historischen Plätzen und Statuen spanischer Monarchen sowie am Königspalast und an der Kathedrale vorbei. Stärken können Sie sich in Madrids Schlemmertreff, dem Mercado de San Miguel.

Früh am Vormittag ist noch am wenigsten los – am späten Nachmittag ist es dafür umso stimmungsvoller.

Der Spaziergang ist ganz auf die Grundorientierung zugeschnitten und weniger darauf, nebenbei auch noch ein komplettes Besuchsprogramm zu absolvieren. Würden Sie zwischendrin ausgiebig den Königspalast und die Kathedrale besuchen sowie an Führungen durch das Real Monasterio de la Encarnación und das Teatro Real teilnehmen wollen, wären Sie mindestens einen kompletten Tag unterwegs und müssten die Zugangszeiten sehr genau aufeinander abstimmen.

Guter Start: die trubelige Metrostation auf dem zentralen Platz Puerta del Sol.

1–2

Beginnen Sie Ihren Stadtspaziergang am langgestreckten, immer quirligen Platz Puerta del Sol mit einem Klassiker: dem Denkmal des Bären am Erdbeerbaum. Ein Selfie ist hier fast obligatorisch. Dann gehen Sie – mit dem Rücken zum Bären – vorbei am Reiterdenkmal für Karl III., den Rundbrunnenschalen und der leuchtend hellen Säulenstatue namens Mariblanca und nehmen Kurs auf die Calle del Arenal. Hier kommen Sie durch ein Stück Fußgängerzone mit vielen Geschäften und Boutiquen und werden feststellen: Burger, Döner & Co. sind auch in Madrid allgegenwärtig. Achten Sie auf die schmalen Hausbalkone, die teils mit schmiedeeisernen Gittern versehen sind.

2–3

Backsteinturm und Kuppel kündigen linker Hand die Real Iglesia Parroquial de San Ginés an. Ein in dieser Pfarrkirche versteckter Kunstschatz ist das Gemälde »Die Vertreibung der Händler aus dem Tempel« von El Greco, das allerdings nur zu bestimmten Zeiten gezeigt wird (S. 54).

Die Calle del Arenal mündet am Ende auf die Plaza de Isabel II., wo ein kleines Denkmal an Spaniens Königin Isabella II. erinnert. Unter ihrer Herrschaft erlebte Madrid im prächtigen Teatro Real die ersten Vorführungen. Die Rückfront des Theaters dominiert den Platz. Elegante Laternen fügen sich vortrefflich in das Platzbild ein.

Tempi passati: die Calle Mayor auf einem Fliesenbild, wie sie früher einmal aussah.

3–4

Lassen Sie das Teatro Real links hinter sich und folgen Sie der Calle de Arrieta. Diese Straße bringt Sie am altehrwürdigen Bau der Königlichen Nationalakademie für Medizin (*Real Academia Nacional de Medicina*) vorbei bis zur Plaza de la Encarnación mit einer Klosteranlage vom Anfang des 17. Jh.s, dem Real Monasterio de la Encarnación. Die Klosterschätze bekommen Sie allerdings nur dann zu sehen, wenn Sie auch an einer Führung teilnehmen wollen.

4–5

Durch die Calle de Pavia erreichen Sie die Plaza de Oriente mit ihren sorgsam beschnittenen Hecken, Blumenbeeten, Bänken und vielen historischen Königsfiguren. Blickfang ist die riesige Reiterstatue von König Philipp IV. in der Platzmitte. Ross und Reiter thronen in voller Dynamik auf dem Sockel, Löwenskulpturen wachen unterhalb über das Becken des Springbrunnens. Den Platz säumen 44 Statuen spanischer Monarchen aus der Zeit vor dem 15. Jh.

5–6

Die Plaza de Oriente säumt die Ostseite des Königspalasts (*Palacio Real*). Fotografen finden gute Perspektiven, zumal der grüne Vorplatz und die Palastfassade gut miteinander harmonieren. Schlendern Sie auf der Calle de Bailén am Königspalast entlang. Sobald Sie das äußerste Ende der breiten Palastanlage erreicht haben, erhebt sich vor Ihnen Madrids Kathedrale, die *Catedral de la Almudena*. Der Eingang des größten Gotteshauses der Stadt liegt nicht an dem Platz mit der Doppelturmfassade, sondern ein Stück weiter an der Calle de Bailén.

6–7

Schräg gegenüber der Kathedrale verläuft die Calle Mayor zurück ins Herzstück der City. Es geht nun leicht aufwärts. Betrachten Sie rechter Hand die unförmig strukturierte

Plaza de la Villa mit ihren Bauwerken aus dem 15. bis 17. Jh. Der Flottenkommandant Álvaro de Bazán, der 1571 bei der Seeschlacht von Lepanto seinen Teil zum Überraschungssieg der Heiligen Liga über das Osmanische Reich beitrug, ist hier als Denkmal verewigt.

7–8

Nach einem weiteren Stück auf der Calle Mayor erreichen Sie rechts die Plaza de San Miguel. Das historische Marktgebäude, der Mercado de San Miguel, vom Platz aus etwas zurückversetzt, ist heutzutage ein beliebter Schlemmertreff.

8–9

Sie durchqueren den Mercado de San Miguel und kommen kurz darauf auf der Plaza Mayor heraus, einem der prächtigsten Stadtplätze im Südwesten Europas. Verweilen Sie dort ein wenig und nehmen Sie zum Abschluss des Spaziergangs Architektur und Stimmung in sich auf.

KLEINE PAUSE

Ob süß oder salzig, Austern oder Minipizza, Rotwein oder Natursäfte, ein Tellerchen mit Oliven oder ein paar Schinkenhappen frisch vom Bein gesäbelt – im täglich von früh bis spät geöffneten **Mercado de San Miguel** dürfte für jeden etwas dabei sein. Dafür sorgen zahlreiche Stände und Treffs. Billig ist das exquisite Tapas-Paradies jedoch nicht.

Permanente Verführung(en): an den Ständen des zentralen Mercado de San Miguel.

Barrio de las Letras

Was?	Spaziergang
Länge	ca. 1,5 km
Dauer	80–90 Min. inkl. Einkehr
Start	Plaza Mayor (Sol) → 188 A3
Ziel	Plaza de Santa Ana (Sol, Tirso de Molina) → 188 B3

Reiterdenkmal für Philipp III. auf der Plaza Mayor, dem Beginn dieses Spaziergangs.

Erleben Sie Madrid jenseits der riesigen Schaubühne Plaza Mayor. Genau dort liegt Ihr Einstiegspunkt in die kontrastreichen Welten des Barrio de las Letras, des »Viertels der Dichter und Denker«. Lassen Sie sich gemächlich durch die Gassen treiben. Einige sind nach großen Autoren benannt, die hier einst weilten oder gewohnt haben. Und mancherorts wirken die Szenerien hier auf einmal fast dörflich.

1–2
Zunächst wichtig für Ihre Orientierung: Stellen Sie sich auf der Plaza Mayor mit dem Rücken zur Reiterstatue von Philipp III. Dann verlassen Sie den Platz schräg rechts voraus durch jenen Bogen, der Sie ein kurzes Stück durch die Calle de Gerona auf die Plaza de la Provincia bringt. Dort können

Sie den Orpheus-Brunnen *(Fuente de Orfeo)* betrachten und den historischen Palacio de Santa Cruz, vor dem die spanische Flagge weht: Es handelt sich um den Sitz des spanischen Außenministeriums.

2–3

Die Calle de la Bolsa mit ihren Laternen und schmalen, teils von Grünpflanzen besetzten Balkonen ist die erste für das Viertel typische Straße. Über die Plaza de Jacinto Benavente, benannt nach dem gleichnamigen, heute allerdings etwas in Vergessenheit geratenen Literaturnobelpreisträger Jacinto Benavente (1866–1954) aus Madrid, erreichen Sie die lange Plaza del Ángel. An deren Ende erhaschen Sie nach links bereits einen Blick auf den Endpunkt dieses Spaziergangs, die Plaza de Santa Ana mit ihren vielen, gut frequentierten Terrassen und Traditionsadressen wie der Flamencobar Villa-Rosa; rechter Hand sehen Sie die überkuppelte Iglesia de San Sebastián. Wie auf dem Schild an der Fassadenfront steht, wurde in dieser Kirche der Dichter Lope de Vega (1562–1635) begraben. Allerdings lässt sich die exakte Stelle heute nicht mehr belegen.

Unterwegs im Dichterviertel: vor der Flamencobar Villa-Rosa.

3–4

Ab der Plaza del Ángel führt die Calle de las Huertas mitten ins Barrio de las Letras. Zweigen Sie links in die Calle de León (auch: Calle del León) ab und gehen Sie dort die nächste Straße nach rechts in die Calle de Lope de Vega. Immer wieder lohnt es sich, zu den formenreichen Balkongittern und mit Blumen geschmückten Balkonen hinaufzuschauen. An die Calle de Lope de Vega grenzt das wappenverzierte Trinitarierinnenkloster Monasterio/Convento de las Trinitarias. Eine große Erinnerungstafel an der Backsteinfassade des Klosters besagt, dass der Meisterdichter Miguel de Cervantes (1547–1616) hier begraben wurde, Schöpfer des unsterblichen Don Quijote und seines treuen Gefährten Sancho Pansa, so wie es sein letzter Wille war. Diesen Wunsch äußerte Cervantes, weil der Trinitarierorden ihn 1580 nach fünf Jahren Gefangenschaft in Algier freigekauft hatte. Zuvor war Cervantes in den spanischen Kriegsdienst im Mittelmeerraum eingetreten und kämpfte u.a. in der Seeschlacht von Lepanto.

Die Plaza de Santa Ana (hier mit dem Teatro España in der Bildmitte) ist einer der stimmungsvollsten Plätze in ganz Madrid.

4–5

Gehen Sie von der Calle de Lope de Vega nach links durch die Calle de San Agustín und dann wieder nach links durch die Calle de Cervantes. Bald stehen Sie vor dem Casa-Museo Lope de Vega (Calle de Cervantes 11), das Führungen (Di–So) anbietet. Lope de Vega lebte wie Miguel de Cervantes im »Goldenen Zeitalter«, dem *Siglo de Oro*; jener Ära, als die Weltmacht Spanien auf dem Zenit war.

5–6

Folgen Sie der Calle de Cervantes geradeaus weiter. Links am Ende der kleinen Straße tauchen bald mehrere Hinweise auf. Sie verbürgen, dass Miguel de Cervantes dort wohnte und am 23. April des Jahres 1616 verstarb. Das Originalgebäude wurde bereits 1833 abgerissen. Die Zeit hat die Spuren verwischt, geblieben ist nur noch die Erinnerung. Das Cervantes-Haus liegt an der Kreuzung mit der Calle de León, der Sie nun nach rechts bis zur Calle del Prado folgen. Dort geht es nach links, und in Kürze sind Sie auf der Plaza de Santa Ana, die sich mittags wie abends gut für eine Einkehr eignet: ein wunderschöner Abschluss Ihres Spaziergangs durch das Viertel der Dichter und Denker.

Das Teatro Español steht an einem Ort, in dem bereits im 16. Jh. Freilichttheater gespielt wurde. Bis heute ist dies eine der besten Bühnen der Hauptstadt.

KLEINE PAUSE

An der Ecke von Calle de Lope de Vega und Calle de Quevedo liegt das **Quevedo** (Calle de Quevedo 7, Tel. 914 29 40 58, Di abends und Sa geschl.), eine Mischung aus Restaurant und Bierstube (*cervecería*). Gern kombiniert man Bier mit Tapas. Die Preise sind recht niedrig, die Kapazitäten begrenzt, der Zulauf ist oft groß. Ein typisches Stückchen Madrid.

Gute Cocktails bekommen Sie auch auf dem Mercado de San Miguel unweit der Plaza Mayor.

Praktische Informationen

Was vor der Reise wichtig ist und wie Sie vor Ort gut zurechtkommen, erfahren Sie hier.

Seite 168–182

VOR DER REISE

Auskunft

Nützliche Webseiten

www.esmadrid.com: Die offizielle Tourismus-Homepage der Stadt mit zahlreichen Infos und Hinweisen auch zu aktuellen Ausstellungen/Veranstaltungen; Infos auch in Deutsch

www.madridtourist.info: Eine Fülle englischsprachiger Infos zu Spaniens Hauptstadt

www.madridfuerdeutsche.com: Portal »Madrid für Deutsche«, u.a. mit Veranstaltungshinweisen und Kleinanzeigen

http://turismomadrid.es: Alles zur Region Madrid

www.spain.info: Offizielle Seite des Spanischen Fremdenverkehrsamts

www.spanien-reisemagazin.de: Spanienmagazin mit den Schwerpunkten Reise, Kultur und Politik

Spanische Fremdenverkehrsämter

In Deutschland: Myliusstr. 14, 60323 Frankfurt am Main, Tel. 069 72 50 33

In Österreich: Walfischgasse 8/14, 1010 Wien, Tel. 01 512 95 80-11

In der Schweiz: Seefeldstr. 19, 8008 Zürich, Tel. 044 253 60 50

Touristenbüros

Plaza Mayor 27: tgl. 9.30–21.30 Uhr

Flughafen Adolfo Suárez Madrid-Barajas:
Terminal 2, zwischen Sala 5 und Sala 6
Terminal 4, Sala 10
Beide Stellen tgl. 9–21.30 Uhr

Botschaften

Deutsche Botschaft in Madrid: Calle Fortuny 8, Tel. 915 57 90 00, www.spanien.diplo.de

Österreichische Botschaft in Madrid: Paseo de la Castellana 91, 9°, Tel. 915 56 53 15 www.bmeia.gv.at/oeb-madrid

Schweizer Botschaft in Madrid: Calle Núñez de Balboa 35 A, 7°, Edificio Goya, Tel. 914 36 39 60, www.eda.admin.ch/madrid

Elektrizität

Die Netzspannung beträgt 220 Volt. Die Steckdosen entsprechen der in Europa üblichen Norm.

Ermäßigungen & kostenlose Eintritte

Etwas sparen – wer will das beim Citytrip nicht? In vielen Museen und Sehenswürdigkeiten kommen Senioren (Rentner, span. *jubilados*, bzw. über 65-Jährige), Kinder und Jugendliche sowie Studenten (span. *estudiantes*) in den Genuss ermäßigter Eintrittskarten. In staatlichen Museen wie dem Prado haben Kinder und Jugendliche sowie Studenten bis 25 J. freien Eintritt.

Für ein wenig Ersparnis sorgen auch verschiedene Kombi-Tickets für Museen. Das preisreduzierte Kunstticket *(Tarjeta Paseo del Arte)* gilt für die drei maßgeblichen Kunstmuseen Prado, Reina Sofía und Thyssen-Bornemisza. Es ist an den jeweiligen Museumskassen erhältlich und kostet 29,60 €. Das städtische Acht-Museen-Ticket *(Abono Ocho Museos de la Ciudad de Madrid)* erlaubt den Eintritt u.a. ins Archäologische Nationalmuseum und in das Museum Sorolla; es kostet 16 €. Eine Alternative ist das städtische Vier-Museen-Ticket *(Abono Cuatro Museos de la Ciudad de Madrid)* für 8 €.

Wie wär's mit einer Steigerung, dem Nulltarif? Da lassen sich ausgewählte Punkte in Madrid entdecken, angeführt von der Ermita de San Antonio de la Florida mit Goya-Malereien und dem Goya-Grab – ein echtes Highlight. Ebenfalls kostenlos sind die Zugänge in den Templo de Debod, ins Museo de San Isidro/Museo de los Orígenes, in den historisch-künstlerischen Landschaftsgarten El Capricho, in diverse Kulturzentren sowie die beiden im Park El Retiro gelegenen Ausstellungssäle Palacio de Cristal und Palacio de Velázquez. Beim Zugang in die Kathedrale La Almudena ist eine Eintrittsspende *(donativo)* freiwillig. Sparfüchse achten außerdem auf ausgewählte Zeiten, zu denen vereinzelte Sehenswürdigkeiten und Museen freie Eintritte haben. Die wichtigsten sind folgende: Museo Nacional del Prado Mo–Sa 18–20 und So 17–19 Uhr, ständige Sammlung des Museo Thyssen-Bornemisza Mo 12–16 Uhr, Museo Nacional Centro de Arte Reina Sofía Mo sowie Mi–Sa 19–21, So 13.30–19 Uhr, Museo Real Academia de Bellas Artes de San Fernando generell Mi (sofern kein Feiertag ist), Palacio Real für EU-Bürger Oktober–März Mo–Do 16–18 Uhr und April–Sept. Mo–Do 18–20 Uhr,

Monasterio de las Descalzas Reales für EU-Bürger Mi u. Do jeweils 16-18.30 Uhr (Kassenschließzeit um 17.30 Uhr), Real Monasterio de la Encarnación für EU-Bürger ebenfalls Mi u. Do 16-18.30 Uhr (auch hier schließt die Kasse um 17.30 Uhr).
Da die kostenlosen Zeiten kein Geheimnis sind, müssen Sie ggf. mit Wartezeiten rechnen. Speziell in den Klöstern Descalzas Reales und Encarnación sollten Sie so rechtzeitig vor Ort sein, dass Sie noch Karten bekommen, denn die Kontigente sind wegen der Führungen in kleinen Gruppen begrenzt. Dort, wo Eintritte für EU-Bürger kostenlos sind, sollten Sie den Ausweis zur Hand haben.

Feiertage

Der Feiertagskalender wird jedes Jahr aufs Neue festgelegt. Deckt sich ein Feiertag mit einem Sonntag, kann er am Montag darauf nachgeholt werden.

1. Januar	Neujahrstag
6. Januar	Dreikönigstag
Gründonnerstag	
Karfreitag	
1. Mai	Tag der Arbeit
2. Mai	Tag der Autonomen Gemeinschaft Madrid
15. Mai	Tag des Stadtpatrons San Isidro Labrador
15. August	Mariä Himmelfahrt
12. Oktober	Tag des Spaniertums/ Kolumbus-Tag
1. November	Allerheiligen
9. November	Gedenktag der Stadtpatronin Almudena
6. Dezember	Tag der spanischen Verfassung
8. Dezember	Mariä Empfängnis
25. Dezember	Weihnachtstag

Geld

Währung: Spanien gehört zur Eurozone. Für die Schweiz gilt: 1 CHF entspricht ca. 0,86 €, 1 € entspricht ca. 1,16 CHF
Kreditkarten, Geldwechsel: Alle gängigen Kreditkarten (VISA, MasterCard und Diners Club) werden in den meisten Hotels und Geschäften akzeptiert, die bargeldlose Bezahlung auch von kleineren Beträgen ist durchaus üblich. Nur selten ist dies erst ab einem Mindestbetrag möglich. Meist genügt die Eingabe der Pin-Nummer, in seltenen Fällen wird die Vorlage eines Ausweisdokuments (Reisepass) verlangt. Reiseschecks können in Banken oder auch Hauptpostämtern gegen eine Gebühr eingewechselt werde, hierbei müssen Sie sich aber mit einem Reisepass ausweisen.
Sperrnummern: Der Verein Sperr-Notruf 116 116 e. V. bietet unter Tel. 116 116 (aus dem Ausland mit der Vorwahl 0049) für **Deutschland** die Sperrung elektronischer Berechtigungen wie Bank- und Kreditkarten, Handykarten und die Identitätsfunktion des neuen Personalausweises bei Verlust an. Mehr über die Funktionsweise und zur Sperr-App erfahren Sie auf der Homepage des Vereins: www.sperr-notruf.de.
Für **Österreich** gilt die Telefonnummer Tel. 0043 12 04 88 00.
Die wichtigsten Notfallnummern in der **Schweiz** sind: Tel. 0041 4 46 59 69 00 (Swisscard), 0041 448 28 31 35 (UBS Card Center), 0041 58 9 58 83 83 (VISECA), 0041 44 8 28 32 81 (Postfinance)
Geldautomaten sind verbreitet, die versteckte Kommission kann allerdings einige Euro pro Abhebevorgang betragen. Noch ein Tipp: Ratsam sind Scheine in kleiner Stückelung bis 50 €. Es kann nämlich vorkommen, dass größere Scheine (100, 200, 500 €) aus Furcht vor Falschgeld nicht akzeptiert werden.

Gesundheit

Krank in Madrid? EU-Bürger erhalten medizinische Behandlung mit der Europäischen Krankenversicherungskarte. Allerdings gibt es im spanischen Krankenversicherungssystem keine freie Arztwahl. Für Behandlungen wenden Sie sich an die Gesundheitszentren *(centros de salud)*, in gravierenden Fällen an ein Krankenhaus *(hospital)*. Die Notfallabteilung heißt auf Spanisch *urgencias*. Zahnärzte sind im spanischen Krankenversicherungssystem nicht enthalten und praktizieren privat; die Bezahlung erfolgt gleich vor Ort. Zu überdenken ist eine private Reisekrankenversicherung, aber achten Sie auf das berühmte Kleingedruckte!
Madrider Apotheken (*Farmacias;* erkennbar an grünen Kreuzen) sind sehr gut ausstaffiert.

Wer ein Medikament nachkaufen muss, sollte den Beipackzettel mitbringen, auf dem die Inhaltsstoffe aufgeführt sind; manchmal wird das Medikament auch unter einem anderen Namen geführt.

In Kontakt bleiben

Post Postämter erkennen Sie an dem gelben Zeichen für *Correos* (Post); gelb sind auch die Briefkästen. Einfacher als in der Post besorgen Sie sich Freimarken in Tabakläden (*estancos*/ Aufschrift *Tabacos*); bei Einschreiben *(certificados)* führt jedoch kein Weg an den Postschaltern vorbei. Das Madrider Hauptpostamt liegt am Paseo del Prado 1 (Mo–Fr 8.30 bis 21.30, Sa 8.30–14 Uhr). Das Porto für eine Ansichtskarte bzw. einen Standardbrief ins europäische Ausland beträgt stolze 1,35 €. Beförderungsdauer: etwa 4–5 Tage.

Telefonieren Das eigene Handy ist natürlich Standard, aber es kann ja auch mal defekt sein. In Madrid gibt es immer noch private Fernsprechzentren *(locutorios)*. Gewarnt sei vor sogenannten »Servicenummern«, die massiv ins Geld gehen und mit 807, 901 oder 902 beginnen. Dagegen ist eine Nummer, die mit 900 beginnt, frei. Internationale Vorwahlen sind 0049 für Deutschland, 0043 für Österreich und 0041 für die Schweiz.

WLAN und Internet Unterkünfte, Restaurants, Cafés, Einkaufszentren etc. bieten standardmäßig kostenloses WLAN (span.: Wifi). Außerdem gibt es vielerorts Hotspots.

Notrufe

Krankenwagen, Polizei, Feuerwehr: Tel. 112
Touristenpolizei *(Servicio de Atención al Turista Extranjero)*: Tel. 915 48 85 37 und 915 48 80 08

Reisedokumente

Pass oder Personalausweis.

Reisezeit

Madrid ist zu jeder Jahreszeit reizvoll. Februar und Oktober warten meist mit stabilem, sonnigem Wetter auf. Im Frühling und Herbst sind die Temperaturen in Madrid am angenehmsten, in manchen Jahren gibt es aber anhaltende Regenfälle. Im Juli und August steigen die Temperaturen nicht selten auf 40 °C im Schatten, im Winter sinken sie oft unter null, anhaltender Frost ist aber nicht zu erwarten. Mai, Juni und September ist die Saison der Terrazas, der Freiluft- und Gartenlokale. Im August ist eine Vielzahl von Restaurants und Geschäften geschlossen. Madrid liegt auf demselben Breitengrad wie Neapel oder Istanbul und zeigt eine deutlich kontinentale Ausprägung des Mittelmeerklimas. Die Sommer sind lang und heißer als an den Küsten. Durch das Azorenhoch, Wolkenlosigkeit und hohe Einstrahlung steigen die mittleren Tagestemperaturen vor allem im Juli, aber auch im August auf 30 °C an. Die jährliche Durchschnittstemperatur liegt bei 13,3 °C. Während der Sommermonate lagert über den Zentrallandschaften die sogenannte Calina, eine trockene Dunstschicht, die aus Staubteilchen besteht, die die erhitzte, aufsteigende Luft vom trockenen Boden mitzieht. Da es keine atlantischen Tiefdruckausläufer gibt, bringen in dieser Jahreszeit nur Wärmegewitter, die von den Montes de Toledo oder der Sierra de Guadarrama nach Madrid kommen, Abkühlung. Niederschläge fallen hauptsächlich im Frühjahr und Herbst. Die mittlere jährliche Niederschlagsmenge liegt in Madrid zwischen 400 und 500 mm. Die Winter sind ebenfalls kälter als im Küstenbereich, wenn auch nicht so hart wie auf der nördlichen Meseta. In den Gebirgen fällt der winterliche Niederschlag zu großen Teilen als Schnee, sodass in der nahen Sierra de Guadarrama Wintersport betrieben werden kann. Bei Madrid kann oberhalb 600 m mit jährlichem Schneefall gerechnet werden. Die Sierra de Guadarrama weist in 1350 m 56 Schneefalltage im Jahr auf. Kulturinteressierten ist ein Citytrip in der kalten Jahreszeit durchaus anzuraten: Dann sind die Museen nicht so voll, und Sie bekommen leichter Karten für Kulturveranstaltungen.

Sicherheit

In Madrid tummeln sich leider auch Trick- und Taschendiebe. Überall dort, wo viel Betriebsamkeit und Gedränge herrschen (z. B. auf Plätzen und Märkten, in Kneipen, in der Metro etc.), sollten Sie besonders wachsam sein und auf Ihre Brief- oder Handtasche achten, genauso wie auf Ihr Handy und Ihre Kamera. Lassen Sie auch in Frühstücksräumen von Hotels niemals Ihre Taschen bedenkenlos herumliegen. Ein neuerer Diebestrick besteht darin, dann zuzugreifen, wenn sich gerade jemand am Büfett bedient. In Diskotheken oder Disco-Bars müssen Sie ebenso sorgfältig auf Ihre Habseligkeiten achten!

Zeit

In Spanien gelten die mitteleuropäische Sommer- bzw. Normalzeit.

Zollbestimmungen

Innerhalb der Europäischen Union (EU) ist der Warenverkehr für private Zwecke weitgehend zollfrei; allerdings gelten obere Richtmengen (z.B. für Reisende ab 18 Jahren 800 Zigaretten, 10 l Spirituosen, 90 l Wein). Zollfrei sind auch Mitbringsel bis zu einem Wert von insgesamt 430 € (bei einer Flugreise) bzw. 300 € (Reise mit Pkw, Bus oder Bahn). Zollfrei bei der Wiedereinreise in die Schweiz sind für Personen ab 17 J. z.B. 250 Zigaretten, 5 l Wein, 1 l Spirituosen sowie weitere Reisemitbringsel im Wert von bis zu 300 CHF (aktuelle Infos unter www.zoll.de, www.bmf.gv.at/zoll/reise/reise.html und www.ezv.admin.ch). Geldbeträge ab 10 000 € müssen immer deklariert werden.

ANREISE

Madrid ist eine nicht so leicht zu überschauende Großstadt, in der man nicht so schnell von A nach B gelangt. Auch die Fahrt vom Flughafen ins Zentrum braucht seine Zeit.

Mit dem Flugzeug

Madrid wird von diversen Airlines angeflogen, u.a. von Eurowings (www.eurowings.com) und Lufthansa (www.lufthansa.com). Der Flughafen (Aeropuerto Madrid-Barajas Adolfo Suárez; www.aeropuertomadrid-barajas.com, www.aena.es; Tel. 913 21 10 00) liegt 12 km nordöstlich der Innenstadt. Er besteht aus den Terminals (T) 1 bis 4. Touristische Infostellen finden Sie im Terminal 2 zwischen Saal 5 und 6 sowie im Terminal 4 im Saal 10.

Vom Flughafen in die Stadt …

… geht es mit Bussen, der Metro, dem Nahverkehrszug oder Taxi. Flughafenbusse der »Línea Exprés« (Linie 203) bringen Sie ab den Terminals 1, 2 und 4 in die Innenstadt zum Zugbahnhof Atocha-Renfe. Bei normalem Verkehrsfluss dauert die Fahrt 40 Minuten. Preis: 5 € pro Passagier. Akzeptiert bei der Bezahlung werden Geldscheine in Höhe von maximal 20 €. Diese Busse fahren ganzjährig tagsüber alle 15 bis 20 Minuten, in den späten Abendstunden im Schnitt alle 35 Minuten. Bei Fahrten zwischen 23.30 und 6 Uhr wird statt Atocha-Renfe die gleichfalls zentral gelegene Plaza de la Cibeles angesteuert. Zu den Flughafenbussen gibt es zwei Alternativen in Form von preisgünstigeren Linienbussen (je 1,50 €), die ebenfalls häufig verkehren: Bus Nr. 200 fährt bis zur Avenida de América, wo es eine unterirdische Busstation mit Metro-Anbindung gibt; Bus Nr. 101 hat in der Área Intermodal de Canillejas seine Endstation, auch dort Metro-Anschluss. Die U-Bahn bringt Sie in beiden Fällen weiter in die City. Der Flughafen hat zwei Metrohaltestellen der Linie 8, die stadteinwärts zur Endstation Nuevos Ministerios fährt; ab dort oder zwischendurch ab der Umsteigestation Mar de Cristal geht es weiter in die City bzw. andere Stadtteile. Die Metro verkehrt von 6 Uhr bis 1.30 Uhr. Preise je nach Endpunkt ab/bis Flughafen 4,50–6 €.

Der Nahverkehrszug C-1 fährt zwischen früh morgens und spät abends ab dem Terminal 4 bis zur Station Príncipe Pío; 2,60 €.

Am schnellsten – und teuersten – geht es mit dem Taxi in die Stadt; für die Fahrt ins Zentrum fällt ein Festpreis in Höhe von 30 € an. Billiger kann es mit Uber (www.uber.com) sein.

Mit der Bahn

Je nach Ausgangspunkt führen Bahnstrecken über Paris-Bordeaux-Hendaye bzw. über Südfrankreich und Barcelona; zwischen Madrid und Barcelona verkehrt der Superschnellzug AVE. Die Anreise aus Mitteleuropa dauert mindestens 16 Stunden, zu beachten sind Bahnhofswechsel. Die beiden wichtigen Bahnhöfe in Madrid sind die Estación de Atocha und die Estación de Chamartín. http://reiseauskunft.bahn.de

Mit dem Bus

Ähnlich wie bei der Bahn ist im Bus bei einer Anreisedauer von weit über 20 Stunden Durchstehvermögen gefordert. Bei Eurolines (www.eurolines.de, http://eurolines.ch) steht Madrid auf den Fahrplänen. Es gibt Preisermäßigungen für Kinder, Studenten und auch für Senioren.

Mit dem Auto

Je nach Ausgangsort im deutschsprachigen Raum kann die Anreise nach Madrid über 2000 Kilometer lang sein. Dafür sind mindestens zwei Tage zu veranschlagen. Kalkulieren Sie die Mautgebühren auf Autobahnen durch Frankreich und Spanien in Ihrem Reisebudget ein bzw. mithilfe eines Routenplaners wie www.viamichelin.de.

Wer mit dem Auto anreist, sollte mit der Unterkunft unbedingt auch eine Hotelgarage buchen – und das Fahrzeug dann vor Ort nach Möglichkeit nicht mehr als unbedingt nötig bewegen. Es sei denn, Sie haben Lust auf stressigen Großstadtverkehr und quälende Parkplatzsuche ...

UNTERWEGS IN MADRID

Mit dem Öffentlichen Nahverkehr

Schnell, sicher und zuverlässig fließt der öffentliche Nahverkehr mit Metro und Stadtbussen. Viele Sehenswürdigkeiten Madrids erkunden Sie am besten zu Fuß. Zwei große Plätze, die Plaza Mayor und die Puerta del Sol (große Metrostation), geben in der City eine Orientierung. Gute Anhaltspunkte sind auch die Gran Vía, der Paseo del Prado und der Stadtpark El Retiro. Der Fluss, Río Manzanares, durchfließt die niedriger gelegenen Süd- und Westteile Madrids. In die nördlichen Stadtteile führt der breite, kilometerlange Paseo de la Castellana.

Das **Metronetz** ist sehr gut ausgebaut. Es gibt 12 farblich unterschiedlich gekennzeichnete Linien. Hinzu kommt die Kurzlinie Ópera-Príncipe Pío. Quer durch die Stadt geht es unter anderem mit der roten Linie 2, der gelben Linie 3 und der hellgrünen Linie 5. Die graue Linie 6 heißt Circular und ist eine Rundlinie um die erweiterte Innenstadt. Die Metro verkehrt täglich zwischen 6 und 1.30 Uhr. Die Intervalle hängen von Wochentagen und Stoßzeiten ab. Das Minimum liegt bei 2, die maximale Wartezeit bei etwa 15 Minuten. In den Stationen zeigen Displays an, wie lange es dauert, bis die nächste Metro einrollt. Für Menschen mit Handicap eignet sich die Metro weitestgehend nicht. Es gibt nicht überall Aufzüge oder Rolltreppen. Auch mit schwerem Gepäck kann es anstrengend sein. Die Metro ist in Gebietszonen unterteilt. Für die meisten Besucher maßgeblich ist die Zone A, die das größte, zentralste Gebiet Madrids abdeckt. Einen Plan des Metronetzes finden Sie in diesem Reiseführer auf der hinteren Innenklappe des Umschlags. Als Download verfügbar ist der Plan unter www.metromadrid.es; es gibt auch eine App.

Die **Stadtbusse** der Empresa Municipal de Transportes (kurz EMT) verkehren auf über 200 Linien. Einen Überblick verschafft die Homepage (www.emtmadrid.es). Es gibt zudem eine EMT-App und die Kunden-Hotline unter Tel. 914 06 88 10. Die regulären Stadtbuslinien verkehren Mo-Fr von 6-23.30 Uhr, Sa/So 7-23 Uhr; die Frequenzen liegen gewöhnlich je nach Strecke zwischen 4 und 15 Minuten. Je nach Hauptverkehrszeit kann es trotz eigener Busfahrspuren zu Staus kommen, sodass es überlegenswert ist, unter die Erde in die Metro auszuweichen. Ergänzend zu den Linien über Tag gibt es Nachtbusse, *búhos* (Uhus) genannt. Diese verkehren auf 26 Strecken; maßgebliche Station ist die Plaza de la Cibeles. Die Frequenzen hängen vom Wochentag ab und liegen im Regelfall zwischen 15 und 35 Minuten.

Fahrkarten: In Madrid sind viele Besucher mit der Touristen-Karte *(Tarjeta Turística)* unterwegs, die für Stadtbusse und Metro (Stadtzone A) gültig ist. Dieses Ticket erlaubt unbegrenzte Fahrten. Es ist für 1/2/3/5/7 Tage erhältlich und kostet entsprechend 8,40/14,20/18,40/26,80/35,40 €. Für andere Fahrten, z. B. einzeln oder Zehnertickets, besorgt man sich die wiederaufladbare *Tarjeta Multi* (kostet 2,50 €).

Mit Sightseeing-Bussen

Und ab in die roten Doppeldecker! Die Sightseeing-Busse von »Madrid City Tour« (http://madrid.city-tour.com) verkehren auf festen

Routen und steuern die wichtigsten Ziele an. Ein- und Ausstiege sind unbegrenzt möglich. Unterwegs gibt es in verschiedenen Sprachen Erklärungen vom Band über kleine Kopfhörer (im Preis enthalten). Ein Eintagesticket kostet 21, ein Zweitagesticket 25 €. Preisreduziert sind Kinder-, Senior- und Familientickets. Bei Bestellungen über die Homepage kann es Rabatt geben.

Mit dem Taxi

Halten Sie an strategisch wichtigen Punkten Ausschau nach Taxiständen. Die Fahrzeuge erkennen Sie an der weißen Farbe und dem rötlichen, schräg über das Weiß verlaufenden Seitenstreifen. Freie Taxis haben oben auf dem Dach das grüne Licht eingeschaltet. Die Basis- und Kilometertarife erhöhen sich Mo–Fr 21–7 Uhr sowie an den Wochenenden. Zudem werden diverse andere Preiszuschläge fällig, u.a. bei einem Zug- oder Busbahnhof als Ziel. Eine günstigere Alternative ist der Taxidienst von Uber (www.uber.com).

Mit dem Fahrrad

Eine gute Fahrradverleihstation, auch von E-Bikes, finden Sie im Kulturzentrum Matadero (Plaza de Legazpi/Paseo de la Chopera, www.mataderomadrid.org). Vorteil: Ab dort sind Sie gleich im fahrradfreundlichen Flusspark Madrid Río. Ansonsten verteilen sich über Madrid 165 öffentliche Selbstbedienungsterminals mit E-Bikes (www.bicimad.com). Bei der Ausleihe wird Ihre Kreditkarte mit einer Garantie in Höhe von 150 € belastet. Es stehen Basis-Tickets für 1/3/5 Tage zur Wahl, die eigentliche Leihzeit wird pro Stunde berechnet. Die erste Stunde kostet 2 €, jede darauffolgende Stunde 4 €. Achten Sie bei der Rückgabe an einem Terminal darauf, dass das Rad korrekt einrastet und somit gesichert ist. Eine App (Link auf der Homepage) ermöglicht Ihnen, die nächstgelegene Station mit einem verfügbaren Rad zu lokalisieren. Weitere Adressen von Radverleihern sind auf der Tourismus-Homepage der Stadt aufgelistet (www.esmadrid.com).

Überlandtransport

Die Linienbusse nach San Lorenzo de El Escorial starten am Busbahnhof Moncloa (Metro: Moncloa), nach Toledo am Busbahnhof Plaza Elíptica (Metro: Plaza Elíptica) ab. Die Madrider Busbahnhöfe sind teils unterirdisch gelegen und heißen auf Spanisch *Estación de Autobuses* bzw. *Intercambiador de transporte*. Alternativ verkehren nach Toledo auch Züge. Die Zahl der Fahrkarten ist auf die Zahl der Sitzplätze begrenzt – wer im Voraus bucht, geht auf Nummer sicher.

ÜBERNACHTEN

Edel in einem Prachtpalais, stylish in einem Boutiquehotel, solide in einem Treff für Low- budget-Traveller – Madrid bietet ein breites Angebot für jeden Geschmack und Geldbeutel. Die Preise können je nach Haus mehrfach wöchentlich wechseln, abhängig von Angebot und Nachfrage. Sieht man mal von den zulaufstarken Weihnachts- und Osterferien ab, lassen sich klassische Unterscheidungen zwischen Haupt- und Nebensaison kaum vornehmen. Gemeinhin kann das Preisniveau in den Monaten Juni, Juli und August niedriger sein, ebenso im Januar oder Februar. Dann wiederum steigt es, wenn z. B. Messen, Kongresse, Fußballspiele, Volksfeste, Festivals oder Events anstehen. Online-Buchungen sind in der Regel günstiger als spontan an der Rezeption. Achten Sie bei Preisangaben darauf, ob die für Unterkünfte relevante Mehrwertsteuer (IVA) in Höhe von zehn Prozent bereits enthalten ist. Das Frühstück *(desayuno)* ist in der Regel nicht inklusive und manchmal erst ab 8 Uhr verfügbar. Ein wichtiges Kriterium bei der Auswahl ist, dass die Unterkunft möglichst nah an einer Metrostation liegt. Das erspart längere zusätzliche Fußwege – über Asphalt wandern Sie ja ohnehin genug.
Diverse Hotelketten sind mit ihren Häusern in Madrid vertreten, darunter Petit Palace (www.petitpalace.com) und NH/NH Collection/Hesperia (www.nh-hoteles.es). Damit trifft man häufig eine gute Wahl.
Die kleine Kette der Room Mate Hotels (http://room-matehotels.com) gilt als schwulen- und lesbenfreundlich.
Angebote für Zimmer und Apartments finden Sie z. B. über www.airbnb.de.

Preise für ein Doppelzimmer pro Nacht:

€	unter 90 Euro
€€	von 90–140 Euro
€€€	über 140 Euro

Hotelempfehlungen

Hospedaje Romero €
Zentral, günstig, beliebt. Das niedrige Preisniveau spiegelt sich in der Ausstattung wider. Da es nur sieben Zimmer gibt, empfiehlt sich eine frühzeitige Reservierung.
↠ 185 E1 ✉ Gran Vía 64 ☎ 915 59 76 61 🌐 www.hospedajeromerogranvia.com 🚇 Santo Domingo, Plaza de España

JC Rooms Santo Domingo €
Auch für dieses Haus spricht vor allem die zentrale Lage – zwischen Teatro Real und Gran Vía. Als kleine Zugaben gibt's die kostenlose Minibar (Wasser, Cola) und den Computer mit WLAN-Anschluss auf dem Zimmer.
↠ 187 E/F4 ✉ Cuesta de Santo Domingo 16 ☎ 915 47 48 88 🌐 www.jchoteles-santodomingo.com 🚇 Santo Domingo, Ópera

Lapepa Chic B & B €
Low-Budget-Reisende wird eine gut ausstaffierte Unterkunft wie diese freuen, zumal die Lage gut ist. Sowohl der Altstadtbereich als auch die Top-Kunstmuseen wie der Prado liegen in äußerst bequemer Gehentfernung. Nur 14 Zimmer, freundlicher Service.
↠ 188 C3 ✉ Plaza de las Cortes 4, 7° dcha ☎ (Handy) 648 47 47 42 🌐 http://lapepa-bnb.com 🚇 Banco de España

NH Ribera del Manzanares €€
Dieses große, moderne Hotel ist für alle gedacht, die abseits des Zentrums (ca. 2,3 km) nah an den Flusspromenaden des Río Manzanares logieren möchten. 224 Zimmer.
↠ 190 A3 ✉ Paseo Virgen del Puerto 57 ☎ 913 64 32 48 🌐 www.nh-hoteles.es 🚇 Pirámides

Only you Boutique €€€
Wer mitten im In-Viertel Chueca logieren will und nicht so sehr auf den Preis zu achten braucht, dem wird dieses stilvoll aufgezogene Boutiquehotel gut gefallen. Historischer Vorgänger war ein Stadtpalais aus dem 19. Jh. Das Personal ist immer sehr hilfsbereit. Die integrierte Gastrolounge hat sich auch unter Madridern zum populären Treffpunkt entwickelt.
↠ 188 C5 ✉ Calle Barquillo 21 ☎ 910 05 22 22 🌐 www.onlyyouhotels.com 🚇 Chueca

Palace €€€
Traditionsreiche Spitzenadresse, auch bekannt als »The Westin Palace Madrid«. Das Haus wurde unter dem Jugendstilarchitekten Eduardo Ferres i Puig erbaut und ist seit seiner Eröffnung 1912 auf finanzstarke Gäste zugeschnitten. An die alten Zeiten erinnern die Säulenrundhalle mit ihrer prächtigen Buntglaskuppel und die Hotelbar, in der sich schon trinkfeste Gäste wie Ernest Hemingway und Salvador Dalí einfanden. Es gibt diverse Preiskategorien für annähernd 500 Zimmer und Suiten.
↠ 188 C3 ✉ Plaza de las Cortes 7 ☎ 913 60 80 00 🌐 www.westinpalacemadrid.com 🚇 Banco de España

Petit Palace Puerta del Sol €€
Pluspunkte sind die Top-Citylage in der geschäftigen Fußgängerzone nahe der Puerta del Sol und das solide Preis-Leistungsverhältnis; bis zur nächsten Metrostation sind es etwa 150 Meter. Es gibt auch Familienzimmer.
↠ 188 A4 ✉ Calle del Arenal 4 ☎ 915 21 05 42 🌐 www.petitpalace.com 🚇 Sol

Petit Palace Plaza España €€
Zentrales, komfortables Hotel, bei dem die vitale Gran Vía mit ihren Shoppingadressen und Theatern quasi vor der Haustür liegt. Das Interieur ist modern-elegant und gleichermaßen dezent gehalten. Auch Dreier- und Familienzimmer.
↠ 185 E1 ✉ Calle de San Bernardo 3 ☎ 915 42 51 15 🌐 www.petitpalace.com 🚇 Callao

Puerta de Toledo €-€€
Solides Dreisterne-Hotel ohne größere Schnörkel, 169 Zimmer, faire Preise. Ab hier Einstieg zu Fuß ins Viertel La Latina, ansonsten haben Sie die Metrostation vor der Tür.

🚩 187 E 1 ✉ Glorieta Puerta de Toledo 4 ☎ 914 74 71 00 🌐 www.hotelpuertadetoledo.com 🚇 Puerta de Toledo

Room Mate Mario €€

Zentral und doch in einer weniger frequentierten Straße, ganz in der Nähe des Teatro Real, liegt dieses freundliche Hotel. Modern, mit einigen Farbelementen gestaltet; das Personal ist erfreulich servicebewusst. Frühstücksbüffet mit guter Auswahl und Sitzplätzen, um sich auch länger aufzuhalten. Frühstücken können Sie übrigens bis zwölf Uhr mittags, falls die Nacht etwas länger gewesen sein sollte. Zwei Gehminuten bis zur Metrostation und zur Fußgängerzone. Auch die Gran Vía ist rasch zu Fuß erreichbar.
🚩 187 E4 ✉ Calle Campomanes 4 ☎ 915 48 85 48 🌐 http://room-matehotels.com/de/mario 🚇 Ópera

Room Mate Óscar €€

Ein urbanes Refugium, trendy und modern. So, wie man sich ein Boutiquehotel vorstellt. Es gibt diverse Zimmerkategorien, auch Dreierzimmer. Die Lage im Viertel Chueca krönt die Dachterrasse, die nur für Über-18-Jährige zugänglich ist. Dort gibt es eine Lounge-Bar, die auch für Nicht-Hotelgäste betretbar ist. Mehr als 30 Cocktails stehen hier zur (Qual der) Wahl.
🚩 188 B4 ✉ Plaza Pedro Zerolo 12 ☎ 917 01 11 73 🌐 http://room-matehotels.com/de/oscar 🚇 Gran Vía, Chueca

Sercotel Suites Viena €€

Die etwas andere Unterkunft, denn jedes der 57 Zimmer bzw. Apartments ist mit einer Kochzeile ausstaffiert, also auf Selbstversorger ausgerichtet. Die Lage ist zentrumsnah, nicht weit von der Plaza de España und den Grünanlagen des Parque del Oeste entfernt.
🚩 184 C3 ✉ Calle Juan Álvarez Mendizábal 17 ☎ 917 58 36 05 🌐 www.suitesviena.com 🚇 Plaza de España, Ventura Rodríguez

VP Plaza España Design €€€

Fünf Sterne und ein echtes Statement in Sachen Luxus und Design: Das im Jahr 2018 eröffnete Spitzenhaus residiert an einem der prägnantesten Plätze der Stadt. Werke zeitgenössischer Künstler unterstreichen den ästhetischen Anspruch, ein Highlight ist eine 25 m hohe Wasserfallskulptur aus Metall. Kontrastreiche grüne Akzente setzen vertikale Gärten und der Innengarten. Nicht fehlen dürfen der Außenpool, der Spa- und Wellnessbereich sowie das Fitnessstudio. Kulinarische Akzente setzt das Restaurant Botania mit asiatischer Fusionsküche. Populärer Treffpunkt auch für Nicht-Hotelgäste ist die Gingko Sky Bar mit Blick auf den Königspalast. Die 214 Zimmer, alle geräumig und unterteilt in zehn Kategorien, vereinen Design, Technik und gehobene Funktionalität.
🚩 185 D1 ✉ Plaza de España, 5 ☎ 915 95 55 10 🌐 www.plazaespana-hotel.com 🚇 Plaza de España

ESSEN UND TRINKEN

Madrider sind Foodies. Ausgiebig einkehren, das gehört bei den Locals zum Lebensstil, bei dem sie nicht auf den Preis und noch weniger auf die Dauer achten. Mahlzeiten bedeuten nicht nur Nahrungsaufnahme, sondern sind eine willkommene Gelegenheit für Geselligkeit und Kommunikation. Davon kann man sich als Auswärtiger eine Scheibe abschneiden. Einfach genießen, sich Zeit nehmen. Überall beliebt ist es, Tapas, also unterschiedlichste Appetithäppchen, zum Bier oder Wein zu sich zu nehmen. Oft kommen sie in der Kneipe kostenlos und ungefragt dazu. Tapas in größeren Mengen bestellt man als Portion *(ración)* oder als halbe Portion *(media ración)*. Sattmacher in Kneipen sind Omelettes *(tortillas)*, speziell das Kartoffelomelette *(tortilla de patatas)*, und belegte Brote *(bocadillos)*. Dabei kommt zwischen ein großzügig bemessenes Stück Stangenweißenbrot entweder Käse *(queso)*, luftgetrockneter Serrano-Schinken *(jamón Serrano)*, gekochter Schinken *(jamón cocido)* oder Paprika-Knoblauchwurst *(chorizo)*, deren Aroma Sie noch einige Zeit begleiten wird. Recht preiswert sind kombinierte Tellergerichte *(platos combinados)*.
Restaurants tischen wochentags über Mittag das Tagesmenü *(menú del día)* auf. Enthalten sind Vor-, Haupt- und Nachspeise (jeweils zur Auswahl), Brot und ein Getränk.

In einfachen Restaurants kann das Tagesmenü 11-12 €, in gehobenen Restaurants 30 € kosten. Spanier mögen keine fetten Saucen, dafür geben Olivenöl und Knoblauch besondere Noten. Bei Hauptgerichten gibt es gewöhnlich keine größeren Beilagen.
Es kann ein wenig dauern, bis Sie den ureigenen spanischen Rhythmus verinnerlicht haben. Der geht so: Frühstück *(desayuno)* gegen 8 Uhr, Mittagessen *(comida)* ab 14 Uhr, Abendessen *(cena)* ab 21 Uhr. Auf Mittag- und Abendessen in Restaurants stimmen sich Spanier gerne mit Tapas und Drinks ein, mitunter startet das Abendessen freitags oder samstagabends erst um 22.30 Uhr. Da Madrid aber auch eine Besucherstadt ist, haben sich einige Restaurants auf die Bedürfnisse auswärtiger Kundschaft eingestellt und bieten tagesdurchgängig warme Küche an.
Bei den Restauranttypen finden Einflüsse aus ganz Spanien zusammen, vom Baskenland bis Andalusien. Sie können aber auch indisch, chinesisch (immer sehr preiswert) oder mexikanisch essen. Ein auf Meeresfrüchte spezialisiertes Restaurant heißt *marisquería*, eine Bierstube *cervecería* (hier gibt es auch Tapas und Mahlzeiten). Dünn gesät sind vegetarische Restaurants *(restaurante vegetariano)*.
Bei den **Getränken** liegen Sie im Lokal mit einem soliden Hauswein *(vino de la casa)* meist richtig. Beliebt unter den Locals ist Wermut *(vermut, vermú)*. Eine kühle Sangría (Mix aus Rotwein, Fruchtsaft/Fruchtstücken, Eisstücken) ist eher etwas für Touristenfallen: Der Fusel wird mit reichlich Zucker kaschiert, das kann zu Kopfschmerzen führen. Immer passend ist ein Kaffee zwischendurch, ob Espresso *(café solo)*, Milchkaffee *(café con leche)* oder kleiner Milchkaffee *(cortado)*.
Stichwort Trinkgeld: In Cafés und Kneipen lässt man ggf. etwas Wechselgeld liegen. In Restaurants gibt man etwa fünf Prozent des Rechnungsbetrags, Zufriedenheit vorausgesetzt. Die Schnelligkeit beim Service sollten Sie nicht an Maßstäben aus Mitteleuropa messen.
Zum Schluss noch zwei Verhaltenstipps:
1. Setzen Sie sich in Kneipen und/oder Restaurants unter keinen Umständen zu anderen Gästen an den Tisch, auch nicht auf Nachfrage. Diese Sitte ist unbekannt, das wäre ein echter Affront. Spanier würden dies als äußerst unangenehm empfinden und könnten sich genötigt fühlen, baldmöglichst das Lokal zu verlassen.
2. Falls Sie zu mehreren Leuten ausgehen, ist es absolut unüblich, getrennt bezahlen zu wollen. Lösung: Einer streckt vor Ort alles vor, danach schlüsseln Sie untereinander die Rechnung auf.

AUSGEHEN

Erleben Sie unvergessliche Momente: ob in Musicaltheatern, in der Oper, bei Livekonzerten. Auch Madrid ist eine Stadt, die niemals schläft – und lässt bei der Freizeitgestaltung kaum Wünsche offen. Es sei denn, es ist Montag: Dann haben Theater und Kulturzentren meist ihren Ruhetag.

Musik und Theater: Erste Madrider Adresse für Oper und beeindruckende Inszenierungen ist das Teatro Real (Plaza de Isabel II, für Kartenbestellungen Tel. 915 16 06 60, www.teatro-real.com). Gelegentlich finden aber auch Ballettaufführungen und Konzerte anderer Art statt. Den Rahmen für klassische Konzerte gibt das Auditorio Nacional de Música (Príncipe de Vergara 146, Tel. 913 37 03 07, www.aud itorionacional.mcu.es). Große Konzerte steigen u.a. im Palacio Municipal de Congresos (Campo de la Naciones, Avenida Capital de España 7, Tel. 915 78 77 58) und im WiZink Center (Avenida de Felipe II, Tel. 914 44 99 49; www.wizinkcenter.es). Hervorragende Musicalproduktionen bieten immer wieder das Teatro Rialto (hier können auch andere Veranstaltungen wie Magieshows stattfinden) und das Teatro Lope de Vega, beide an der Gran Vía. Manchmal sind Musicals auch im Teatro Nuevo Alcalá (Calle Jorge Juan 62, Tel. 914 35 34 03, www.teatroalcalamadrid.com) angesetzt. Gute Adressen für Live-Konzerte und andere Kulturveranstaltungen sind Kulturzentren wie Matadero (Paseo de la Chopera/Plaza de Legazpi 8; www.mataderomadrid.org).
Es gibt eine ausgeprägte Theaterkultur mit vielen Spielstätten wie dem Teatro María Guerrero oder dem Teatro Valle-Inclán, in

denen Stücke des Centro Dramático Nacional zur Aufführung gelangen (http://cdn.mcu.es) – doch das dürfte nur jene ansprechen, die sattelfest in Spanisch sind.

Kneipenkultur: Eine lebhafte Kneipenszene gibt es in der Altstadt z. B. um die Plaza de Santa Ana, ansonsten in Vierteln wie La Latina, Lavapiés, Malasaña und Chueca. In diversen Bars und Discos treten Bands mit Live-Musik auf.
Noch ein Hinweis: Sieht man von Kneipenterrassen und Ausnahmeregelungen bei Volksfesten ab, ist es in Madrid untersagt, Alkohol im öffentlichen Raum zu konsumieren!

Veranstaltungsinfos: Auf der Homepage von Madrid-Tourismus (www.esmadrid.com) können Sie einige aktuelle Termine abrufen. Besser noch sind die Freizeitguide-Seiten »Hoy en Madrid« (www.hoyenmadrid.info; engl., span.) und »Guía del Ocio« (www.guiadelocio.com/madrid; nur auf Span.).

Kartenvorverkauf: Zentrale Websites für Kartenvorverkäufe sind in Spanien nicht zu empfehlen (kompliziert, undurchsichtig bei möglichen Gebühren). Deshalb buchen Sie Theater-/Konzerttickets entweder über die Homepage der jeweiligen Spielstätte oder gehen zum hauseigenen Ticketschalter. Eine gute Alternative ist der Ticketkauf über den Elektronik-Supermarkt Fnac (Calle Preciados 28, www.fnac.es).

EINKAUFEN

Edle Boutiquen, Geschäfte vom alten Schlag, Einkaufszentren, bunte Märkte, der berühmte Trödel- und Allerleimarkt El Rastro – Madrid ist für jede Einkaufstour gerüstet und macht Luxusshoppern ebensoviel Freude wie Schnäppchenjägern.

Wohin zum Einkaufen? Geschäftig geht es in der City in den Fußgängerzonen zu, in welche Sie ab der Puerta del Sol vorstoßen, u.a. in die Calle del Arenal und die Calle Preciados. Eine beliebte Einkaufsstraße ist auch die Gran Vía. Über das alte Boheme-viertel Salamanca (Barrio de Salamanca) verteilen sich zahlreiche Geschäfte, die bis heute Chic und Exklusivität pflegen. Dazu zählen Boutiquen und Juweliere. Wichtigste Arterie dort ist die Calle de Serrano, von der weitere Shoppingstraßen wie die Calle de Goya und die Calle de José Ortega y Gasset abzweigen.
Kleine Designerboutiquen (auch mit alternativer Mode), Schuhgeschäfte und Outlets finden Sie im Viertel Chueca, das mit dem Viertel Malasaña verschmilzt. Auch dort sind kleine Mode- und Dekogeschäfte ansässig, die persönlich geführt werden und mit Kreationen von Designern auftrumpfen.
Im Viertel La Latina gibt es einige Antiquitätenläden und auch kleinere Shops. Sonntags ist dort von 9 bis etwa 15 Uhr der riesige Trödel- und Allerleimarkt El Rastro terminiert. Hinzu kommen diverse Vertretungen der Kaufhauskette El Corte Inglés sowie Modeadressen von Zara, Mango und Desigual.
Madrider mögen es auch, in Einkaufszentren (*Centros comerciales*) zu shoppen, zumal es dort auch Gastro- und Freizeitangebote (z.B. Kino) geben kann.
Märkte (*mercados*) sind immer gute Adressen und typisch für die Kultur der Viertel. Über das Stadtgebiet verteilen sich 46 Märkte, u.a. der Mercado Tirso de Molina (Calle Doña Urraca 15; Mo-Fr 9-14 und 17.30 bis 20.30, Sa 9-14 Uhr; http://mercadotirsodemolina.es) und der Mercado de San Antón (Calle Augusto Figueroa 24; Marktstände im ersten Stock Mo-Sa 10-22 Uhr, außerdem noch Gastrokultur; www.mercadosananton.com).

Öffnungszeiten: In touristischen Zonen wie um die Puerta del Sol und die Gran Vía öffnen die Geschäfte täglich. Die normalen Öffnungszeiten beschränken sich ansonsten von Mo-Sa auf 9.30/10-13.30/14 und 16/17 bis 20 Uhr, wobei es bei der Mittagspause/Siesta keine Einheitlichkeit gibt (mal wird eine gemacht, mal ist durchgehend geöffnet). Wieder andere schließen auch samstagnachmittags. Bei Kaufhäusern und Geschäften in Einkaufszentren ist gewöhnlich von durchgehend langen Öffnungszeiten auszugehen, also 9.30/10-20/21 (vereinzelt auch bis 22) Uhr.

SPRACHE

Die spanische Sprache ist die Muttersprache von über 220 Mio. Menschen und damit die wichtigste lebende romanische Sprache sowie nach Englisch die bedeutendste Verkehrssprache der Erde. Englisch wird längst nicht von allen Spaniern gesprochen. Außerdem sollte man nicht erwarten, sich in Madrid in deutscher Sprache verständigen zu können. Das gilt auch für Hotels, Restaurants und Fremdenverkehrsstellen – Ausnahmen bestätigen hier nur die Regel. So oder so aber freut man sich immer, wenn Sie zumindest ein paar Vokabeln in Ihrem Wortschatz haben. Die wichtigsten dazu finden Sie in diesem kleinen Sprachführer.
Das in Madrid gesprochene Spanisch *(español)*, auch als Kastilisch *(castellano)* bezeichnet, ist mit dem Französischen und Italienischen verwandt. Im Allgemeinen wird bei Wörtern, die auf einen Vokal, n oder s enden, die vorletzte Silbe betont, bei den anderen die letzte – wenn nicht ein Akzent eine andere Betonung vorgibt.
Es gibt zwei Artikel im Spanischen: Der männliche Artikel lautet »el« (pl. »los«), der weibliche »la« (pl. »las«). Das Neutrum »lo« wird nur in bestimmten Verbindungen gebraucht, z. B. »lo bueno«, »lo malo«, »lo mejor« = das Gute, das Schlechte, das Beste. Die Deklination geschieht mit Benutzung der Präposition »de« für den Genitiv und »a« für den Dativ, die im Singular des Maskulinums mit den Artikeln zu »del« und »al« zusammengezogen werden. Der Akkusativ wird bei Personen durch die Präposition »a« eingeleitet, z. B. »Veo a Juan.« = Ich sehe Juan.

Immer zu gebrauchen

Ja/nein	**Sí/no**
Bitte	**Por favor**
Danke	**Gracias**
Keine Ursache/gern	**De nada / con mucho gusto**
Hallo	**Hola**
Auf Wiedersehen	**Adiós**
Bis dann!	**Hasta luego!**
Guten Morgen (bis 12 Uhr)	**Buenos días**
Guten Tag (nach 12 Uhr)	**Buenas tardes**
Guten Abend	**Buenas noches**
Wie geht's?	**¿Qué tal?**
Wie viel kostet das?	**¿Cuánto vale?**
Tut mir Leid	**Lo siento**
Verzeihung	**Perdone / disculpe**
Ich würde gern ...	**Me gustaría ...**
Offen	**Abierto**
Geschlossen	**Cerrado**
Heute	**Hoy**
Morgen	**Mañana**
Gestern	**Ayer**
Montag	**Lunes**
Dienstag	**Martes**
Mittwoch	**Miércoles**
Donnerstag	**Jueves**
Freitag	**Viernes**
Samstag	**Sábado**
Sonntag	**Domingo**

Nach dem Weg fragen

Ich habe mich verlaufen.	**Me he perdido.**
Wo ist ...?	**¿Dónde está ...?**
Wie komme ich ...?	**¿Cómo se va ...?**
... zur Bank	**... al banco**
... zur Post	**... a la oficina de correos**
... zum Bahnhof	**... a la estación de trenes**
Wo sind die Toiletten?	**¿Dónde están los servicios?**
Links	**a la izquierda**
Rechts	**a la derecha**
Geradeaus	**todo recto**
An der Ecke	**en la esquina**
An der Ampel	**en el semáforo**
An der Kreuzung	**en la intersección / en el cruce**

Im Notfall

Hilfe!	**¡Socorro!/¡Ayuda!**
Könnten Sie mir bitte helfen?	**¿Podría ayudarme, por favor?**
Sprechen Sie Deutsch/ Englisch?	**¿Habla alemán/ inglés?**
Ich verstehe (Sie) nicht.	**No comprendo/ no entiendo.**

Ich spreche kein Spanisch.	**No hablo español.**
Könnten Sie bitte einen Arzt rufen?	**¿Podría llamar a un médico, por favor?**

Übernachten

Haben Sie ein Einzel-/Doppelzimmer?	**¿Le queda una habitación individual/doble?**
mit/ohne Bad/WC/Dusche	**con/sin baño propio/aseo propio/ducha propia**
Ist das Frühstück inbegriffen?	**¿Incluye el desayuno? ¿El desayuno está incluido?**
Kann ich das Zimmer ansehen?	**¿Puedo ver la habitación?**
Ich nehme das Zimmer.	**Me quedo con esta habitación.**
Den Schlüssel für Zimmer …, bitte.	**La llave de la habitación …, por favor.**
Danke für Ihre Gastfreundschaft.	**Muchas gracias por la hospitalidad.**

Zahlen

1	**uno**
2	**dos**
3	**tres**
4	**cuatro**
5	**cinco**
6	**seis**
7	**siete**
8	**ocho**
9	**nueve**
10	**diez**
11	**once**
12	**doce**
13	**trece**
14	**catorce**
15	**quince**
16	**dieciséis**
17	**diecisiete**
18	**dieciocho**
19	**diecinueve**
20	**veinte**
21	**veintiuno**
22	**veintidós**
30	**treinta**
40	**cuarenta**
50	**cincuenta**
60	**sesenta**
70	**setenta**
80	**ochenta**
90	**noventa**
100	**cien**
200	**doscientos**
300	**trescientos**
400	**cuatrocientos**
500	**quinientos**
600	**seiscientos**
700	**setecientos**
800	**ochocientos**
900	**novecientos**
1000	**mil**

Im Restaurant

Ich würde gern einen Tisch reservieren.	**Me gustaría reservar una mesa.**
Haben Sie einen Tisch für zwei Personen, bitte?	**¿Tienen una mesa para dos personas, por favor?**
Würden Sie uns bitte die Speisekarte bringen?	**¿Nos podría traer la carta, por favor?**
Die Rechnung, bitte.	**La cuenta, por favor.**
Bedienung inklusive	**Servicio incluido**
Frühstück	**el desayuno**
Mittagessen	**el almuerzo/la comida**
Abendessen	**la cena**
Kellner/Kellnerin	**camarero/camarera**
Vorspeise	**las entradas/los entremeses**
Hauptgericht	**el plato principal**
Nachspeise	**el postre**
Tagesgericht	**plato del día**
Tagesmenü	**menú del día**
Rechnung	**la cuenta**

Speisekarte

aceituna	**Olive**
ajo	**Knoblauch**
alcachofa	**Artischocke**
almejas	**Muscheln**
almendras	**Mandeln**
anguila	**Aal**
arroz	**Reis**
atún/bonito	**Thunfisch**
bacalao	**Kabeljau**
berenjena	**Aubergine**

bistec/filete	**de carne Steak**
bocadillo	**Art belegtes Baguette**
boquerones	**Sardellen**
calamares	**Tintenfisch (gegrillt)**
caldo	**Fleischbrühe**
callos	**Kutteln**
cangrejo	**Krebs**
cebolla	**Zwiebel**
cerdo	**Schweinefleisch**
cerezas	**Kirschen**
cerveza	**Bier**
champiñones	**Champignons**
chorizo	**würziges Würstchen**
chuleta	**Kotelett**
churros	**frittiertes Gebäck**
ciruela	**Pflaume**
cochinillo asado	**Spanferkel**
codorniz	**Wachtel**
conejo	**Kaninchen**
cordero	**Lamm**
crema (nata)	**Sahne**
criadillas	**Hoden**
crudo	**roh**
endibia	**Chicorée**
ensalada (mixta)	**(gemischter) Salat**
ensaladilla rusa	**Art Kartoffelsalat**
espárragos	**Spargel**
espinaca	**Spinat**
fideos	**Nudeln**
filete	**Filet**
flan	**Karamellpudding**
frambuesa	**Himbeere**
fresa	**Erdbeere**
fruta (de temporada)	**Früchte (der Saison)**
galleta	**Keks**
gambas	**Shrimps**
garbanzos	**Kichererbsen**
gazpacho andaluz	**kalte Gemüsesuppe**
grosellas	**rote/schwarze Johannisbeeren**
guisantes	**Erbsen**
habas	**Saubohnen**
helado	**Eis**
hígado de oca	**Gänseleber**
huevos fritos/ revueltos	**Spiegelei, Rührei**
jamón	**Schinken**
judías verdes	**grüne Bohnen**
jugo	**Bratensaft**
langostino	**Languste**
leche	**Milch**
lechuga	**Kopfsalat**
legumbres	**Hülsenfrüchte**
lengua	**Zunge**
lenguado	**Seezunge**
liebre	**Hase**
lomo de cerdo	**Schweinelende**
manzana	**Apfel**
mariscos	**Meeresfrüchte**
mejillones	**Miesmuscheln**
melocotón	**Pfirsich**
melón	**Melone**
merluza	**Seehecht**
mero	**Zackenbarsch**
morcilla	**Blutwurst**
pan	**Brot**
pato	**Ente**
pepino	**Gurke**
pepinillos	**Essiggurken**
pera	**Birne**
perejil	**Petersilie**
pez	**Fisch (allgemein)**
pez espada	**Schwertfisch**
pescado	**(Speise-)Fisch**
pimientos	**roter/grüner Paprika**
piña	**Ananas**
plátano	**Banane**
pollo	**Huhn**
puerro	**Lauch**
pulpo	**Tintenfisch**
queso	**Käse**
rape	**Seeteufel**
riñones	**Niere**
salchicha	**Würstchen**
salchichón	**Hartwurst**
salmonete	**Meerbarbe**
solomillo de buey	**Rinderfilet**
sopa	**Suppe**
tocino	**Speck**
tortilla española	**Omelett mit Kartoffeln**
tortilla francesa	**Omelett natur**
trucha	**Forelle**
verduras	**grünes Gemüse**
zanahorias	**Karotten**

Cityatlas

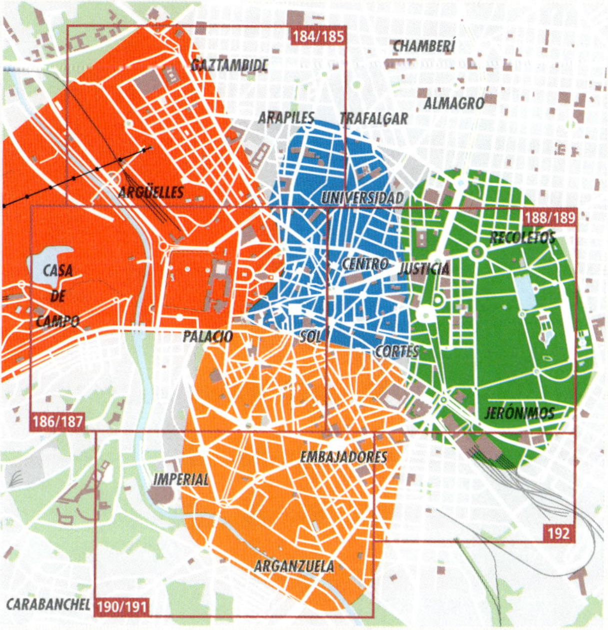

Legende

- S-Bahn mit S-Bahn-Station
- U-Bahn mit U-Bahn-Station
- Seilbahn
- Parkplatz; Jugendherberge
- Hallenbad; Freibad
- 1 ★★ TOP 10
- 11 Nicht verpassen!
- 12 Nach Lust und Laune!
- Information; Museum
- Theater, Oper
- Denkmal, Monument
- Kirche; Moschee
- Polizei
- Krankenhaus
- Bibliothek; Post
- Busbahnhof
- Sendeturm

1 : 10 500

0 — 250 — 500 m

0 — 250 — 500 yd

C. del Obispo
S. Agustín
Complutense
A
V. S. Guadalupe
Miguel Antonio Caro
Trav. de A. Nebrija
Avenida de Séneca
5
Faro de Moncloa
B
43
Avenida
Pabellón de Gobierno U.C.M.
Militar
C
Calle de Isaac
C. Hilar
C. Donoso Cortés
GAZTAM
Arco de la Victoria
Junta Municial
Moncloa
Metro
C. Fernández de los Ríos
Paseo de Ruperto Chapí
Parque del Oeste
Paseo de Moret
Taxi
Calle Arcipreste de Hita
C. Fernando El Ca
Ministerio de Defensa (Aire)
Paseo de Ruperto Chapí
Cuartel Infante Don Juan
C. Martín de los Heros
Calle de la Princesa
C. Hilarión Eslava
C. de Menéndez Va
Ruperto Chapí
Paseo de Moret
C. Ferraz
C. Lisboa
C. Francisco Lozano
C. San Juan Bosco
C. Romero Robeldo
C. de Tutor
C. Benito Gutiérrez
C. de Gatzambide
C. Rodríguez San
4
Paseo del Pintor Rosales
C. Écija
C. Romero Robeldo
C. Juan Álvarez Mendizabal
C. Martín de los Heros
C. de Altamirano
Argüelles
Paseo de Camoens
C. Benito Gutiérrez
C. Ferraz
Taxi
Argüelles
Metro
C. de Altamirano
P
Calle de Marqués de Urquijo
P
C. de Tutor
Suceso
C. Buen
Plaza Argüelles
C. de F. y J. Alcántara
C. de F. y Jacinto Alcántara
Pje. Depósito Renfe
P
C. Ferraz
C. Martín de los Heros
C. de Quintana
3
Teleférico
42
C. Buen Suceso
C. Juan Álvarez Mendizabal
C. del Rey Francisco
C. de la Senda del Rey
Escuela de Cerámica
C. de Quintana
P
de Valladolid
C. de Francisco y Jacinto Alcántara
La Rosaleda
Paseo del Pintor Rosales
C. del Rey Francisco
C. Evaristo San Miguel
Ermita de San Antonio de la Florida
ARGÜELLES
C. Ferraz
7
Panteón de Goya
Glorieta S. Antonio de la Florida
Paseo del Rey
C. de la Rosaleda
C. Luisa Fernanda
C. Juan Álv
2
Puente Reina Victoria
C. de Aniceto Marinas
Parque
Templo de Debod
41
Museo Cerra
C. S. Pol de Mar
Teatro San Pol
C. de la Ribera del Manzanares
C. de Mozart
Jardines de Ferraz
Paseo de la Florida
P
Río Manzanares
P
de la Montaña
C. de Irún
C. de Irún
C. Eduardo Benot
Paseo del Rey
Paseo del Marqués de Monistrol
Casa
Viveros
C. de Aniceto Marinas
Estación del Príncipe Pío
Príncipe Pío
C. Estanislao Figueras
C. Arriaza
C. Cadar
Taxi
C. Ilustración
Glorieta de Puerta de San Vicente
Metro
Príncipe Pío
184
A
B
186
Cuesta de San Vicente
C
San Vicente

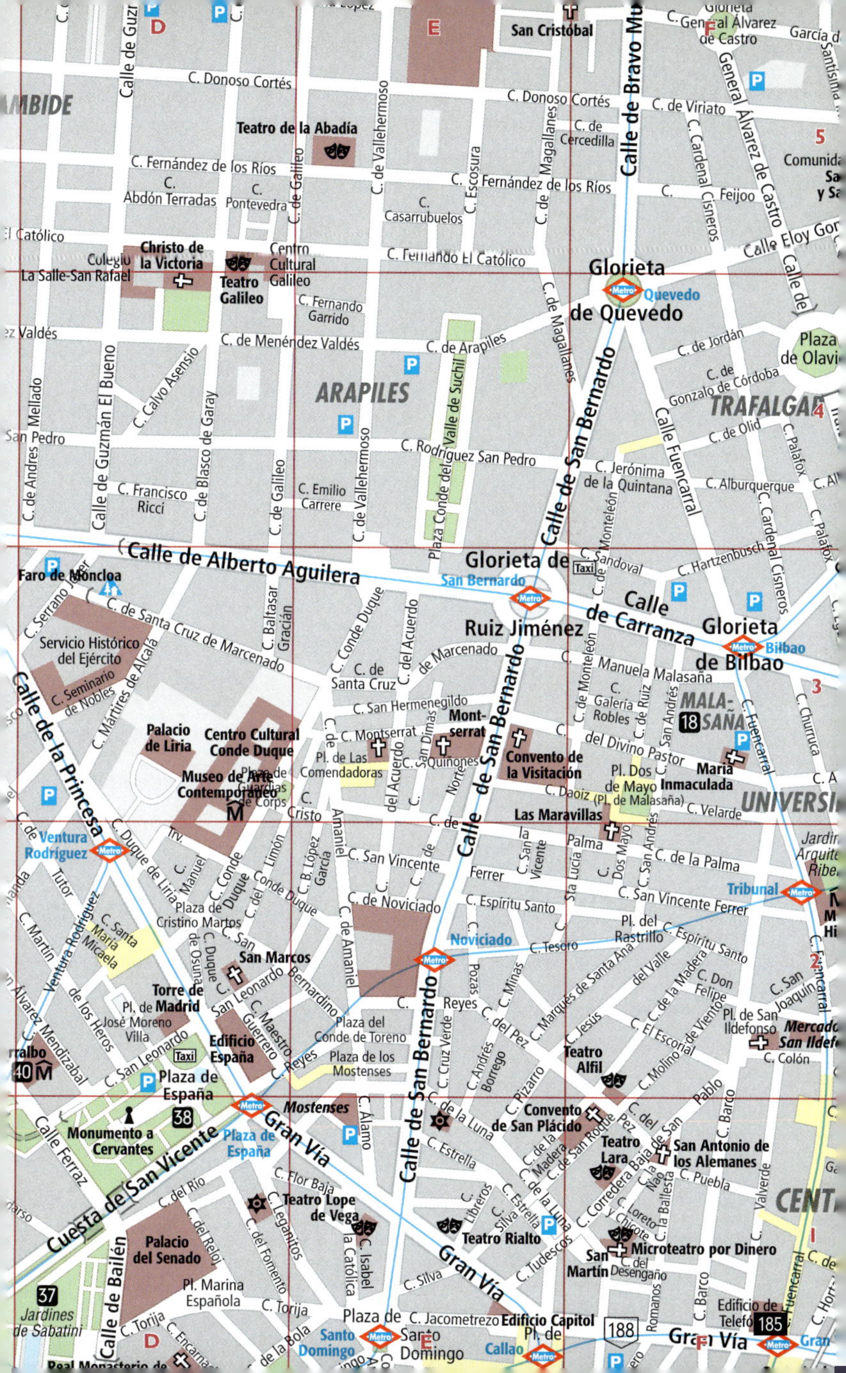

San Cristóbal
C. General Álvarez de Castro
C. Donoso Cortés
C. de Viriato
Teatro de la Abadía
C. de Vallehermoso
C. de Cercedilla
Calle de Bravo Murillo
C. Fernández de los Ríos
C. Abdón Terradas
C. Pontevedra
C. de Galileo
C. Casarrubuelos
C. Escosura
C. de Magallanes
C. Cardenal Cisneros
General Álvarez de Castro
Feijoo
Comunidad
Calle Eloy Gonzalo
Christo de la Victoria
Colegio La Salle-San Rafael
Teatro Galileo
Centro Cultural Galileo
C. Fernando El Católico
Glorieta de Quevedo
Quevedo
C. Fernando Garrido
C. de Menéndez Valdés
C. de Arapiles
C. de Jordán
Plaza de Olavide
C. de Gonzalo de Córdoba
TRAFALGAR
C. Calvo Asensio
C. de Andrés Mellado
Calle de Guzmán El Bueno
C. de Blasco de Garay
ARAPILES
Plaza Conde del Valle de Suchil
Calle de San Bernardo
Calle Fuencarral
C. de Olid
C. Palafox
San Pedro
C. Rodríguez San Pedro
C. Francisco Ricci
C. de Gallileo
C. Emilio Carrere
C. Jerónima de la Quintana
C. Alburquerque
C. Cardenal Cisneros
C. de Monteleón
Calle de Alberto Aguilera
Glorieta de San Bernardo
Taxi
C. Sandoval
C. Hartzenbusch
Faro de Moncloa
C. Serrano Jover
C. de Santa Cruz de Marcenado
C. Baltasar Gracián
C. Conde Duque
C. del Acuerdo
Ruiz Jiménez
Calle de Carranza
Glorieta de Bilbao
Bilbao
Servicio Histórico del Ejército
C. Seminario de Nobles
C. Mártires de Alcalá
C. de Santa Cruz
de Marcenado
C. Manuela Malasaña
C. Galería Robles
C. de Ruiz
C. San Andrés
MALASAÑA
18
C. Fuencarral
C. Churruca
Calle de la Princesa
Palacio de Liria
Centro Cultural Conde Duque
C. San Hermenegildo
C. Montserrat
Montserrat
C. San Dimas
C. Quiñones
Convento de la Visitación
C. del Divino Pastor
María Inmaculada
Museo de Arte Contemporáneo
Plaza de Guardias de Corps
Pl. de Las Comendadoras
C. Cristo
C. Amaniel
C. Norte
Pl. Dos de Mayo
C. Daoiz (Pl. de Malasaña)
C. Velarde
UNIVERSIDAD
Las Maravillas
Ventura Rodríguez
C. Duque de Liria
Trv. C. Manuel
C. Conde Duque
C. del Limón
C. B. López García
C. San Vicente
C. de Palma
C. de la Palma
Ferrer
C. San Vicente Ferrer
Tribunal
Jardín Arquitecto Ribera
Tutor
C. Martín
Ventura Rodríguez
C. Santa María Micaela
Plaza de Cristino Martos
C. Duque de Osuna
C. San Marcos
San Marcos
C. de Noviciado
C. Espíritu Santo
Noviciado
C. Tesoro
Pl. del Rastrillo
C. Espíritu Santo
C. Marqués de Santa Ana
del Valle
C. de la Madera
C. Don Felipe
C. San Joaquín
Álvarez Mendizábal
de los Heros
Torre de Madrid
Pl. de José Moreno Villa
San Leonardo
C. Maestro Guerrero
C. San Bernardino
Plaza del Conde de Toreno
Plaza de los Mostenses
C. Reyes
C. Pozas
C. Minas
C. del Pez
C. Cruz Verde
C. Andrés Borrego
C. Jesús
C. El Escorial
C. Molino de Viento
Pl. de San Ildefonso
Mercado San Ildefonso
C. Colón
Teatro Alfil
Edificio España
C. San Leonardo
Taxi
40
Plaza de España
38
Monumento a Cervantes
Mostenses
C. Álamo
C. de la Luna
C. Pizarro
Convento de San Plácido
C. del Pez
C. Barco
San Antonio de los Alemanes
Calle Ferraz
Cuesta de San Vicente
Gran Vía
C. Estrella
C. de la Madera
C. de San Roque
Teatro Lara
C. Corredera Baja de San Pablo
C. Puebla
C. Valverde
CENTRO
C. del Río
C. Flor Baja
Teatro Lope de Vega
C. Leganitos
C. del Reloj
C. del Fomento
C. Isabel la Católica
C. Libreros
C. Silva
Teatro Rialto
C. Loreto y Chicote
C. la Ballesta
Microteatro por Dinero
Palacio del Senado
Calle de Bailén
Pl. Marina Española
C. Torija
C. Tudescos
San Martín
C. del Desengaño
C. Romanos
Edificio de Telefónica
185
37
Jardines de Sabatini
C. Encarnación
de la Bola
Santo Domingo
Plaza de Santo Domingo
C. Jacometrezo
Edificio Capitol
Pl. de Callao
Callao
188
Gran Vía
Real Monasterio de

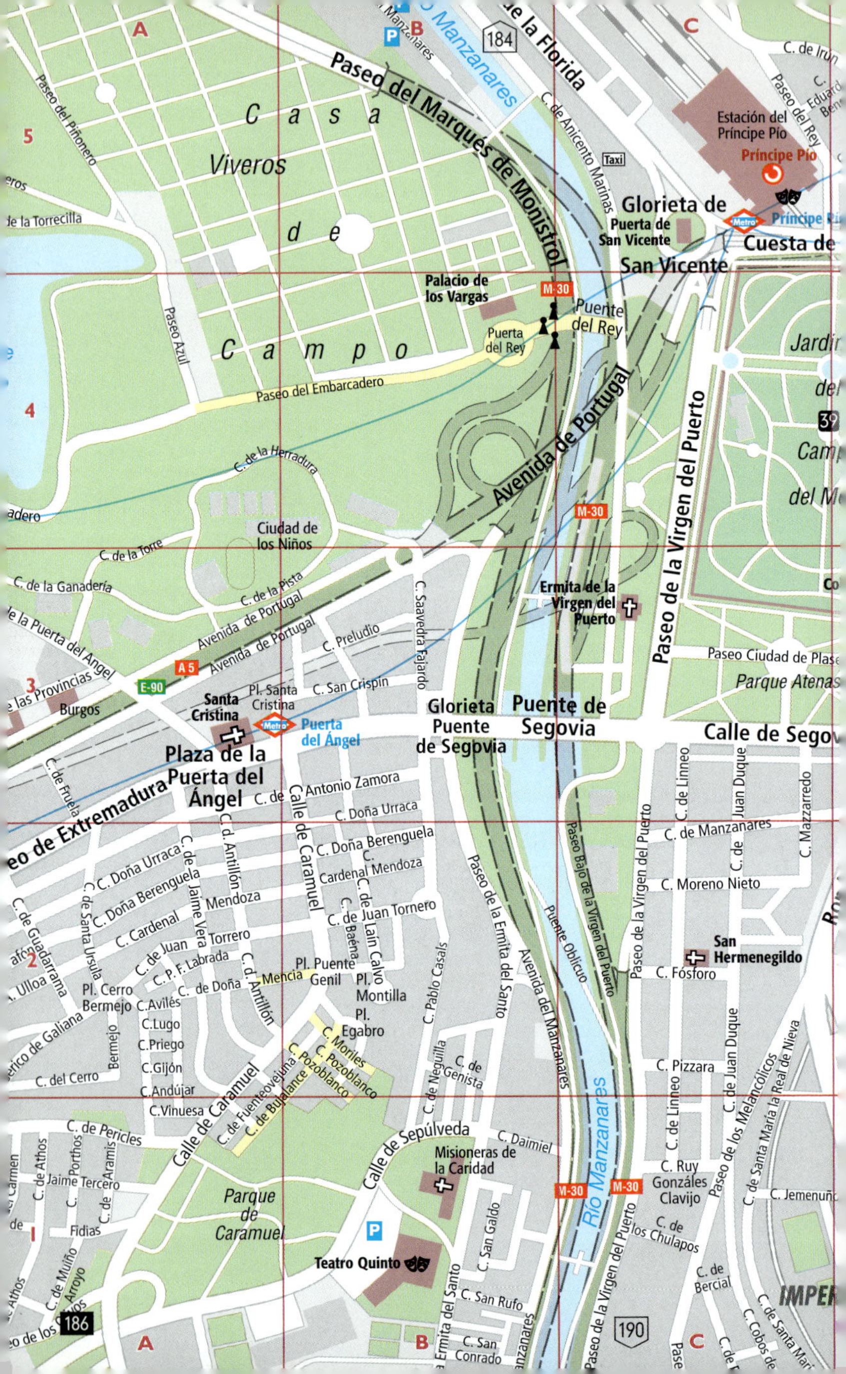
A
B
C
5
4
3
2
1
184
190
Paseo del Marqués de Monistrol
Manzanares
de la Florida
Casa de Campo
Viveros
Paseo del Piñonero
de la Torrecilla
Paseo Azul
Paseo del Embarcadero
Palacio de los Vargas
Puerta del Rey
Puente del Rey
M-30
C. de Aniceto Marinas
Taxi
Estación del Príncipe Pío
Príncipe Pío
C. de Irún
Paseo del Rey
Glorieta de Puerta de San Vicente
San Vicente
Cuesta de
Avenida de Portugal
C. de la Herradura
Ciudad de los Niños
C. de la Torre
C. de la Ganadería
C. de la Pista
Avenida de Portugal
de la Puerta del Ángel
las Provincias
Burgos
A 5
E-90
C. Preludio
C. Saavedra Fajardo
C. San Crispín
Pl. Santa Cristina
Santa Cristina
Puerta del Ángel
Plaza de la Puerta del Ángel
Glorieta Puente de Segovia
Puente de Segovia
Calle de Segov
Ermita de la Virgen del Puerto
Paseo de la Virgen del Puerto
Paseo Ciudad de Plase
Parque Atenas
Jardi
Camp
del M
eo de Extremadura
C. de Frutela
C. de Antonio Zamora
C. Doña Urraca
C. Doña Berenguela
C. Cardenal Mendoza
Calle de Caramuel
C. d. Antillón
C. de Jaime Vera
C. Doña Urraca
C. Doña Berenguela
C. Cardenal
Mendoza
C. de Juan
Torrero
C. de Santa Úrsula
C. de Guadarrama
C. P. F. Labrada
C. de Doña
Mencía
Pl. Puente Genil
Pl. Montilla
Pl. Egabro
C. de Juan Tornero
C. Baéna
C. de Laín Calvo
C. Pablo Casals
Paseo de la Ermita del Santo
Avenida del Manzanares
Puente Oblicuo
Paseo Bajo de la Virgen del Puerto
Río Manzanares
C. de Linneo
C. de Juan Duque
C. Mazzarredo
C. de Manzanares
C. Moreno Nieto
San Hermenegildo
C. Fósforo
C. Pizzara
C. Ruy Gonzáles Clavijo
C. de los Chulapos
Paseo de los Melancólicos
C. de Santa María la Real de Nieva
C. Jemenuño
C. de Bercial
C. Cobos de
IMPER
Pl. Cerro Bermejo
C. Avilés
C. Lugo
C. Priego
C. Gijón
C. Andújar
C. Vinuesa
C. del Cerro
Bermejo
C. Moriles
C. Pozoblanco
C. de Fuenteovejuna
C. de Bujalance
C. de Neguilla
C. de Genista
Calle de Sepúlveda
C. Daimiel
Misioneras de la Caridad
C. de Pericles
C. de Athos
C. Jaime Tercero
C. Porthos
C. de Aramis
Fidias
Parque de Caramuel
Teatro Quinto
C. San Galdo
C. San Rufo
C. San Conrado
Ermita del Santo
C. de Muiño
Arroyo

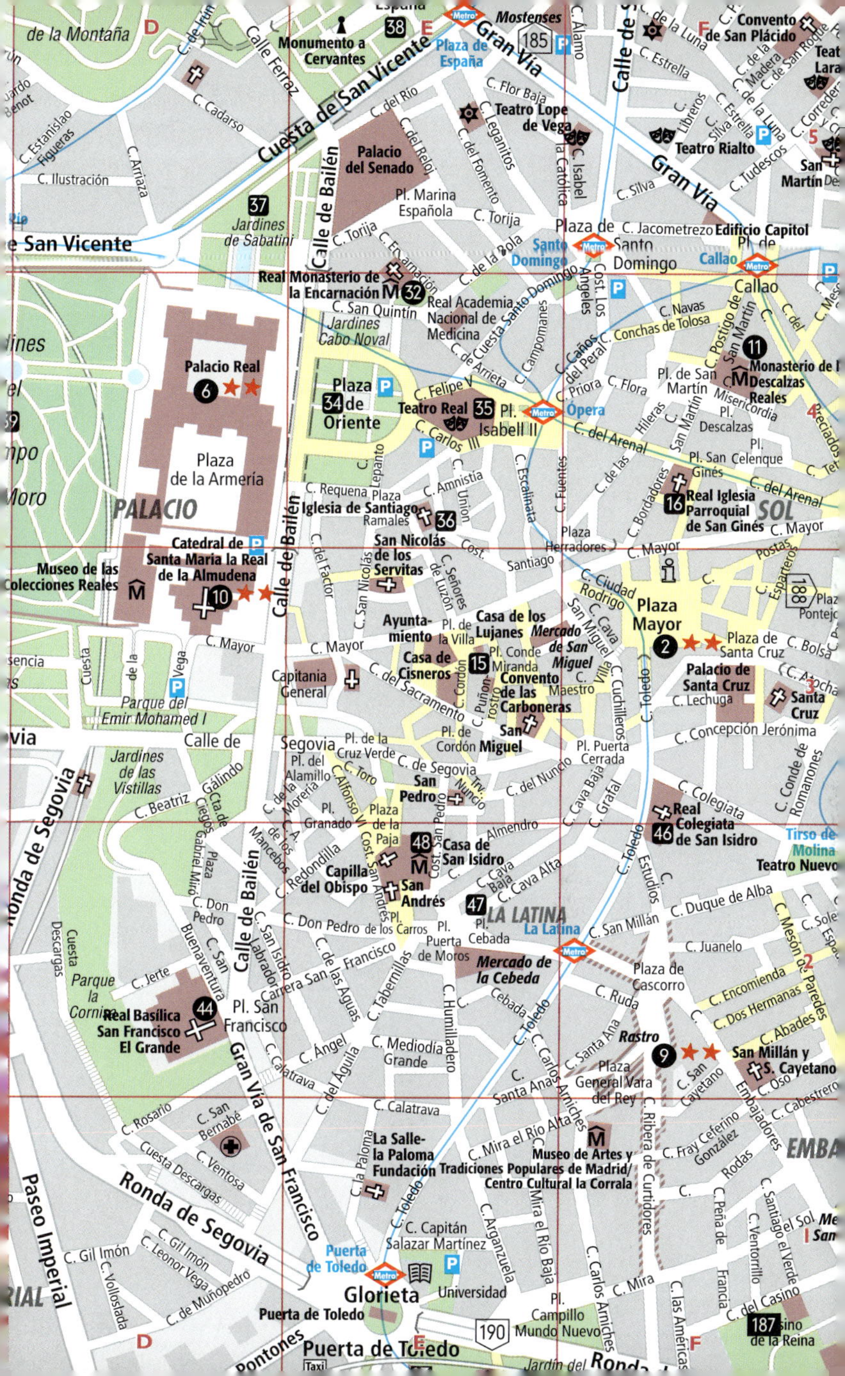

de la Montaña
D
E
F
Monumento a Cervantes
38
Metro
Mostenses
Gran Vía
185
P
C. Álamo
Calle de San Bernardo
C. de la Luna
Convento de San Plácido
Teatro Lara
C. de Irún
Calle Ferraz
Cuesta de San Vicente
Plaza de España
C. Estrella
C. Cadarso
C. del Río
C. Flor Baja
Teatro Lope de Vega
C. de la Madera
C. de San Roque
C. Estanislao Figueras
C. Arriaza
C. del Reloj
C. Leganitos
Libreros
Teatro Rialto
C. Silva
C. Corredera
C. Ilustración
Palacio del Senado
C. del Fomento
C. Isabel la Católica
Gran Vía
San Martín
C. Tudescos
37
Jardines de Sabatini
Calle de Bailén
Pl. Marina Española
C. Torija
C. Silva
San Vicente
C. Torija
C. de la Bola
Plaza de Santo Domingo
C. Jacometrezo
Edificio Capitol
Santo Domingo
Pl. de Callao
Callao
Real Monasterio de la Encarnación
32
Real Academia Nacional de Medicina
C. de la Encarnación
C. San Quintín
Jardines Cabo Noval
C. de Cuesta Santo Domingo
C. Campomanes
Cost. Los Ángeles
P
C. Navas
C. Conchas de Tolosa
C. Postigo de San Martín
11
C. del Carmen
C. de Arrieta
C. Caños del Peral
Palacio Real
6
Plaza de Oriente
34
P
C. Felipe V
Teatro Real
35
Pl. Isabell II
Ópera
C. Priora
C. Flora
Pl. de San Martín
Monasterio de las Descalzas Reales
Misericordia
Pl. Descalzas
4
Preciados
C. Carlos III
C. del Arenal
Hileras
San Martín
Plaza de la Armería
Moro
C. Lepanto
C. Requena
Plaza Ramales
C. Amnistía
C. Unión
C. Escalinata
C. Fuentes
C. de las Fuentes
Pl. San Ginés
Pl. Celenque
PALACIO
Iglesia de Santiago
36
C. del Arenal
Real Iglesia Parroquial de San Ginés
16
SOL
C. Bordadores
C. Mayor
Catedral de Santa María la Real de la Almudena
10
Calle de Bailén
San Nicolás de los Servitas
C. del Factor
C. San Nicolás
C. Señores de Luzón
Cost. Santiago
Plaza Herradores
C. Mayor
C. Postas
Museo de las Colecciones Reales
C. Ciudad Rodrigo
Esparteros
188
Plaza Pontejos
C. Mayor
Ayuntamiento
Pl. de la Villa
Casa de los Lujanes
Mercado de San Miguel
C. San Miguel
C. Cava
Plaza Mayor
2
Plaza de Santa Cruz
C. Bolsa
C. Mayor
Casa de Cisneros
15
Pl. Conde Miranda
C. Cordón
C. Puñonrostro
Convento de las Carboneras
C. Maestro Villa
C. Cuchilleros
C. Toledo
Palacio de Santa Cruz
C. Atocha
Santa Cruz
3
Cuesta de la Vega
P
Capitanía General
C. del Sacramento
C. Lechuga
Parque del Emir Mohamed I
Pl. de Cordón
San Miguel
C. Concepción Jerónima
Calle de Segovia
Pl. de la Cruz Verde
Pl. Puerta Cerrada
Jardines de las Vistillas
Pl. del Alamillo
C. Toro
C. de Segovia
Tnv. Nuncio
C. del Nuncio
C. Cava Baja
C. Grafal
C. Colegiata
C. Conde de Romanones
Ronda de Segovia
C. Beatriz Galindo
C. de la Morería
San Pedro
Real Colegiata de San Isidro
46
Tirso de Molina
Teatro Nuevo
Cta. de Ciegos
C. Alfonso VI
Pl. Granado
Plaza de la Paja
Cost. San Pedro
Almendro
Gabriel Miró
Plaza
C. Redondilla
Capilla del Obispo
48
Casa de San Isidro
C. Cava Baja
C. Cava Alta
C. Toledo
Estudios
C. Duque de Alba
C. Mesón de Paredes
Calle de Bailén
C. Don Pedro
Cost. San Andrés
San Andrés
47
LA LATINA
La Latina
C. San Millán
Cuesta de las Descargas
C. San Isidro Labrador
C. Don Pedro
Pl. de los Carros
Pl. Puerta de Moros
Pl. Cebada
C. Juanelo
Parque de la Cornisa
C. San Buenaventura
C. Jerte
Carrera San Francisco
C. de las Aguas
C. Tabernillas
C. Humilladero
Mercado de la Cebada
Plaza de Cascorro
C. Encomienda
C. Dos Hermanas
2
Real Basílica San Francisco El Grande
44
Pl. San Francisco
C. Cebada
C. Ruda
C. Abades
Rastro
9
San Millán y S. Cayetano
Gran Vía de San Francisco
C. Calatrava
C. Ángel
C. del Águila
C. Mediodía Grande
C. Toledo
C. Carlos Arniches
C. Santa Ana
Plaza General Vara del Rey
C. San Cayetano
C. Oso
C. Cabestreros
C. Rosario
C. San Bernabé
C. Calatrava
C. Santa Ana
Embajadores
EMBA
Cuesta Descargas
C. Ventosa
La Salle-la Paloma Fundación
C. Mira el Río Alta
Museo de Artes y Tradiciones Populares de Madrid/ Centro Cultural la Corrala
C. Ribera de Curtidores
C. Fray Ceferino González
Rodas
Ronda de Segovia
Paseo Imperial
C. la Paloma
C. Toledo
C. Capitán Salazar Martínez
C. Arganzuela
C. Mira el Río Baja
C. Carlos Arniches
C. Peña de Francia
C. Ventorrillo
C. Santiago el Verde
C. el Sol
C. Gil Imón
C. Gil Imón
C. Leonor Vega
C. Vollosalda
C. de Muñopedro
Puerta de Toledo
Glorieta Puerta de Toledo
Universidad
P
Pl. Campillo Mundo Nuevo
C. Mira
C. las Américas
C. del Casino
187
Casino de la Reina
RIAL
D
E
F
190
Pontones
Puerta de Toledo
Taxi
Jardín del Ronda

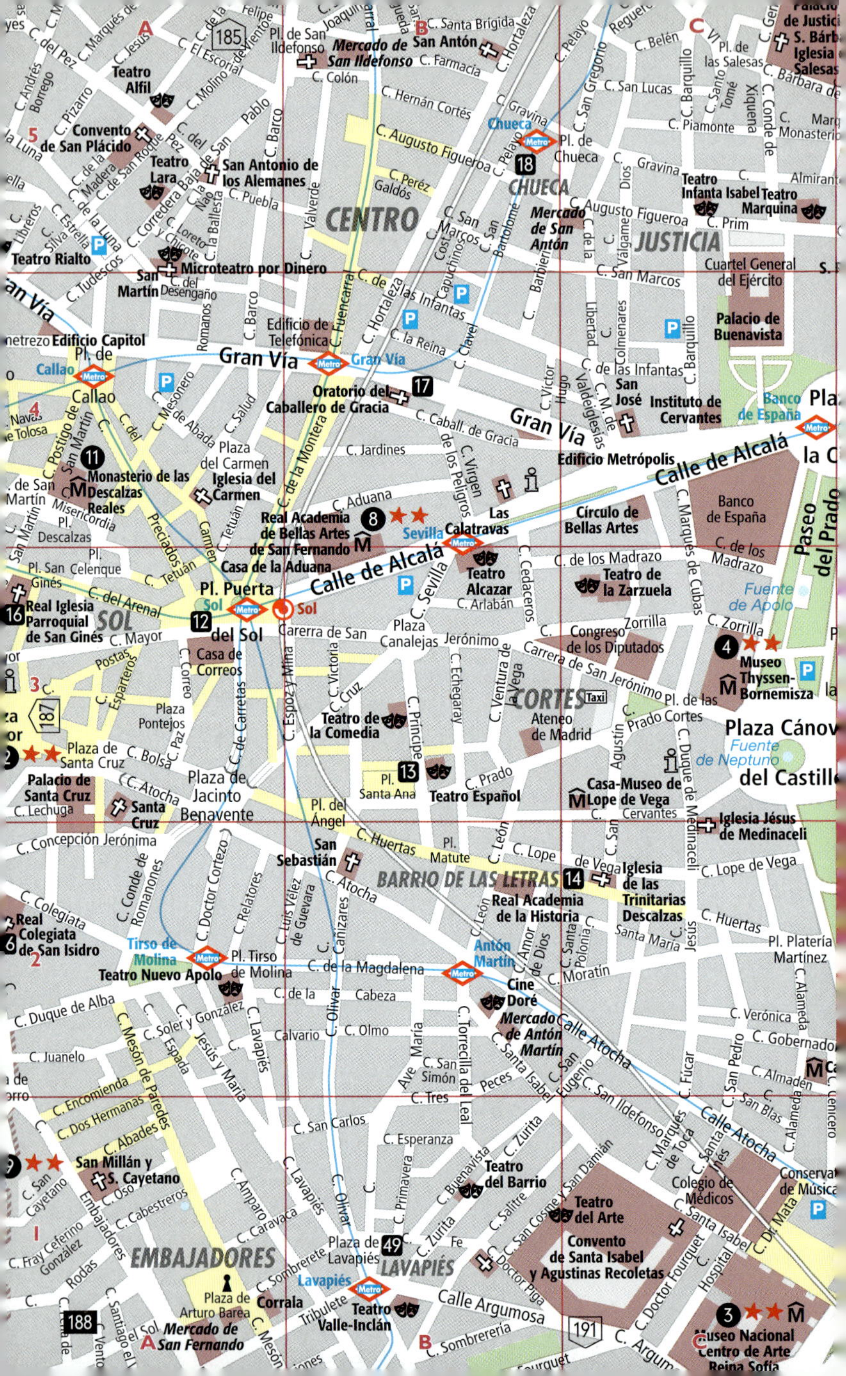
A
B
C
185
187
188
191
CENTRO
CHUECA
JUSTICIA
SOL
CORTES
BARRIO DE LAS LETRAS
EMBAJADORES
LAVAPIÉS
Teatro Alfil
Convento de San Plácido
Teatro Lara
San Antonio de los Alemanes
Pl. de San Ildefonso
Mercado de San Ildefonso
San Antón
Pl. de las Salesas
Iglesia Salesas
C. Colón
C. Hernán Cortés
C. Augusto Figueroa
Chueca
Pl. de Chueca
18
Mercado de San Antón
Teatro Infanta Isabel
Teatro Marquina
C. Prim
Cuartel General del Ejército
Palacio de Buenavista
Teatro Rialto
Microteatro por Dinero
San Martín
C. de las Infantas
C. la Reina
Edificio de Telefónica
Edificio Capitol
Pl. de Callao
Callao
Gran Vía
Oratorio del Caballero de Gracia
17
C. Caball. de Gracia
C. Jardines
San José
Instituto de Cervantes
Banco de España
Edificio Metrópolis
Calle de Alcalá
Paseo del Prado
11
Monasterio de las Descalzas Reales
Plaza del Carmen
Iglesia del Carmen
C. Aduana
Real Academia de Bellas Artes de San Fernando
8
Casa de la Aduana
Las Calatravas
Sevilla
Círculo de Bellas Artes
Teatro Alcazar
C. Arlabán
C. de los Madrazo
Teatro de la Zarzuela
Fuente de Apolo
Pl. Puerta del Sol
Sol
12
16
Real Iglesia Parroquial de San Ginés
C. del Arenal
C. Mayor
Casa de Correos
Carrera de San Jerónimo
Plaza Canalejas
Congreso de los Diputados
4
Museo Thyssen-Bornemisza
Pl. de las Cortes
Plaza Cánovas del Castillo
Fuente de Neptuno
Plaza Pontejos
Plaza de Santa Cruz
Palacio de Santa Cruz
Santa Cruz
Teatro de la Comedia
Ateneo de Madrid
Taxi
Plaza de Jacinto Benavente
Pl. Santa Ana
13
Teatro Español
Casa-Museo de Lope de Vega
Iglesia Jésus de Medinaceli
Pl. del Ángel
C. Huertas
Pl. Matute
San Sebastián
C. Atocha
14
Iglesia de las Trinitarias Descalzas
Real Academia de la Historia
C. Concepción Jerónima
Real Colegiata de San Isidro
C. Colegiata
Tirso de Molina
Pl. Tirso de Molina
Teatro Nuevo Apolo
C. de la Magdalena
Antón Martín
Cine Doré
Mercado de Antón Martín
C. Moratín
Pl. Platería Martínez
C. Duque de Alba
C. Mesón de Paredes
C. Lavapiés
C. Olmo
Calle Atocha
C. San Ildefonso
C. Encomienda
C. Dos Hermanas
C. Abades
San Millán y S. Cayetano
C. San Carlos
C. Esperanza
Teatro del Barrio
Teatro del Arte
Convento de Santa Isabel y Agustinas Recoletas
Colegio de Médicos
Conservatorio de Música
Plaza de Lavapiés
49
Lavapiés
Corrala
Plaza de Arturo Barea
Mercado de San Fernando
Teatro Valle-Inclán
Calle Argumosa
C. Sombrerería
3
Museo Nacional Centro de Arte Reina Sofía

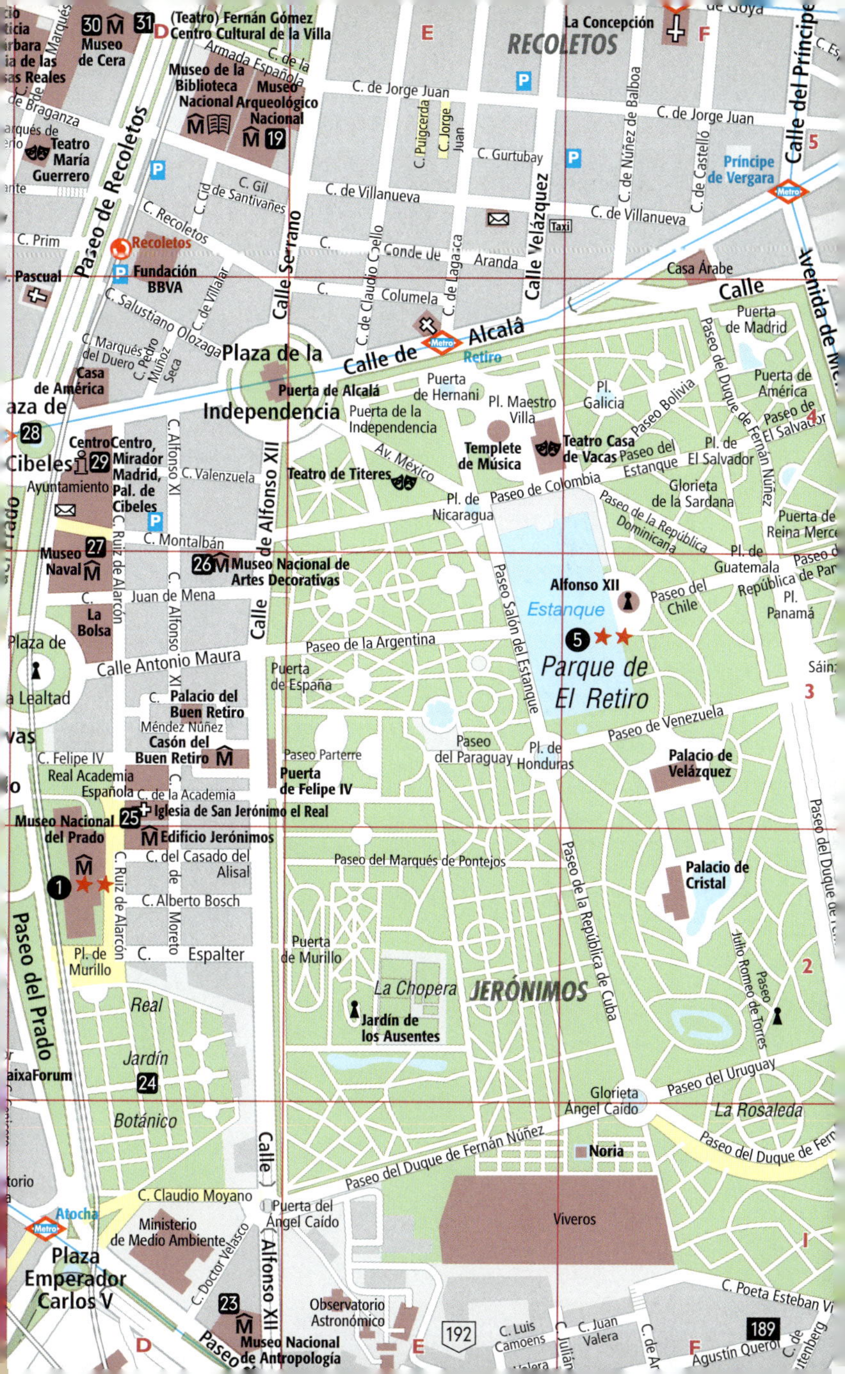
RECOLETOS
JERÓNIMOS
(Teatro) Fernán Gómez
Centro Cultural de la Villa
Museo de Cera
30
31
Museo de la Biblioteca Nacional
Museo Arqueológico Nacional
19
Teatro María Guerrero
La Concepción
C. de Goya
Calle del Príncipe
Príncipe de Vergara
Metro
C. de Jorge Juan
C. Puigcerdá
C. Jorge Juan
C. Gurtubay
C. de Villanueva
C. de Núñez de Balboa
C. de Castelló
C. de Braganza
Armada Española
C. de la
Paseo de Recoletos
C. Gil de Santiváñez
C. Cid
C. Recoletos
C. Prim
Recoletos
Fundación BBVA
Pascual
C. Salustiano Olozaga
C. de Villalar
Calle Serrano
C. de Claudio Coello
C. Conde de Aranda
C. Columela
C. de Lagasca
Calle Velázquez
Taxi
Casa Árabe
Calle de Alcalá
Retiro
Avenida de Me...
Plaza de la Independencia
Puerta de Alcalá
C. Marqués del Duero
C. Pedro Muñoz Seca
Casa de América
Plaza de Cibeles
28
Centro Centro, Mirador Madrid, Pal. de Cibeles
29
Ayuntamiento
C. Alfonso XI
C. Valenzuela
Calle de Alfonso XII
Puerta de la Independencia
Puerta de Hernani
Pl. Maestro Villa
Pl. Galicia
Templete de Música
Teatro Casa de Vacas
Teatro de Títeres
Av. México
Pl. de Nicaragua
Paseo de Colombia
Paseo Bolivia
Puerta de Madrid
Paseo del Duque de Fernán Núñez
Puerta de América
Paseo de El Salvador
Pl. de El Salvador
Paseo del Estanque
Glorieta de la Sardana
Paseo de la República Dominicana
Puerta de Reina Merce...
Pl. de Guatemala
Paseo de República de Pa...
Pl. Panamá
C. Montalbán
Museo Naval
27
26
Museo Nacional de Artes Decorativas
C. Ruiz de Alarcón
C. Juan de Mena
La Bolsa
Plaza de la Lealtad
Calle Antonio Maura
Paseo de la Argentina
Paseo Salón del Estanque
Alfonso XII
Estanque
Paseo del Chile
5
Parque de El Retiro
Puerta de España
C. Méndez Núñez
Palacio del Buen Retiro
Casón del Buen Retiro
C. Felipe IV
Real Academia Española
C. de la Academia
Paseo Parterre
Puerta de Felipe IV
Paseo del Paraguay
Pl. de Honduras
Paseo de Venezuela
Palacio de Velázquez
Museo Nacional del Prado
25
Iglesia de San Jerónimo el Real
Edificio Jerónimos
C. del Casado del Alisal
C. de Moreto
Paseo del Marqués de Pontejos
Paseo de la República de Cuba
Palacio de Cristal
1
C. Alberto Bosch
C. Espalter
Paseo del Prado
Pl. de Murillo
Puerta de Murillo
La Chopera
Jardín de los Ausentes
Paseo Julio Romero de Torres
Real Jardín Botánico
24
CaixaForum
Paseo del Uruguay
Glorieta Ángel Caído
La Rosaleda
Paseo del Duque de Fernán Núñez
Noria
C. Claudio Moyano
Puerta del Ángel Caído
Atocha
Ministerio de Medio Ambiente
Viveros
Plaza Emperador Carlos V
C. Doctor Velasco
Calle Alfonso XII
23
Observatorio Astronómico
Museo Nacional de Antropología
192
C. Luis Camoens
C. Julián
C. Juan Valera
C. de Ar...
Agustín Querol
C. Poeta Esteban Vi...
C. de ...tenberg
D
E
F
1
2
3
4
5

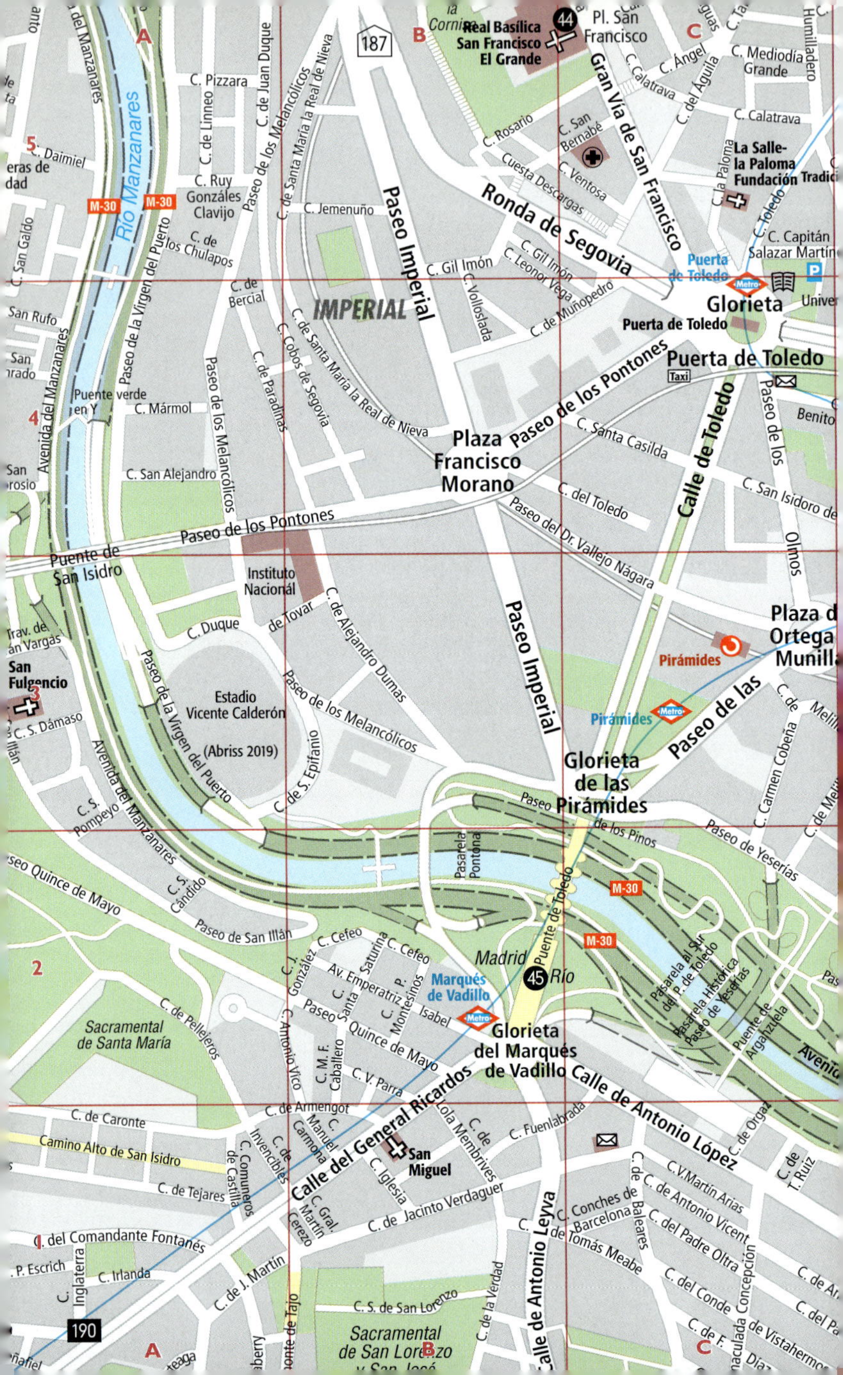
187
A
B
C
Real Basílica
San Francisco
El Grande
44
Pl. San
Francisco
C. Ángel
C. Mediodía
Grande
C. Calatrava
C. del Águila
C. Humilladero
C. Pizzara
C. de Juan Duque
C. de Linneo
C. de los Melancólicos
C. de Santa María la Real de Nieva
Río Manzanares
M-30
C. Daimiel
C. Ruy
Gonzáles
Clavijo
C. Jemenuño
C. de
los Chulapos
C. San Galdo
C. Rosario
C. San
Bernabé
C. Ventosa
Cuesta Descargas
Gran Vía de San Francisco
Ronda de Segovia
La Salle-
la Paloma
Fundación
C. la Paloma
C. Toledo
C. Capitán
Salazar Martín
Paseo Imperial
C. Gil Imón
C. Leonor Vega
C. Vollosiada
C. de Muñopedro
Puerta
de Toledo
Metro
Glorieta
Puerta de Toledo
IMPERIAL
C. de
Bercial
Paseo de la Virgen del Puerto
San Rufo
San
Avenida del Manzanares
Puente verde
en Y
C. Mármol
C. de Paradinas
C. Cobos de Segovia
C. de Santa María la Real de Nieva
Paseo de los Pontones
Puerta de Toledo
Taxi
Calle de Toledo
Paseo de los
Benito
Plaza
Francisco
Morano
C. Santa Casilda
C. San Isidoro de
C. San Alejandro
Paseo de los Melancólicos
C. del Toledo
Paseo del Dr. Vallejo Nágara
Olmos
Paseo de los Pontones
Puente de
San Isidro
Instituto
Nacional
C. Duque
de Tovar
C. de Alejandro Dumas
Paseo Imperial
Plaza de
Ortega
Munilla
Pirámides
Trav. de
San Vargas
San
Fulgencio
C. S. Dámaso
Estadio
Vicente Calderón
(Abriss 2019)
Paseo de la Virgen del Puerto
Paseo de los Melancólicos
C. de S. Epifanio
Avenida del Manzanares
C. S.
Pompeyo
Glorieta
de las
Pirámides
Paseo de las
Paseo
de los Pinos
Paseo de Yeserías
C. Carmen Cobeña
Pasarela
Pontona
Paseo Quince de Mayo
C. S.
Cándido
Paseo de San Illán
C. Cefeo
Puente de Toledo
Madrid
45
Río
Pasarela al Sur
del P. de Toledo
Pasarela Histórica
Paseo de Yeserías
Puente de
Arganzuela
2
Sacramental
de Santa María
C. de Pellejeros
C. J. González
C. Santa Saturina
Av. Emperatriz Isabel
C. P. Montesinos
Marqués
de Vadillo
Paseo Quince de Mayo
C. Antonio Vico
C. M. F. Caballero
C. V. Parra
Glorieta
del Marqués
de Vadillo
Calle de Antonio López
C. de Caronte
C. de Armengot
Camino Alto de San Isidro
C. de Tejares
C. de Invencibles
C. Comuneros de Castilla
Manuel Carmona
Calle del General Ricardos
San
Miguel
C. Iglesia
Lola Membrives
C. Fuenlabrada
C. de Orgaz
C. de T. Ruiz
C. V. Martín Arias
C. de Antonio Vicent
C. del Padre Oltra
C. de Jacinto Verdaguer
C. Gral. Martín Cerezo
C. Conches de Barcelona
C. de Baleares
C. de Tomás Meabe
C. del Conde de Vistahermosa
C. del Comandante Fontanés
C. P. Escrich
C. Irlanda
C. Inglaterra
C. de J. Martín
C. S. de San Lorenzo
C. de la Verdad
Calle de Antonio Leyva
Sacramental
de San Lorenzo
y San José
C. de F. Díaz
Inmaculada Concepción
190
A
B
C

D
E
F
188
192
191
C. Toledo
Rastro
9
San Millán y S. Cayetano
C. Dos Hermanas
C. Abades
C. San Carlos
C. Esperanza
C. Zurita
Teatro del Barrio
Teatro del Arte
Convento de Santa Isabel y Agustinas Recoletas
C. Santa Ana
Plaza General Vara del Rey
C. San Cayetano
C. Oso
C. Cabestreros
C. Amparo
C. Lavapiés
C. Olivar
C. Primavera
C. Buenavista
C. Salitre
C. San Cosme y San Damián
C. Carlos Arniches
C. Mira el Río Alta
Museo de Artes y Tradiciones Populares de Madrid/ Centro Cultural la Corrala
C. Ribera de Curtidores
C. Fray Ceferino González
Embajadores
EMBAJADORES
C. Caravaca
Plaza de Lavapiés
49
LAVAPIÉS
C. Zurita
C. Fe
C. Doctor Piga
Lavapiés
C. Sombrerete
Rodas
Plaza de Arturo Barea
Corrala
Teatro Valle-Inclán
Calle Argumosa
C. Tribulete
C. Santiago el Verde
C. del Sol
Mercado de San Fernando
C. Mesón de Paredes
C. Sombrerería
C. Arganzuela
C. Mira el Río Baja
C. Peña de Francia
C. Ventorrillo
C. Provisiones
C. Doctor Fourquet
Pl. Campillo Mundo Nuevo
C. Mira
C. las Américas
C. del Casino
Corrala
C. Amparo
C. Valencia
Casino de la Reina
C. Embajadores
Tabacalera
C. Miguel Servet
Casa Encendida
María Auxiliadora
Colegio Salesianos Atocha
Jardín del Rastro
Ronda de Toledo
Glorieta de Embajadores
Ronda de Valencia
Teatro Circo Price
C. José Antonio Armona
C. Concejal Martín Lozano
C. las Cigarreras
C. Gasómetro
C. Ribera de Curtidores
C. Soria
C. de Santocildes
Escuela de Ingeniería
C. Fray Luis de León
C. Sebastián Elcano
Embajadores
Taxi
C. Bernardino Obregón
Paseo de las Acacias
Calle de Embajadores
C. Ercilla
C. de Peñuelas
C. del Laurel
C. Sebastián Elcano
C. de Sevilla
C. de Sebastián Herrera
Paseo de la Esperanza
C. de El Majuelo
C. Martín de Vargas
Museo Farmacia Militar
Paseo de las Acacias
Acacias
C. del Gasómetro
C. de P. Rosa
C. de la Caoba
C. de Moratines
C. de Peñuelas
C. Ercilla
C. de la Palos de la Frontera
St. María de la Cabeza
C. Martín Soler
Paseo del Dr. Vallejo Nágara
C. del Laurel
C. del Labrador
C. Cardenal Solís
C. Bernardino Obregón
Purísimo Corazón de María
N. S. de Europa
Paseo del Dr. Vallejo Nágera
Pl. de Peñuelas
Glorieta de Santa María de la Cabeza
ARGANZUELA
C. del Labrador
Parque de Peñuelas
C. de Argandа
C. de Melilla
C. de Argandа
C. de la Arquitectura
C. de Carvajales
C. Ercilla
C. del General Palanca
Paseo de Santa María de la Cabeza
Peñuelas
Paseo de la Esperanza
C. de las Naves
C. de Gargantilla
C. de Cáceres
C. de Fernando Póo
C. de Baños de Montemayor
C. de Torres Miranda
C. de Aguilón
C. del P. J. Morate
C. de las Naves
C. de Valdelasierra
C. de Argandа
Paseo de los Pinos
Parque de la Arganzuela
Paseo de Yeserías
C. San Anastasio
C. de Aguilón
C. de Jaime El Conquistador
Calle de Delicias
San Basilio el Grande
Manzanares
Río Manzanares
Paseo de la Chopera
C. del Divino
C. de E. Selles
C. del Fresno
C. de Aguilón
C. de Fernando Póo
Avenida del Manzanares
C. de E. de Arteaga
C. de San Delfín
C. de San David
Puente de Praga
Pasarela al Sur del P. de Praga
M-30
Matadero
C. de Aldea
C. de Tomás Borrás
Parque del Matadero
Avenida
Beata María Ana de Jesús
C. Valderas
Plaza del General Maroto
C. de G. de
N 401
C. Antonio Vicent del Sol
Santa

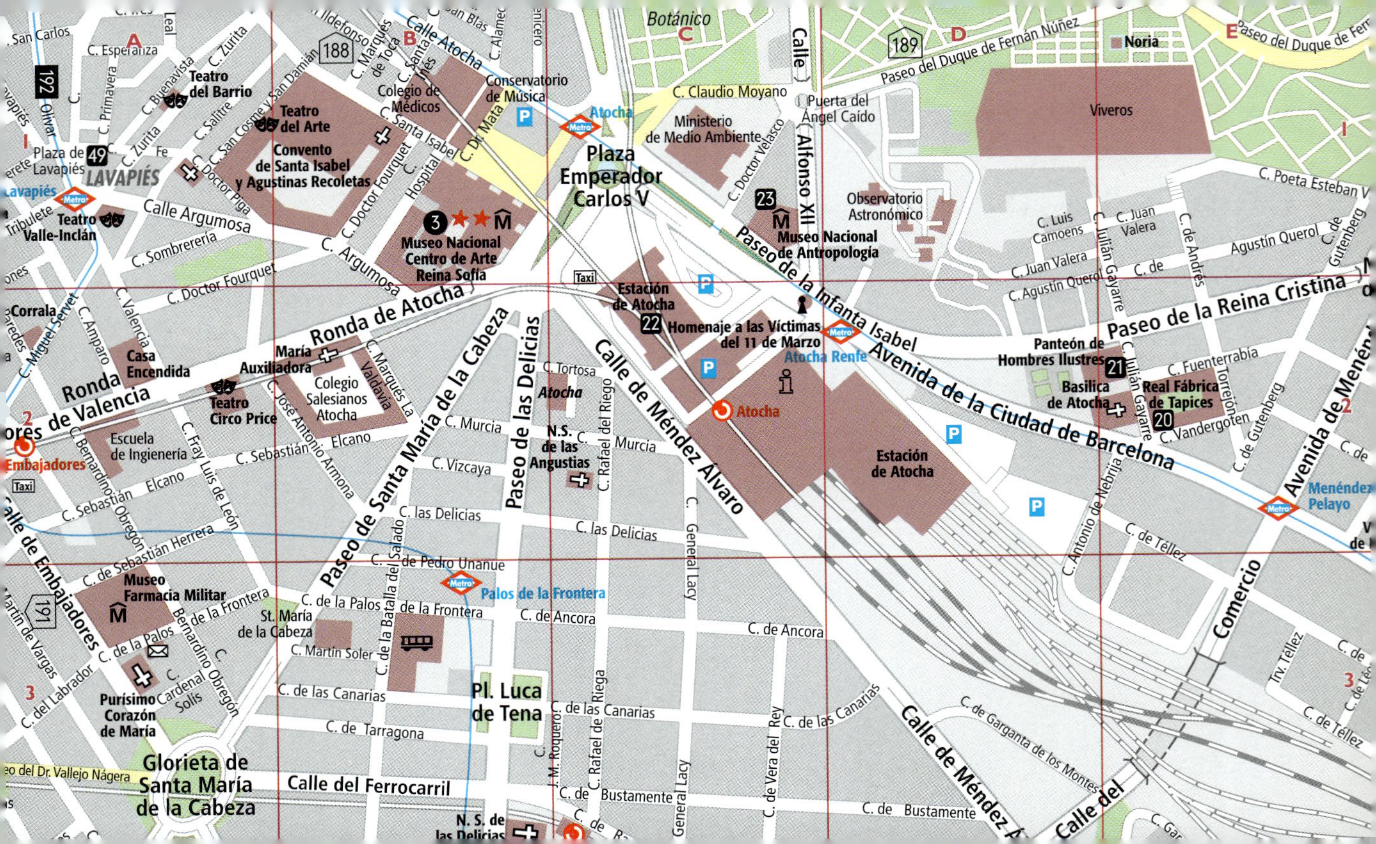

192
188
189
191
A
B
C
D
E
I
2
3
Botánico
Paseo del Duque de Fernán Núñez
Noria
Viveros
Calle Alfonso XII
C. Claudio Moyano
Puerta del Ángel Caído
Ministerio de Medio Ambiente
C. Doctor Velasco
Atocha
Plaza Emperador Carlos V
Conservatorio de Música
Colegio de Médicos
Calle Atocha
C. Santa Isabel
C. Dr. Mata
C. Hospital
Museo Nacional Centro de Arte Reina Sofía
3
Teatro del Arte
Convento de Santa Isabel y Agustinas Recoletas
Teatro del Barrio
C. Esperanza
C. Primavera
C. Zurita
C. Salitre
C. Buenavista
Plaza de Lavapiés
49
LAVAPIÉS
Lavapiés
Teatro Valle-Inclán
Calle Argumosa
C. Argumosa
C. Sombrerería
C. Doctor Fourquet
C. Doctor Piga
C. San Cosme y San Damián
Corrala
C. Miguel Servet
C. Amparo
C. Valencia
Casa Encendida
Ronda de Valencia
Ronda de Atocha
Embajadores
Escuela de Ingeniería
Teatro Circo Price
María Auxiliadora
Colegio Salesianos Atocha
C. Marqués la Valdavia
C. José Antonio Armona
C. Sebastián Elcano
C. Fray Luis de León
C. Bernardino Obregón
C. de Sebastián Herrera
Calle de Embajadores
Museo Farmacia Militar
C. de la Palos de la Frontera
Purísimo Corazón de María
C. Cardenal Solís
C. del Labrador
C. Martín de Vargas
Glorieta de Santa María de la Cabeza
Calle del Ferrocarril
Paseo de Santa María de la Cabeza
St. María de la Cabeza
C. Martín Soler
C. de las Canarias
C. de Tarragona
Pl. Luca de Tena
C. de la Batalla del Salado
C. de Pedro Unanue
Palos de la Frontera
C. de Ancora
C. las Delicias
C. Vizcaya
C. Murcia
Paseo de las Delicias
C. Tortosa
Atocha
N.S. de las Angustias
C. Rafael del Riego
C. J. M. Roquero
C. de Bustamente
N. S. de las Delicias
C. General Lacy
C. de Vera del Rey
Calle de Méndez Álvaro
Estación de Atocha
22
Homenaje a las Víctimas del 11 de Marzo
Atocha Renfe
Taxi
Paseo de la Infanta Isabel
Museo Nacional de Antropología
23
Observatorio Astronómico
C. Luis Camoens
C. Juan Valera
C. Julián Gayarre
C. Agustín Querol
C. de Andrés
C. Poeta Esteban V
C. de Gutenberg
Paseo de la Reina Cristina
Panteón de Hombres Ilustres
21
Basílica de Atocha
Real Fábrica de Tapices
20
C. Fuenterrabía
C. Torrejón
C. Vandergoten
Avenida de la Ciudad de Barcelona
C. Antonio de Nebrija
Avenida de Menéndez Pelayo
Menéndez Pelayo
C. de Téllez
Trv. Téllez
Comercio
C. de Garganta de los Montes
Calle del
Metro

Straßenverzeichnis

Register

BILDNACHWEIS

AA/M. Jourdan: 39 u.
AKG: 51
AKG/Erich Lessing: 104
AKG/Album_Oronoz: 101 l.
Andreas Drouve: 27, 110, 121, 135 l.u., 137
Andreas Drouve/© Zabalaga-Leku/VG Bild-Kunst, Bonn 2018: 76
Andreas Drouve/© Jean Nouvel/VG Bild-Kunst, Bonn 2018: 73
Franz Marc Frei: 49, 70
Getty Images/Naharro Gimenez: 13 o.
Huber Images/Stefano Brozzi: 146/147, 155, 156
Huber Images/Pietro Canali: 44
Huber Images/Claudio Cassaro: 40 l.
Huber Images/Paolo Giocoso: 5 u., 6 (3) u. 74, 6 (4) u. 78/79, 6 (6) u. 103, 6 (9) u. 135 o., 6 (10) u. 10966/67, 158/159, 168/169
Huber Images/Guido Cozzi: 100
Huber Images/Günter Gräfenhain: 132 r.
Huber Images/John Greim: 135 r.u.
Huber Images/Susanne Kremer: 99 o./u.
Huber Images/Sandra Raccanello 11 o.
Huber Images/Massimo Ripani: 105, 149
Huber Images/Natalino Russo: 115
Huber Images/Reinhard Schmid: 6 (1) u. 65, 6 (5) u. 82 l.u., 41, 82 o./r.u., 86
Huber Images/Riccardo Spila: 12/13, 60/61, 67, 94/95
Huber Images/TC: 55, 133, 140
Huber Images/Paolo Giocoso/SIME: 43, 52
Huber Images/Susanne Kremer/©Estate of Roy Lichtenstein/VG Bild-Kunst, Bonn 2018 und ©Jean Nouvel/VG Bild-Kunst, Bonn 2018: 5 o.
Laif/José Barea: 29 l./r.o. 40 r.
Laif/Miguel Gonzalez: 8, 81
Laif/Monica Gumm: 29 u.r., 32, 90, 132 l., 142, 166/167
Laif/Gunnar Knechtel: 163
Laif/Thomas Linke: 11 u., 18, 29 u.l.
Laif/Edgar Rodtmann: 65 o.r.
Laif/Jens Schwarz: 165
Laif/Hemis/Ludovic Maisant: 66/67 u.
Laif/Arcaid/Julian Castle: 164
Laif/Lucas Vallecillos_VWPics_Redux: 39 o., 58, 161
Lookphotos/age fotostock: 22, 34/35, 66, 71, 75, 101 r.u., 139

Lookphotos/Elan Fleisher: 69
Lookphotos/Ingolf Pompe: 77
Lookphotos/Jürgen Richter: 151
Lookphotos/The Travel Library: 31
Lookphotos/Travel Collection: 93, 131 u., 143
mauritius images/Luis Castaneda: 150
mauritius images/Chris Seba: 14/15
mauritius images/Radius images: 118
mauritius images/RosalreneBetancourt: 89
mauritius images/age fotostock/Luis Davilla: 6 (2) u. 42
mauritius images/age fotostock/Michel Fotografo: 123
mauritius images/age fotostock/María Galán: 126/127
mauritius images/age fotostock/John Greim: 23
mauritius images/Art Directors & TRIP/Alamy: 131 o.
mauritius images/Mauricio Abreu/Alamy: 111
mauritius images/Image Broker/Barbara Boensch: 113, 116/117
mauritius images/Image Broker/Michael Weber: 16
mauritius images/Luis Dafos/ Alamy:122
mauritius images/Maria Galan/Alamy: 68
mauritius images/Roger Garfield/Alamy: 20 u.
mauritius images/Israel Hervás Bengochea/Alamy: 33
mauritius images /Pixtal/WE101705: 162
mauritius images/Teodora Valentinova/Alamy: 101 o.
San Fernando Kunstakademie Madrid: 6 (8) u. 46/47
Schleicher: 6 (7) u. 107

Titelbild: U1 oben: Monica Gumm/laif
U1 unten: Eastcott Momatiuk/Getty Images
U8: Christopher Kimmel/Aurora Photos/Getty Images

IMPRESSUM

2. Aufl. 2019
Völlig überarbeitet und neu gestaltet

Text: Dr. Andreas Drouve
Redaktion & Gestaltung: Robert Fischer (www.vrb-muenchen.de)
Projektleitung: Dieter Luippold
Programmleitung: Birgit Borowski
Chefredaktion: Rainer Eisenschmid

Kartografie: © MAIRDUMONT GmbH & Co. KG, Ostfildern
3D-Illustration: jangled nerves, Stuttgart
Visuelle Konzeption: Neue Gestaltung, Berlin

Anzeigenvermarktung: MAIRDUMONT MEDIA
Tel. 0711 45 02-0, media@mairdumont.com
media.mairdumont.com

Printed in Poland

Trotz aller Sorgfalt von Autoren und Redaktion sind Fehler und Änderungen nach Drucklegung leider nicht auszuschließen. Dafür kann der Verlag keine Haftung übernehmen. Berichtigungen, Kritik und Verbesserungsvorschläge sind uns jederzeit willkommen, bitte informieren Sie uns unter:

Verlag Karl Baedeker / Redaktion
Postfach 3162
D-73751 Ostfildern
Tel. 0711 45 02-262
smart@baedeker.com
www.baedeker.com

FSC
www.fsc.org
MIX
Papier aus verantwortungsvollen Quellen
FSC® C018236

Meine Notizen